타자와 나,
숨겨진 진실

타자와 나,
숨겨진 진실

인간 되기의 어려움

김웅권 지음

연암서가

지은이 **김웅권**

한국외국어대학교 프랑스어과를 졸업하고 프랑스 리모주 대학과 몽펠리에 3대학(폴 발레리 대학)에서 앙드레 말로의 소설 연구로 문학 석·박사학위를 받았다. 한국외국어대학교 교수를 역임하였고, 우리의 한국연구재단에 해당하는 프랑스국립과학원(CNRS)에서 지원하여 프랑스에서 출간된 《앙드레 말로 사전Dictionnaire Malraux》(2011) 집필위원으로 참여하였다. 특히 이 사전에서 소설가의 동양의 3부작인 《정복자》, 《왕도로 가는 길》 그리고 《인간의 조건》에 대한 독창적 해석을 제시함으로써 앙드레 말로 문학에 대한 새로운 해석의 지평을 열었다고 평가받고 있다. 현재 일반 대중과 소통하기 위한 저술활동에 전념하고 있다.
프랑스와 미국 등 국내외 학술지에 앙드레 말로에 관한 논문 30여 편을 발표했으며, 《앙드레 말로: 소설 세계와 문화의 창조적 정복》(프랑스학회 출판 장려상 수상), 《말로와 소설의 상징시학: 《왕도》 새로 읽기》, 《앙드레 말로의 문학 세계: 동서 정신의 대화》 등의 저서와 프랑스에서 출간된 《앙드레 말로 사전》(공저)이 있다. 역서로는 《상상의 박물관》, 《그라마톨로지에 대하여》, 《S/Z》, 《타자로서 자기 자신》, 《몽상의 시학》, 《재생산에 대하여》, 《파스칼적 명상》, 《행동의 구조》, 《순진함의 유혹》, 《말로와 드골: 위대한 우정의 역사》 등 50여 권이 있다.

타자와 나,
숨겨진 진실

2017년 8월 20일 초판 1쇄 인쇄
2017년 8월 25일 초판 1쇄 발행

지은이 | 김웅권
펴낸이 | 권오상
펴낸곳 | 연암서가

등 록 | 2007년 10월 8일(제396-2007-00107호)
주 소 | 경기도 고양시 일산서구 호수로 896, 402-1101
전 화 | 031-907-3010
팩 스 | 031-912-3012
이메일 | yeonamseoga@naver.com
ISBN 979-11-6087-011-4 03190

값 17,000원

시작하며

침팬지와 인간의 유전자 차이는 2%도 채 안 된다고 합니다. 바로 이 차이 속에 동물로부터 인간으로의 미스터리한 도약이 자리 잡고 있습니다. 니체는 일찍이 인간이 세상에 나타났다는 사실만으로도 경탄을 금할 수 없다고 말했습니다. 인간의 출현을 진화론으로 설명하든 창조론으로 설명하든, 그것이 자신의 실존적 조건을 문제 삼을 줄 아는 '의식'의 도래를 나타낸다는 점에는 변함이 없습니다. 이 도래를 그리스 문화는 프로메테우스 신화로, 기독교는 아담 신화의 지식의 나무(선악과)로, 불교는 오온(五蘊) 가운데 식(識)으로 풀어내고 있습니다. 물론 이 의식은 자신이 언젠가는 '죽어야 한다'는 운명에 대한 자각으로 대변되는 비극에 대한 인식입니다. 의식의 나타남은 비극의 생성이지만 동시에 인간의 위대성과 문화의 움틈을 알리는 신호탄입니다. 그것은 역사의 가동이고, 의미와 가치를 낳는 '패러다임'[1]의 시작입니다. 그것은 넓은 의미에서 '인본주의'의 출발을 의미합니다.

인간으로서 산다는 것의 어려움은 바로 이 비극에 대한 의식으로

부터 비롯된다 할 것입니다. '배부르고' 만족한 돼지는 자신이 도살장에 끌려가 죽으리라는 운명을 알지 못합니다. 동물은 갈등과 긴장 속에서 의미를 창출하는 대립 쌍인 패러다임—자본주의 사회는 물질적 부(富)와 가난의 패러다임이 역동적으로 지배하는 사회입니다—을 만들어내지 못합니다. 이러한 패러다임의 세계에서 살아야 하는 숙명으로부터 벗어나는 방법이 종교적 초월이 아닐 경우, 예컨대 의식을 마비시켜 동물의 무의미적 상태로 회귀하는 것입니다. 의식을 통해 문화에 동참하는 대가로 짊어져야 할 짐이 너무 무거울 때 동물의 상태를 무의식적으로 동경할 수 있고, 그런 상태로 퇴행할 수 있습니다. 인간은 카오스로부터 동물의 출현까지 자기 이전의 우주 역사를 무의식에 간직하고 있다고 하죠. 또 극단적인 경우 자살을 택할 수도 있습니다. 일정한 가치체계에 따라 움직일 수밖에 없는 사유의 괴로움으로부터 탈출이나 도피에는 '의식'의 도래 이전 상태로 가고자 하는 본능적 충동이 자리 잡고 있다 할 것입니다.

그러나 가치와 의미를 창조하려면 대립적인 것들로 이루어진 패러다임에 대한 의식이 반드시 작동되어야 합니다. 사실, 어떤 현상들을 대립적인 것들로 간주하는 것 자체가 인간 중심주의적인 인본주의입니다. 원래 그것들은 단지 탈(脫)가치적 상태의 차이이고 변화일 뿐입니다. 삶과 죽음을 대립적인 것으로 보고 죽음이 비극이라는 인식 자체가 문화적 차원에서 사는 인간만의 의식입니다. 선/악, 정의/불의,

---

1 여기서 '패러다임'이란 용어는 프랑스의 기호학자 롤랑 바르트에게서 빌려온 것으로 쉽게 말하면, 삶과 죽음, 부와 가난처럼 '갈등'을 통해 '의미'를 낳는 '대립 쌍'을 말합니다. 제3장 6절 〈문화와 예술의 경계〉 1) '의미의 도래와 문화의 출현'에서 자세히 설명됩니다.

행복/불행도 마찬가지입니다. 석양에 출렁이는 바닷물을 보고 감상에 젖어 아름답다고 말하는 것 자체가 인본주의적이며 추한 것을 전제로 합니다. 일렁이는 파도와 붉게 지는 해는 순간적으로 그저 그렇게 있을 뿐입니다. 그러니까 의식의 도래 자체가 가치에 따른 분별심의 탄생입니다.

그렇다면 인간만이 의식과 의미의 차원에서 산다면, 의식의 게임 자체를 구성하는 대립 항들을 구현하는 자들, 예컨대 강자와 약자, 부자와 가난한 자, 승자와 패자, 앞서 가는 자와 낙오자, 행복한 자와 불행한 자는 서로의 흔적을 이루며 함께 가게 되어 있는 게 운명입니다. 한쪽이 없으면 다른 한쪽이 의미를 상실하게 되어 있습니다. 부정적인쪽이 존재 이유를 상실하고 혁명을 하거나 삶을 극단적으로 마감하여 없어진다면, 긍정적인 쪽 자체 역시 가치와 힘의 구현체로서 존립할수 있는 근거를 상실합니다. '나'라는 존재는 타자에게 진 빚을 흔적[2]으로 안고 살 수밖에 없습니다.

예를 하나 들어봅시다. 현재 대한민국은 OECD 국가들 중에서 20대자살률은 제일 높고 출산율은 가장 낮은 나라입니다. 왜 이렇게 출산율이 낮을까요? 가진 자들이 빈부 격차와 양극화를 심화시키면서 못가진 자들에게 이 세상에 존재할 이유를 상실하게 만들고 있기 때문입니다. 전자가 계속해서 부를 누리고 호사를 누리기 위해선 후자가 약자로서 계속해서 노동을 제공해야 하고, 삶을 유지해야 합니다. 그런

---

2 '흔적'은 선과 악에서 한쪽이 없으면 다른 한쪽도 작동할 수 없다는 것을 함축하는 말입니다. 악은 선의 상대적 개념이기 때문에 이미 선 안에 흔적으로 들어와 있는 것입니다. 둘은 서로의 그림자가 되어 동전의 양면처럼 붙어 다니는 것이죠.

데 현재 우리 국민의 수준이 높아져 이 삶의 기준이 이제 최소한의 인간다운 삶으로 격상되어 있습니다. 이 최소한의 조건이 가난의 시금석입니다. 못 가진 자들은 이 조건을 포기하면서까지 아이를 낳고 싶지 않을 뿐 아니라, 아이를 낳아서 이런 고단한 삶을 대물림해주고 싶지 않은 것입니다. 노동을 제공해 생산해주는 자들이 없는데, 어떻게 가진 자들이 존재할 수 있는가? 낙오자와 가난한 자가 "그래도 세상은 살 만하다"고 말할 정도가 되어야 앞서 가는 자와 뒤처진 자가 서로의 흔적을 이루면서 존재할 수 있는 것입니다. 저 피지배자들이 최소한 살 만한 세상을 만들어 줄 때 비로소 우리나라의 출산율은 상승하고 자본주의도 건전하게 굴러갈 수 있을 것입니다. 권력을 쥔 지배계급이 스스로를 재생산하기 위해선 이 점을 명심해야 합니다. 자신들을 존재하게 해주는 부와 가난이라는 흔적의 패러다임이 작동되기 위한 조건의 수준이 상승 이동했다는 점을 말입니다.

'너'와 '내'가 함께 더불어 산다는 것은 인간의 운명에 대한 의식, 결코 불행이 사라질 수는 없으리라는 성찰을 토대로 불행한 자들을 끌어안는 자세를 필요로 합니다. 겨울이 다가오는 문턱에서 붉게 타오르는 단풍을 감상하는 것은 소멸도 아름다움을 선사한다는 깊은 지혜에 닿을 수 있고, 겨울의 한파를 밀어내는 봄의 새싹을 예찬하는 것은 생성의 신비에 경외감을 불러일으킬 수 있습니다. 이처럼 소멸과 생성이라는 자연의 이치는 대립되는 것들이 짝을 이루고 서로를 받쳐주면서 공존하도록 하고 있습니다. 생성의 찬가가 들릴 때면 소멸의 애가(哀歌)는 숨어버리지만 둘은 서로의 그림자와 흔적을 이루며 함께 갑니다. 조화가 깨진 것은 앞만 보고 달려가는 인간의 광기 때문일 것

입니다. 지배계급과 피지배계급, 행복한 자와 불행한 자, 강자와 약자가 더불어 사는 공동체를 이루면서 보다 나은 미래를 향해 전진할 수 있기 위해선 봄의 도래를 노래할 여유가 있는 전자들이 아직도 겨울의 냉기를 벗어나지 못한 후자들에 대한 배려를 보다 많이 해야 할 것입니다.

지금 우리는 이 나라 최고 권력자가 탄핵되는 초유의 역사적 사태를 맞이했습니다. 그리고 이 추락한 권력자를 중심으로 법조인들이 정의와 불의라는 양극적 패러다임을 이루며 갈라져 대립하고 있습니다. 우리는 권력의 감추어진 이면은 무엇인가, 법조인은 누구인가, 그는 무엇을 먹고 사는가 등의 근본적 질문을 한 번쯤은 짚고 넘어가지 않을 수 없는 상황에 직면해 있다 하겠습니다. 이런 질문들에 대한 인문학적 성찰의 기회를 가져 보고자 하는 바람도 이 강의 속에는 포함되어 있습니다.

글을 통한 이 강의가 음악에서 리토르넬로처럼, 혹은 라벨(M. Ravel)의 작품 〈볼레로〉처럼 '차이'를 드러내는 '반복'[3]을 통해 주제가 계속되는 흐름으로서의 메시지가 되길 기대합니다.

---

[3] '차이'와 '반복'은 프랑스 철학자 들뢰즈가 지은 책 《차이와 반복》의 제목이기도 합니다. 간단하게 설명하면 역사는 반복된다고 말할 때, 역사가 그대로 반복되는 것이 아니라 차이를 드러내면서 반복된다는 것입니다. 강물은 같은 강물이지만 한 번도 같은 물이 흐르지 않는 것과 같습니다. 패션도 반복되지만 다른 모습을 띠고 되돌아오는 이치와 같습니다.

차례

제1장

권력자의 조건

불의를 먹고 사는 정의의 신이여,
저들을 불쌍히 여기소서.
사랑은 증오의 그림자이자 흔적임을
잊지 마소서.

작자 미상, 〈어느 범법자를 위한 변명〉

1. 친구들에게 진 빛

어느 날 대학 2년생인 조카 학세와 대화를 나누는 기회를 가졌습니다.
친척 형님의 아들이죠. 법조인이 되는 게 꿈이라는 녀석입니다. 창밖
으로는 삭풍이 몰아치고 있었습니다. 을씨년스럽게 눈발이 날리는 풍
경 속에서 앙상한 나뭇가지들이 먼 봄을 기다리고 있었습니다. 제가
조용히 서재에 들어섰을 때 그 녀석은 서재의 한쪽 벽에 걸린 그림을
바라보고 있었습니다. 페이드아웃처럼 경계가 모호하게 처리된 빛과
어둠이 꼬리를 물고 이어지면서 다소 몽환적 분위기를 자아내고 있습

니다. 그런 가운데 연꽃 한 송이가 지극히 섬세하게 그려진 부유하는 썩은 물과 진흙 속에 뿌리내린 채, 눈부시게 피어오르고 있습니다. 이 작품을 바라보는 학세의 표정에는 무언가 메스꺼운 슬픔이 배어 있었습니다. 마치 이런 질문을 하는 것 같았습니다. 왜 저 순수한 꽃은 저토록 혐오스러운 진흙탕 물을 먹고 피어난단 말인가? 저 그림을 그린 화가는 무엇을 말하고자 하는 걸까? 빛과 어둠은 정반대인데 둘의 분리선은 명확하지 않고……. 제가 헛기침을 하자 그제야 그는 방문 쪽을 향해 돌아섰습니다. 학세는 표정을 바꾸면서 미소를 띤 채 인사를 했습니다. 세상의 모든 것을 다 얻을 수 있을 것같이 기세 넘치는 모습이었습니다. 저는 학세의 대학생활과 요즈음 읽고 있는 책들에 대해 이것저것 물은 뒤 말했습니다.

"오늘은 네가 삶을 겸손하게 살아가는 데 지침이 될 만한 이야기를 해주고 싶구나. 우선 이런 질문을 해보자. 넌 네 어깨에 힘을 실어준 소위 명문이라는 대학에 누구 때문에 들어갔다고 생각하니?"

"그게 무슨 말이세요? 삼촌."

"내심 너 자신이 잘나고 똑똑해서 들어갔다고 생각하겠지?"

"글쎄요, 그거야 제가 거기 갈 만한 성적이 되니까……." 학세는 떡 벌어진 체구에 안경 너머로 커다란 눈을 굴리면서 머뭇거렸습니다.

"그래, 물론 네가 열심히 공부했고 또한 타고난 능력도 있지. 하지만 말이야, 넌 다른 아이들한테 빚을 지고 있다고 생각해본 적이 없겠지? 이를테면 명문대에, 아니면 최소한 4대문 안에 있는 대학에 들어가지 못해 장차 진로가 밝지 않은 아이들한테 말이다. 그들 가운데 상당수 애들은 너만큼 열심히 공부한 경우도 많이 있을 거야."

"빚을 지다니요? 제가 무얼 그들한테 꾸기라도 했단 말입니까? 전 다른 사람한테 빚이나 신세 지는 걸 좋아하지 않아요. 스스로 헤쳐 나가지 못하는 못난이들이나 아쉬운 소리 하며 남한테 부탁한다고 생각해요." 학세는 당당하게 말했습니다.

"그래, 생각해본 적이 없을 테지. 너는 매사에 착실했고 주어진 공부를 잘 해냈으니."

"대체, 제가 다른 애들한테 무얼 빚졌다는 거예요?"

"지금부터 내가 하는 말 잘 들어봐. 네가 명문대에 들어간 것은 반은 너의 의지와 노력과 타고난 능력 때문이고 반은 너보다 공부 못한 다른 아이들 덕택이지. 그러니 너는 다른 애들한테 갚아야 할 빚이 있다고 할 수 있는 거야."

"글쎄 좀 타당하지 않은데요."

"이놈아, 너의 좋은 머리로 한 번 생각해보렴. 네가 아무리 잘났어도 너 혼자라면 어떻게 네 자신이 잘났다는 것을 알겠니? 네가 비교하고 경쟁하고 관계를 맺는 상대가 있어야 하지 않겠니? 그리스의 아폴론 신전에 새겨져 있고 소크라테스가 좌우명으로 삼은 '너 자신을 알라'에서 자신을 알기 위해서는 반드시 타자를 통해야 한다. 이 세상에 아무도 없고 너 혼자만 있다면 네가 누구인지 어떻게 알 수 있겠니? 그래서 '나'라는 존재는 항상 타자와의 접촉과 비교를 통해서만 드러나게 되어 있어 타자에게 빚을 일차적으로 지고 있는 것이지. 여기다가 다른 애들이 너만큼 열심히 했고 너만큼 타고난 능력이 있었다면, 혹은 너보다 뛰어났다면 네가 어떻게 너의 대학에 합격할 수 있었겠니? 어떤 면에서 보면, 그들의 부족함 때문에 네가 성공한 거라고 볼 수 있

지. 너의 성공은 그들의 부족 덕분이라는 말이다. 그래서 잘난 놈은 못난 놈한테 일정한 빚이 있다는 거야. 이때 이해가 되니?"

"고등학교에서 좋은 등급을 따기 위해선 특수목적고에 가지 않고 일반고에 가서 성적 나쁜 애들이 밑을 깔아주어야 한다는 소리는 엄마들 사이에서 공공연하게 쓰이는 말이긴 했죠. 그러니까 제가 명문대에 합격한 데는 그렇지 못한 애들이 일정 부분 기여한 몫이 있다는 얘기군요. 그렇다고 빚을 졌다고 생각하지는 않는데요."

"그래? 그럼 다르게 이야기해볼까. 승자는 패자가 없으면 승자가 될 수 없겠지? 경기에 동참한 패자가 없다면 게임 자체가 성립되지 않고 승자는 승자로서의 영광을 누릴 수 없겠지. 패자는 이미 승자의 존재 안으로 들어와 승자를 규정해주는 필수적인 역할을 하고 있지 않겠니?"

"네, 그건 맞는 말이군요."

"결국 패자는 승자의 불가결한 조건이니, 승자는 강자로서의 권리를 누리게 해준 패자에게 일정한 고마움을 지녀야 하지 않겠니? 이 고마움을 빚으로 생각해서 아량과 나눔의 덕을 베풀어야 한다는 말이다."

"그런 논리라면 수긍이 되는군요, 그럼 어떻게 해야 하죠?"

"항상 약자들의 처지를 생각하면서 그들과 더불어 살겠다고 생각하라. 그러니까 네가 우월한 위치에 있는 강자가 될 때, 힘과 능력이 상대적으로 약한 그들과 더불어 살겠다는 생각을 갖는 게 마땅하지 않겠니? 그렇게 생각하면 저절로 겸손해지지. 네 아버지의 뜻을 따라 법대의 후신인 자유전공학부에 들어갔으니 앞으로 로스쿨에 가 사법고시를 보겠지?"

16

"일단은 그렇게 방향을 잡았습니다."

"난 네가 그 학부에 가는 것을 반대했다. 네 아버지의 한을 풀어주는 것에 불과하다고 판단했기 때문이지. 그보다는 나는 네가 창조적인 일을 하거나, 혹은 국가의 일선에 서서 다른 나라 인재들과 경쟁하여 국익을 창출하는 일을 해주었으면 했지. 너의 능력이면 무슨 일이든 열심히 하면 먹고 사는 것은 문제가 안 될 것이다. 그래서 네가 권력 지향적 출세의 길보다는 가치 있는 창조적 직업을 택했으면 하는 바람이었지. 그건 그렇고 넌 왜 아버지의 뜻을 순수하게 따랐니?"

학세는 출세하기 위해서라고 솔직하게 말하려다가 저의 얼굴을 흘끗 바라보더니 이렇게 말했습니다.

"법과 질서를 바탕으로 정의로운 사회를 만드는 데 기여하고 싶어서……." 학세는 말끝을 흐렸습니다.

"이놈아, 난 네가 거짓말을 하면서 교과서적으로 대답한다는 것을 알고 있다. 좋아. 그 논리를 쫓아가보자. 그러니까 불법과 범죄행위를 저지르는 자들을 소탕해 모두가 행복한 평화로운 사회를 만들고, 어디 한 군데 병들어 고장 난 데가 없는 무균적(無菌的)인 이상 사회를 건설하는 데 기여하고 싶다, 이거지? 그럼 법과 질서를 위해 싸우기 위한 전제조건은 무엇이지?"

"불법과 범죄를 저지른 자들의 존재이죠."

"그런데 너도 짐작은 하고 있겠지만, 네 아버지는 기득 권력층에 들어가지 못한 한을 네가 풀어주었으면 하는 욕망 때문에 너를 자유전공학부에 보냈을 거야. 넌 이제 대학생이 되었으니 사회를 교과서와는 전혀 다르게 바라보기 시작해야 한다."

"저를 교육시키시느라 고생하신 부모님에 대한 효도도 하고 싶은데요."

"대학 졸업장은 이제 아무것도 보장해주지 않는다. 졸업장만 있으면 취직이 되던 때가 있었지. 하지만 그런 시대는 끝났다. 현재는 교육기회의 민주화가 너희들의 앞길을 오히려 더 어렵게 만들고 있는 측면이 있지. 네 친구들 가운데는 다소 생소한 이름의 대학에 다니는 애들도 있지?"

"네, 하지만 누구나 대학은 당연히 가야 하는 것으로 생각하고 있는데요."

2. 대학의 환상

저는 한국의 교육과 대학 현실에 대한 설명을 멀리서부터 전개했습니다. 일제로부터 우리나라의 해방은 조선의 선비와 일본의 사무라이의 한판 승부를 반영한 아픔을 뒤로 하고 있습니다. 선비와 사무라이는 각기 조선과 일본에서 하나의 시대, 하나의 문화를 지탱해주는 전형적 인간을 구현했지만 우리는 전자가 후자에 패하는 비극적 역사를 경험했습니다.

역사적으로 볼 때, 한 시대의 강력한 문화와 문명은 이것들을 지탱해주는 중추적 기둥인 '전형적 인간'을 창조했습니다. 예컨대 선비와 사무라이 이외에도, 중국의 군자, 중세의 기사, 영국의 젠틀맨 등을 들 수 있다. 그러나 우리의 현대 문명에서 이를 견고하게 지탱해주는 전

형적 인간이 존재하는가? 라는 질문을 던질 때 대다수의 사람들은 고개를 갸우뚱할 것입니다. 바로 여기에 '역사상 가장 강력하지만 가장 허약한 현대 문명'의 어두운 그림자가 자리하고 있습니다. 인간 스스로 지구와 인류를 자멸로 이끌 수 있는 핵전쟁의 발발 가능성에 대한 견해는 양분되어 있습니다. 인간은 그것을 막을 수 있을 만큼 그렇게 이성적이지 못하다는 게 1·2차 세계대전을 통해 드러났기 때문이죠.

이성은 도구적인 측면이 강합니다. 그것은 문제 해결을 위해 나중에 나타났다는 게 일반적 견해입니다. 인간은 본질적으로 비이성적인 욕망의 존재이죠. 빙산으로 비유하자면 이성은 바다 위에 떠오른 일부이고, 가라앉은 나머지 부분이 비이성적 영역입니다. 이미 파스칼은 데카르트의 이성철학, 곧 주체철학을 경고하여 "바람에 따라 나부끼고 어느 곳으로나 휘청거리는 가소로운 이성"이라고 갈파한 바 있습니다. 이성은 '알고자 하는 리비도(libido siciendi)'를 포함해 갖가지 욕망들을 합리화시키는 방법적 성격이 강하다는 것을 나타내는 명구라 할 수 있습니다. 이성은 내가 무엇을 욕망하느냐에 따라 다양한 빛깔로 분화되면서 이 욕망을 정당화시키는 데 사용되지요. 극단적 예를 들면, '내'가 어떤 아름다운 여인에 대해 에로틱한 욕망을 품을 때 이것을 달성시켜주는 방법을 찾는 데 사용되는 것도 이성입니다. 이 때 그것은 에로틱한 이성으로 나타납니다. 그래서 경제적 이성, 학문적 이성(칸트의 '순수 이성'), 도덕적 이성(칸트의 '실천 이성') 같은 게 나타납니다. 도둑이 사용하면 '절도적 이성', 악마 같은 사람이 사용하면 '악마적 이성'이라 부를 수 있을 것입니다. 다양한 욕망들이 결국은 힘을 추구한다고 할 때, 이성은 '힘에의 의지'에 봉사하는 수단이라는 점을 니

체는 이미 꿰뚫고 있었습니다.

반면에 인류가 가장 고귀한 가치들로 내세우는 선·사랑·형제애 등은 부정적 요소들인 악·증오·폭력 등과 함께 비이성적 영역에 속합니다. 프랑스의 국기인 3색기는 자유·평등·박애를 상징합니다. 여기서 자유와 평등은 이성적 방법 통해, 다시 말해 제도적 장치들을 통해 쟁취될 수 있습니다. 반면에 비이성적 영역에 속하는 박애는 그런 방법으로 획득될 수 없습니다. 그러나 이 박애가 제대로 발휘되면 자유와 정의로운 평등은 저절로 실현될 수 있습니다. 그렇기 때문에 혁명에서 가장 중요하는 가치는 박애로 나타납니다.

그렇다면 이성의 힘이 이처럼 의심받고 있을 때, 이 문명을 지켜낼 전형적 인간의 부재를 어떻게 해결할까요? 그냥 이대로 지속해야 할까요? 현대의 인문적 정신이 당면한 주요한 과제가 아닐 수 없다 할 것입니다. 한때 우리나라에서 1990년대 초엽인가 대한민국의 전형적 인간을 구상해내자는 논의가 일자, 선비를 그 원형으로 하자는 견해가 있었지만 나라를 지켜내지 못한 계급으로 몰려 흐지부지된 적이 있습니다. 일본의 사무라이는 그 반대이지요. 사무라이는 근대의 일본 정부에 대거 관료로 편입되어 이 나라의 도약을 이룩하는 데 중추적 역할을 했습니다. 그래서 사무라이는 현재도 살아 있는 전형적 인간이며 유럽에서도 많은 연구가 이루어졌습니다. 제2차 세계대전 이후 루스 베네딕트가 미국 정부의 지원을 받아 연구해 내놓아 국내에도 소개된《국화와 칼》은 그 대표적 사례라 할 것입니다.

너무 멀리까지 온 것 같군요. 다시 우리의 교육현실로 돌아가도록 하죠. 일제 강점기를 거쳐 해방 후, 우리나라에서 지금까지 민주화는

독재 청산인 정권교체의 민주화, 근로 조건 및 임금의 개선인 노동의 민주화, 그리고 배움의 기회 균등인 교육의 민주화 등의 방향으로 이루어졌다 할 수 있습니다. 그러나 교육만 한정해서 말한다면, 민중을 무지와 순박함 속에 가두어 엘리트 교육과 지배 권력을 독점했던 사대부의 조선시대의 망령이라 할 대학교육 = 출세의 등식을 쫓아서 농부들과 서민들은 온갖 희생을 감내하면서 자식들을 대학에 보냈습니다. 그리하여 자신들이 못 배운 한을 풀기 위해 자식들의 능력과 자질은 고려하지도 않고 무조건 대학 간판을 따게 만들어야 한다는 풍조가 생겨났습니다. 한때 80%가 넘는 대학 진학률이 여기서 비롯된 것입니다. 대학을 설립해 장사를 할 수 있는 수요가 넘쳐났죠. 이는 진학률이 많아야 50%대(독일은 30%대)인 선진국들에 비하면 월등히 높습니다.

　대학 졸업자의 수요와 공급은 절대적 불균형 사태를 초래하고 있습니다. 사회에서 필요한 한정된 고등학력 인적자원들에 비해 졸업자들이 비대칭적으로 너무 많은 거죠. 한국·중국·일본 가운데 한국이 기술자와 장인을 무시하는 유교적인 뿌리가 가장 깊다는 게 한몫 단단히 하고 있습니다. 무조건 대학에 보내는 현재의 부모 세대는 대학이 이런 현상을 이용해 백화점식으로 온갖 학과를 개설해 너무도 안이하게 장사를 해왔다는 사실을 까맣게 모르거나 망각하고 있습니다. 모든 명문사학까지 장사를 하려고 분교를 세워 몸집 키우기에 나선 것은 무조건 대학 간판은 따야 한다는 국민적 정서가 있기에 가능한 것이었습니다. 그러니 돈만 내면 들어올 수 있는 대학들이 우후죽순 격으로 세워졌습니다. 하지만 이런 대학에 들어온 학생들은 학문에 대한 열의와 수학능력에 문제가 많지요. 그러니 대학교수는 아마추어

교수로 한가롭게 아이들을 도닥거리며 적당히 학점 주어 내보내는 수밖에 없습니다. 물론 중위권 이상 대학의 교수들 가운데도 철밥통을 끼고 놀고먹는 자들이 많긴 하지만 말입니다.

이런 상황에서 전국의 이름 없는 대학에 다니는 수많은 대학생들은 서민 부모의 피와 땀이 어린 등록금을 내고 졸업장 하나 따려고 가방끈을 늘리고 있습니다. 물론 인생은 어느 단계를 넘어서면 어차피 낭비라는 발상을 할 수 있습니다. 그렇게 되면 이런 현상을 초연하게 받아들일 수도 있을 것입니다. 하지만 그 부모들은 환상에 속아 뼈가 빠지도록 일을 해 번 돈을 자식들의 회색빛 미래에 바치고 있고 결국은 땅을 치게 되어 있습니다. 그 돈으로 자식들에게 차라리 장사를 시켰으면 성공이 빠를 수도 있었을 텐데 말입니다. 이런 서민의 순진함에 기식하여 놀고먹는 교수들이 최고의 지식인이라는 위선의 탈을 쓰고 세상을 활보하고 있는 판입니다.

어차피 부모는 늙고 죽어갈 것이고, 그 자녀들은 자신들이 낭비의 세대였음을 자각하게 될 것이며, 그들이 낳는 다음 세대는 대학생이 상대적으로 많이 줄어들 것입니다. 대학의 졸업장은 아무것도 보장해주지 않으니 쓸모없는 휴지조각에 불과하다는 인식이 퍼지려면 현실적 고난이 필요한 것이죠. 지금의 2,30대 청년실업자들은 이미 이것을 체험하기 시작하고 있습니다. 취업을 했다 해도 연애·결혼·출산을 포기하는 삼포세대라는 말까지 나올 정도니 나라가 고장이 나도 단단히 고장이 나 있습니다.

벌써 10여 년 전이 된 '미네르바 사건'이 웅변해주듯이, 사실 요즘 같은 지식기반 정보사회에서는 대학을 가지 않아도 마음만 먹으면 얼

마든지 지식을 획득하고 창조까지 할 수 있습니다. 이런 변화된 사회에서는 특히 인문학의 경우 널려 있는 게 지식입니다. 스마트폰 하나에 세계의 지식이 담겨 있는 세상입니다. 그러니 엉터리 교수들과 학교를 먹여 살리는 등록금을 대느라 허리가 휠 필요가 전혀 없는 것입니다.

4년 동안 등록금과 생활비 및 용돈을 합치면 최소한 6천만 원에서 1억 원은 들어갑니다. 이 돈 가지고 대학 안 가고 장사를 했으면 힘들지만 인생의 성공이 훨씬 빨랐을 가능성도 있을 것입니다. 하지만 다른 집 애들은 다 대학 가는데 '내 아들'은 대학 안 보내고 그 돈으로 장사시키겠다고 하면, 대부분의 학부모들은 비정상적으로 간주합니다. 통념과 틀을 깨면서 외톨이가 될 뿐 아니라 불이익이 따른다고 생각하는 거죠. 예컨대 대학을 안 나온 '내 아들'이 결혼을 하려고 할 때 명함을 내밀 수가 없다는 것입니다. 대학 진학률이 80%에 육박했는데 어찌 그렇지 않겠습니까. 대학에서 배운 게 없어도 졸업장은 있어야 행세를 하지, 이게 보통 사람들의 논리입니다. 자신들이 희생을 당했어도 자신들과는 달리 희생을 거부한 자에게는 거부감을 나타냅니다.

이런 시대적 아픔과 문제는 어쩌면 우리가 한번은 치르고 넘어가야 할 홍역 같은 것일 수 있습니다. 그런데 사태가 대학 졸업생 실업자가 백만 명이 될 정도로 이 지경이 되어야만 했을까요? 유교적 가치관에 따른 직업의 귀천 의식을 개혁해 꼭 대학을 가지 않더라도 인간답게 살 수 있는 사회를 만들었더라면 이런 교육적 낭비는 막을 수 있었을 것입니다. 공교육이 무너져 사교육이 판치는 우리나라는 교육 투

자에 대한 효율이 가장 낮은 나라입니다. 결국 정권 교체의 민주화는 이루었어도 권력 집중과 기득권의 타파가 이루어지지 않았기에 학력 신드롬을 낳았고 가짜 학위가 판치는 사태까지 벌어졌던 것입니다. 그러니까 교육의 민주화는 기득권에 진입하는 장벽을 없애서 열심히 공부하면 누구나 그 속에 끼어들어 '신분 상승'을 할 수 있다는 가능성을 열어준 것이지, 상부 특권층의 기득권을 없애는 민주화가 아니었던 것이죠. 농부나 서민의 아들도 고시를 통해 지배계급의 상층부에 들어가 권력의 맛을 한 번 보고 나면, 그냥 그걸로 자기 권력의 고착화와 확대만을 생각할 뿐이었습니다. 자신의 뿌리인 고단한 민중의 삶을 망각과 무의식의 심연으로 밀어내면서 말입니다. 아직도 인문계 수재들이 사법시험에 몰리고 자연계 수재들은 의대에 몰리는 것은 이를 단적으로 말해주고 있습니다.

3. 정의와 불의

저는 대학을 못 나온 학세 아버지의 희생을 되돌아보았습니다. 그는 자신을 희생해 동생을 대학에 보냈지만 그의 가슴 한 편에는 대학에 못간 한이 응어리져 있었죠. 그는 아들 학세가 명문대 자유전공학부에 합격하자 뛸 듯이 기뻐했습니다.

저는 학세가 장차 법조계에 들어가 기득권층에 편입될 가능성이 높다고 보고 이렇게 말문을 다시 열었습니다.

"넌, 정의가 존재하기 위한 조건은 무엇이라고 보느냐?"

"정의를 지키기 위한 파수꾼들이겠죠."

"물론 그것도 말이 된다. 그럼 정의의 반대는 뭐지?"

"불의(不義)이겠죠."

"그럼 우리가 정의를 인식하기 위한 조건은?"

"글쎄요, 불의……."

"그렇다면 불의가 없다면 정의를 인식할 수 없고, 정의의 가치 자체가 소멸하겠지? 그러니까 세상에 정의만 있다면 사람들은 정의 자체가 무엇인지 모를 수밖에 없겠지?"

"그렇겠네요."

"그러니까 불의는 정의의 인식론적 조건이며, 정의는 불의를 통해서만 존재하는 것이겠지? 불의가 없다면, 달리 말하면 불의를 저지르는 사람들이 없다면, 정의도 없고 정의로운 사람들도 없겠지?"

저는 순간 1980년대 대학생으로 민주화와 정의로운 사회를 위해 피끓는 청춘을 바쳐 싸웠던 기억이 떠올랐습니다. 주체할 수 없었던 젊음을 던지도록 가치와 명분을 마련해준 기득권의 반민주세력과 부패집단이 역설적으로 방황과 허무의 20대에 삶의 의미의 지평을 열어주었음을 뒷날에 학문에 매진하면서 깨달았죠. 그 당시에는 이들 세력과 집단을 인간쓰레기라고 무조건적으로 매도했었죠. 저는 그 시절을 회상하면서 밖을 쳐다보았습니다. 눈발이 멎은 채 창밖으로 비치는 죽음 같은 회색빛 겨울이, 시간을 타고 올 눈부신 봄과 교차되어 갔습니다. 학세는 다소 당황스러운 모습으로 대답했습니다.

"맞는 말씀인 것 같긴 한데요. 뭔가 좀 느낌이 이상하고 헷갈리는데요."

"그렇겠지. 내 말이 마치 그런 자들을 용인하는 것처럼 들릴 것이다. 물론 그들과 싸워야 한다. 하지만 정의와 정의로운 사람들은 불의와 불의를 저지르는 사람들과의 관계 속에서만 의미가 있다는 데 '인간 조건'의 어려움이 있다. 한쪽이 없으면 다른 한쪽을 인식할 수도 없고 존재할 수도 없으니 둘은 '상생관계'에 있으며 서로의 '흔적'을 이룬다. 정의를 외치고 그 가치를 찬양하기 위해선 불의가 있어야 하니, 존경받는 정의로운 자들은 불의를 저지르는 자들에게 일정 부분 빚을 지고 있는 셈이다. 해괴하고 '위험한' 논리처럼 보이겠지만, 이게 삶의 진실인 것이다. 진리는 언제나 위험한 측면이 있다."

"그럼 모든 긍정적 가치들은 부정적 가치들과 공생관계에 있다는 말이 되겠네요."

"정확하게 짚었다. 정의는 불의를 자양으로 삼는다. 다시 말하면 정의는 불의의 '흔적'이다. 지배자들이 피지배자들을 먹고 살듯이 말이다. 권력층과 지배계층이 자신들을 존재케 해준 약자와 민중에게 빚을 지고 있다는 철학적 성찰과 인식을 깊이 했더라면 사회는 이미 한층 성숙해졌을 것이며, 모두가 학벌을 통해 권력 속에 진입하고자 하는 국력의 낭비도 줄어들었을 것이다. 두 대립되는 계층 역시 한쪽이 없으면 다른 한쪽이 존재할 수 없기 때문이지. 전통적으로 권력의 심장부에는 항상 사법 권력이 자리하고 있다. 그렇기 때문에 인문계 수재들이 법조계에 몰리고 있는 것이지. 지금까지 내가 너에게 한 말을 생각해보면, 넌 네가 장차 대학을 나와 종사하고자 하는 법조계에 대해 생각해볼 수 있을 것이다. 네가 무엇과 공생관계 속에서 살아가게 될지. 특히 네가 변호사가 된다면 넌 무얼 먹고 살게 될지 상상해보라."

4. 영도의 글쓰기

저는 저의 논지를 인문학적으로 펼치기 위해 프랑스의 저명한 기호학자이자 문학비평가인 롤랑 바르트를 끌어들였습니다. 바르트는 특히 '글쓰기의 영도(零度)'라는 참신한 말을 창조해 유포시킨 자입니다. 그에 따르면 알베르 카뮈의 《이방인》에서 이런 글쓰기가 시도되기 시작합니다. 그것은 뒤집어서 '영도의 글쓰기'나 '중립적 글쓰기' 혹은 '백색의 글쓰기'라는 말로 표현되기도 하는데, 쉽게 이야기하자면 저자가 자신의 인격이나 사상 혹은 판단·비판을 전혀 담아내지 않은 채 세상을 있는 그대로 중립적으로 그려내는 방식입니다. 그러니까 그것은 영도에서의 세상 읽기라는 불가능한 글쓰기를 의미합니다. 왜 불가능할까요? 세계, 곧 현실을 '영도' 차원에서 읽어내기 위해서는 내가 세상 밖에 존재하여 바라보는 절대적 객관성이 확보되어야 하고, 그 어떠한 이데올로기에도 물들지 않은 순수 의식이 전제되기 때문입니다. 하지만 '나'는 이미 세상 속에 들어와 있으며―이것을 하이데거는 '세계-내-존재'라고 표현했습니다―나'는 이미 태어나면서 살과 뼈로 된 육체를 통해 현실을 나만의 상대적 감각으로 느끼고 체험합니다. 그래서 니체는 핏기 하나 없는 창백한 무(無)인격을 담아내는 무감동의 철학이란 애당초 불가능하다고 갈파했습니다. 인간은 항상 어떤 관점을 선택해 세계와 현실을 바라볼 수밖에 없다는 그의 '관점주의 (perspectivisme)'가 의미하듯, 모든 사유에는 선택과 배제가 따르기 마련이기 때문에 일정 부분 함정적인 환상이 내포되어 있습니다. 현실은 불멸하는 이데아의 그림자에 불과하다는 플라톤의 이데아론 자체

가 그가 처한 당시의 상황에 대한 판단의 반영이고 그의 개인적 인격을 담아내고 있는 것이죠.

아마 부처님처럼 완벽하게 자아와 욕망을 비운 탈자적(脫自的)(탈자아적) 혹은 니르바나적인 초월에서나 영도의 진정한 글쓰기는 가능하다 할 것입니다. 《장자》에 나오는 '천균(天鈞)'이나 '도추(道樞)'를 떠올릴 수도 있습니다. 천균은 '하늘의 고름'이라는 의미로 대립적인 두 진영에서 어느 쪽이 옳다고 판단하지 않고 양쪽 모두를 고르게 받아들이는 입장을 나타냅니다. 도추(道樞)는 '도(道)의 지도리'라는 말이고, 지도리(樞)는 문을 여닫게 하는 돌쩌귀로 문의 안과 밖을 연결해주는 회전축입니다. 그것은 안(이것)도 아니고 밖(저것)도 아니며 둘을 결합해주는 중심입니다. 시비를 모두 포용하는 지점인 것이죠. 그러니까 도인의 경지에서는 '영도의 글쓰기'가 눈에 보인다 할 수 있겠죠.

인간은 세상에 태어나자 외부 세계에 반응하면서 가정(家庭)을 비롯한 기성 사회에 길들여집니다. 그래서 "인간은 세상에 저항하기 전에 이미 길들여진다."는 말이 있습니다. 특히 기존 권력과 지배 계층이 이데올로기 교육을 통해 강제하는 학습 담론은 우리로 하여금 세상을 바라보는 눈을 고정시키게 만듭니다. 철학자 알튀세르는 서구에서 예컨대 자본주의 이데올로기의 '재생산'이 어떻게 이루어지는지 교회와 학교라는 주요 '이데올로기적 장치'의 분석을 통해 탁월하게 분석해낸 바 있습니다. 지금도 지배 권력은 학교 교육을 통해 지배 이데올로기를 끊임없이 주입하고 재생산하고 있습니다.

또 '나'의 몸은 어릴 때부터 상이한 문화적 수준의 가정에서 어떤 방향으로 이미 길들여지고 습관화됩니다. 이처럼 체화된 나를 벗어나

모든 것을 제로(zero), 곧 영도에서 다시 시작하는 데는 니체적인 초인적 노력이 필요하겠죠. 그래서 문화는 하루아침에 이루어지는 게 아닙니다. 돈은 하루아침에 벌어 벼락부자가 될 수 있어도 문화와 정신은 결코 단 시일 내 함양될 수 없습니다. 그 반대는 가능하지만 말입니다. 즉 문화와 정신이 있으면 돈도 하루아침에 벌 수 있습니다. 이와 같은 조건에서 과연 영도에서의 현실 읽기가 가능할까요? 영도에서의 세상 바라보기는 고대의 회의론자들이 '나'라는 주체의 '에포케(epoché: 판단 정지)를 통해 취하는 중립적 입장을 요구하지만 가치 선택을 단념하게 만드는 부조리로 이끌 수도 있습니다.

그럼에도 불구하고 우리는 도달 불가능하지만 그런 길을 시도해볼 수는 있습니다. 그렇다면 있는 그대로의 현실, 곧 '현실의 영도'에 대한 고찰은 일정한 한계 내에서 이루어질 수밖에 없을 것입니다.

본시 인간은 의식의 차원에서 '세계에 대한 문제 제기'를 하는 한, 그어떤 것이 되었든 이데올로기 없이는 살 수 없습니다. 이를 두고 "이데올로기는 영원하다"든가 "이데올로기는 무의식과 같다"고 말하기도 합니다. 예컨대 우리의 경우 유교 이데올로기는 어린 시절부터 학습되고 체화되어 부지불식간에 우리의 행동을 제어합니다. 하지만 그것을 시대적 상황에 따라 계급투쟁이 낳은 시대적 산물로 바라볼 수도 있습니다. 따라서 저는 어떤 이데올로기적 입장을 옹호하는 것은 아니었습니다. 그런 입장은 제가 바라보는 냉철한 현실에 대한 '글쓰기의 영도'와도 맞지 않았습니다. 다만 저는 지배 권력층의 이면을 현실의 영도 차원에서 들여다보고자 했습니다. 그러니까 저는 가능한 '중립'의 입장에서 고대 그리스의 회의주의자들처럼, 될 수 있는 대로

어느 쪽도 편들지 않는 에포케를 견지하면서 세상의 배면을 응시해고
자 했습니다.

5. 동거의 논리

학세는 제가 펼쳐내는 인문학적 지식을 소화해내느라 바빴지만 크게
무리 없이 이해가 되는 것 같았습니다. 저는 권력의 배면을 보여주고
싶었습니다.

 "학세야, 권력을 추구하는 인간의 심리적 기저에는 한때의 노력으
로 세상을 편하게 살려는 '기식자'의 욕망이 자리 잡고 있다고 할 수
있다."

 "기식자라는 말은 어감이 좋지 않네요."

 "그래도 할 수 없다. 어떤 철학자의 '기식자' 논리를 빌리면, 기식관
계의 정점에는 왕과 왕족이 위치하고 있다. 최고의 기식자로서의 지
위를 누리기 위해 왕이 가지고 있는 수단과 반대급부는 무엇인가? 지
배 전략과 조정 기능이고 언어이다. 그는 보이지 않는 두뇌와 소리밖
에 없다. 그는 바람이고 말인 것이다. 기식의 관계에는 비교적 '균형 잡
힌 교환'의 관계를 확립해 상생하는 것보다는 비대칭적 관계를 토대
로 생산자를 뜯어먹고 살겠다는 '힘에의 의지'가 비이성적이고 부조
리하게 작동한다. 권력층에 진입하는 것은 다분히 이와 같은 비대칭
적 기식 관계 속에 편입되는 것이나 다름없다 하리라. 그러나 권력의
중심에 있는 사법 권력이 과연 이와 같은 비대칭적 관계만을 토대로

하겠느냐? 우리나라에서 인문계 수재들의 배분에서 망국적인 왜곡을 낳고 있는 법조계가 실상은 무엇을 먹고 살고 있는지 또 다른 관계를 검토해보자. 물론 사법제도가 나라의 법질서 유지와 국민의 재산과 생명의 안전을 보장한다는 명분은 중요하지만, 이것은 현실의 반쪽만을 의미할 뿐이다. 이것만을 이야기한다면 '영도의 현실'을 말한다고 결코 말할 수 없다. 법조계 종사자들은 자신들의 존재 이유를 그런 명분을 항상 내세워 자신들의 현실이 지닌 어두운 반쪽을 감추고자 한다. 나는 이런 진부한 교과서적 이야기를 하고자 하는 게 아니다."

저는 말을 마치고는 잠시 뜸을 들였다가 물었습니다.

"그래, 네가 장차 변호사가 된다면 넌 무엇을 먹고 살게 될까? 다른 말로 해보자면, 네가 먹고 살기 위해서는 어떤 자들이 있어야 하겠니?

"불법을 저지르는 자들……."

"맞다. 탈법·불법을 저지르거나 법망을 피하고자는 자들, 크게 보면 사회악을 저지르는 자들, 넓은 의미에선 악을 서지르는 사들이 있어야 한다. 그런 자들이 많으면 많을수록 변호사는 돈을 더 많이 벌게 되겠지? 검사와 판사의 권력은 이런 자들이 없다면 나올 수 없겠지?"

"그럼, 법조인들을 부정적으로 보는 것입니까?"

"꼭 부정적으로 보고자 하는 것은 아니다. 또 약자 편에서 싸우는 훌륭한 법조인들도 있지. 다만 사람들이 미처 생각하지 못하는 부분을 너한테 지적하고 너의 앞날에 균형 잡힌 삶을 위해 인간 조건의 어려움을 성찰해보라는 것이다."

"삼촌의 가르침은 매사를 뒤집어서 생각해보라는 말로 이해해야 할 것 같습니다."

"결국은 더불어 살기 위해 약자들과 불행한 자들에 대한 배려를 아끼지 말라는 뜻이다. 내게 떠오른 하나의 상상적 에피소드를 들려주고 싶구나. 그리고 이 에피소드를 듣고 나중에 영화 〈다크 나이트〉에 대해 생각해보라. 특히 조커와 배트맨과 대화 부분을."

저는 다음과 같은 이야기를 해주었습니다.

집안에 어떤 사연이 있는지, 아니면 태생적인지 모르지만 정의감이 투철하고 비리와 악에 대한 적개심이 유달리 강한 젊은 강력부 검사 O가 체포된 강력범에게 이렇게 말한다. "사회를 좀먹는 너 같은 인간쓰레기는 없어져야 돼." O 검사는 자신이 인간쓰레기로 취급하는 이런 강력범들이 나타나지 않는 사회를 만들어야 한다고 생각하고 있다. 얼마의 세월이 흘러 이제 이런 강력사범들이 더 이상 출현하지 않는 바람직한 사회가 왔다고 가정해보자. 처음에는 O 검사는 자신과 같은 동료들이 있었기에 이런 결과가 나왔다고 판단하면서 흐뭇해할 것이다. 그런데 이 사태가 상당 기간 동안 지속되면 어떻게 될까? 처음에는 O 검사는 할 일이 별로 없어 빈둥거리며 봉급을 타먹는 상황이 발생할 것이다. 그는 심리적 불안을 느끼기 시작할 것이며 강력부는 그 자체가 존폐의 위기에 몰릴 것이다. 결국 강력부는 존재 이유를 상실해 폐지되고 O 검사는 강력부 검사직을 내놓고 다른 부서로 옮기지 않을 수 없게 될 것이다. 사실, 강력부라는 부서를 존재케 해 O 검사를 비롯해 이 부서에 근무하는 자들을 먹여 살린 것은 강력사범들이다. 그들의 서슬 퍼런 권력도 물론 이 범죄자들로부터 나왔다.

그러나 아직은 O 검사나 파견 나온 형사들은 이런 자각을 하지 못할 것이다. 왜냐하면 다른 종류의 탈법자들과 범법자들이 있고 이들

을 담당하는 다른 부서들이 있기 때문이다. 그럼 가정을 계속해 예컨대 경제사범이나 여타 범법자들이 사라지고 유토피아적 낙원이 비현실적이지만 실현된다고 해보자. 사실 인간이 궁극적으로 소망하는 사회는 범죄가 완전히 사라져 법 없어도 살아갈 수 있는 그런 이상향이 아니겠는가.

어떤 결과가 나타날까? 방금 언급한 논리를 펼치면 우선 모든 검사들은 무위도식하면서 국민의 혈세로 주는 봉급을 타먹을 수 없기 때문에 검사직 자체를 내놓아야 할 것이다. 판사나 변호사도 마찬가지로 범죄가 없으니 자신들의 직업 자체가 필요 없는 상황에 직면할 것이다. 이런 상황에 직면할 때야 법조계 인사들은 자신들이 범죄자와 동거 관계에 있었다는 것을 자각할 것이다. 그러니까 추상같은 사법 권력을 휘두르게 해주는 조건 자체가 범죄의 존재인 셈이다. 특히 변호사는 범죄자가 많으면 많을수록 일거리도 많고 수입도 올라간다. 법 없이 살 수 있는 양식 있는 시민들이 많아지면 많아질수록 그는 벌이가 시원찮아 직업의 위기의식을 느끼게 되어 있다. 그를 먹여 살리는 것은 법 없이도 살 수 있는 도덕군자가 아닌 것이다.

그렇다면 법조계 종사자들은 범죄자들에게 일정 부분 빚을 지고 있는 게 아닌가? 그들의 직업과 권력과 명예를 존속시켜 주는 자들이 범법자들이니 말이다. 그러니까 O 검사가 '인간쓰레기' 취급하는 강력범이 모두 사라지는 순간 그는 강력부 검사로서의 존재 이유를 상실하는 것이다. 이처럼 자신이 악과 공생하는 관계에 있다는 부조리한 조건을 인식한다면, 그는 범법자들을 비인간적으로 대하지 못할 것이다. 그가 밥그릇과 권력과 명예를 획득할 수 있게 해주는 이들을 어떻

게 대해야 하는지는 이때 답이 나온다. 악이 없으면 선도 없다.

결국 그토록 수많은 수재들이 도전하는 사법고시와 법조계는 비리와 악이 없으면 존재할 수 없는 것이다. 그러니까 어두운 측면을 강조하고 발상을 전환해 극단적으로 말하면, 내로라하는 인재들은 정의의 순진한 파수꾼이 되기 위해서가 아니라, 악과 탈법이 밥 먹여주는 직업을 굳이 택하려고 몰려들고 있는 셈이다. 젊은이들이 왜 이 같은 법조계에 종사하기 위해 피 끓는 청춘을 바쳐야 한단 말인가? 대한민국을 대표한다는 수재들이 그렇게 삶에 자신이 없어 이런 복마전 세계에 기대는 '기식적' 존재가 되기 위해 젊음을 불태워야 한단 말인가? 그들 자신을 위해서도, 또 국가의 국제적 경쟁력을 위해서도 그들이 보다 창조적이고 생산적인 전방위적 삶을 선택해야 할 것이다.

저는 이야기를 마치고 조카의 반응을 살폈습니다. 학세는 다소 의기소침한 모습을 보였습니다. 저는 자신이 너무 부정적으로 말한 것처럼 조카가 받아들인 것 같아 다시 입을 열었습니다.

"내가 말한 것은 앞서 강조했듯이, 현실 뒤집어보기를 하면 다른 발상을 할 수 있다는 점을 강조한 것이다. 난 법조계의 양면 가운데 망각되고 있는 면을 드러냄으로써 네가 사유의 균형을 잡도록 하고자 했을 뿐 아니라 장차 네가 법조인이 될 경우 어떤 관계 속에서 살아가게 될지를 환기시키고자 했다. 사람들 속에서 사람들과 더불어 산다는 게 그렇게 단순한 게 아니다. 모든 현실에는 명암이 있게 마련이다. 탈법과 비리를 용인하자는 게 아니다. 단죄하되 인간적 불행을 포용할 수 있는 너그러운 자세를 갖기 위해 이런 인식론적 각성이 필요하다는 것이다. 내 말 이해했겠지?"

"네. 삼촌 이야기를 들으니 로스쿨에 들어가려고 하는 게 잘못이라는 생각이 듭니다. 현재 일천 명 수준으로 합격자를 뽑는 사법시험에 합격해도 연수원에서 삼백 등 안에 들어야 판·검사에 임용된다고 하던데요. 나머지는 곧바로 로펌에 취직하든지 변호사 개업을 해 비즈니스를 해야 먹고 산다고 하니 정말 범법자와 탈법자들이 많아야 먹고 살겠군요. 이런 상황은 어떻게 보면 반사회적이라 할 수 있으니 법의 근본적 취지와도 맞지 않는 것 같아요."

"이런 인간 상황을 부조리로 표현하는 문학도 있지. 어쨌든 변호사 개업을 해도 비즈니스 능력이 없으면 '백수'가 될 수밖에 없는 상황이다. 변호사가 비즈니스를 잘 한다는 게 무슨 뜻이겠니? 탈법과 비리를 저지르는 자들을 적극적으로 끌어 들여와야 되고, 또 그들의 편에 서서 그들에게 유리한 판결이 나도록 수완을 발휘해야 한다는 것이겠지. 얼마 전까지만 해도 법조인들은 대다수가 상당 기간 동안 소수의 특권층으로서 자신들이 무엇을 먹고 사는지 성찰해볼 필요 없이 경쟁 체제로부터 벗어나 무심하게 권력을 누리며 살아왔다 할 것이다. 이제 상황은 달라지기 시작했지만, 아직 갈 길이 멀었다. 국회 법사위 소속 의원들을 비롯해 상당수 법조인들은 기득권을 지키기 위해 아직도 사법시험 합격자 인원을 제한하고자 안간힘을 쓰고 있지만, 머지않아 시민의 힘이 더 커지면 사법시험제도는 자격증제도로 바뀌게 될 것이다."

"그럼 전 어떻게 해야 하죠. 사실 제가 나중에 사법고시를 보려고 하는 것은 아버님의 의지가 강력하게 작용했지만 그렇다고 제가 특별히 이것 아니면 안 된다 할 정도로 좋아하는 분야도 없었어요."

"대부분의 입시생들이 그럴 것이다. 이과의 의대생들도 마찬가지

아니겠니. 의사들은 병을 먹고 산다 할 수 있을 것이다. 병을 고친다는 긍정적인 활동은 한쪽 측면이다. 물론 그런 활동에 무게를 두는 진정 훌륭한 의사들도 있지. 병이 없다면 의사는 존재할 이유가 없다. 그러나 인간이 꿈꾸는 사회는 병이 존재하지 않는 사회일 것이다. 그 많은 이과의 수재들이 의대에 몰려들고 있는 것은 대부분의 경우 병을 고치기 위한 명분 때문만은 아니라는 것은 말할 필요도 없겠지. 병은 많으면 많을수록 좋고 환자는 많으면 많을수록 돈이 많이 벌리니 의사가 병 없는 사회를 소망한다는 것은 어불성설이다. 이 또한 반사회적이라 할 수 있겠지. 설령 그가 병을 고친다는 선행을 한다 해도 이 선행은 병과 죽음이라는 불행이 있음으로써 가능하니 그는 이래저래 병자에게 빚을 지고 있는 셈이지."

"그럼 의사는 병자, 나아가 병과 죽음이 있기에 먹고 살 수 있으니 역시 좋지 않은 직업이군요. 그럼 좋은 직업은 무엇인가요?"

"글쎄다. 잘 생각해보라. 하지만 난 네가 법조인이 되는 것을 반대하는 것은 아니다. 지금까지 이야기한 내용을 되새겨 훌륭한 법조인이란 무엇인지 정립해 보아라. 그리고 〈다크 나이트〉에 대해 생각한 것을 나중에 이야기해보자."

저는 창밖의 풍경을 바라보다가 다시 친구가 준 그림 속의 진흙탕과 연꽃으로 시선을 돌렸습니다. 그러자 학세가 물었습니다.

"저 그림에서 화가는 무엇을 말하고 있죠?"

"지금까지 내가 한 이야기를 이해했다면, 저 그림이 쉽게 다가오지 않나?"

"네, 알 것 같아요. 정의는 불의를 먹고 산다는 점을 은유적으로 나

타낸다고 할 수 있겠군요."

"선이 악을 먹고 산다는 것도 되겠지."

저와의 대화를 통해 학세는 삶을 새롭게 보는 눈을 뜬 것 같은 느낌이 들었다고 말했습니다. 긍정적 가치들을 추구하기 위한 조건에 대한 통찰이 생기는 것 같았지만, 인생에 드리워진 지울 수 없는 어두운 그림자를 발견한 것 같기도 해 마음이 무겁다고 했습니다. 슬프게 껴안아야 할 많은 것들이 밀려왔던 것이죠. 거부해야 하고 없애야 하는 부정적인 가치들의 존재 이유가 있으니, 그것들을 구현하는 사람들에 대한 시선 자체에 비극적 따뜻함을 담아내야 한다는 저의 당부가 큰 울림으로 다가왔다고…….

6. 영화 〈다크 나이트〉

저는 서재에서 학세와 다시 마주했습니다. 그는 영화 〈다크 나이트〉를 보고 온 참이었습니다. 한겨울인데도 열려진 창밖으로 훈풍이 불어오고 있었습니다. 머지않아 자연의 계절이 바뀔 테지만 마음의 계절을 바꾸지 못하고 여전히 꽁꽁 얼어붙은 채 웅크리고 있게 될 자들을 생각하면서 저는 조카에게 물었습니다.

"그래 〈다크 나이트〉 재미있었니?"

"네, 볼만했어요."

"배트맨과 조커의 대화 내용을 잘 기억해두었니?"

"네, 삼촌이 특별이 유의하라고 해서 몇 마디 적었어요."

"조커의 논리를 어떻게 생각하니?"

학세는 적어온 종이를 꺼내 삼촌에게 내밀었습니다.

"조커는 배트맨한테 대략 그렇게 말하고 있어요."

"난 너를 죽이고 싶지 않아. 너도 날 죽이지 못해. 정의의 사나이이니까. 네가 없으면 어떡하라고. 네가 날 완성시키지. 저놈들(경찰들)은 널 이용하고 필요 없으면 맹수처럼 널 내쫓을 거야. 저놈들의 도덕과 방식을 좀 봐. 말썽이 난다 싶으면 손을 떼버려."

"좋다. 또 조커는 '이 세상의 유일한 묘책은 규칙 없이 사는 것이다'고 라고 말하면서 자신을 '혼돈의 수호자'로 규정했던 것 같은데."

"그런 것 같아요. 두 번째 만났을 때 조커는 배트맨에게 '우린 영원히 이 짓을 할 운명인 것 같다'고 말하고 있어요."

"그 정도면 된 것 같다. 자, 이제 네 생각을 이야기해 보라."

"삼촌의 논지에 따르면, 조커는 자신의 놀이가 자신의 대립 항이자 적인 배트맨이 있어야만 이루어지니까 죽이고 싶지 않다고 말하고 있어요. 또 그는 배트맨이 자신을 죽이지 못하리라 생각하면서 그 이유를 정의의 사나이에서 찾고 있는데, 이게 좀 아리송합니다."

"잘 생각해 봐. 정의의 사나이는 누가 있어야 되는 거니?"

"맞아요. 불의의 사나이가 있어야 정의의 사나이가 존재할 수 있으니, 불의의 사나이 역할을 해주는 조커를 죽일 수 없군요. 하지만 배트맨은 정의의 사나이 역할에서 물러나고 싶어 합니다."

"조커의 머리는 한 수 위에 있지 않나?"

"그는 배트맨이 물러나지 못하도록 각본을 짜 실행에 옮기고 있으니, 그렇다고 할 수 있겠군요. 일부 경찰을 돈으로 매수하기도 하고 검사 하비 덴트와 경찰의 갈등을 야기하면서, 그들을 한 묶음으로 무력화시켜 배트맨이 계속 활약하지 않을 수 없게 만들어 버리죠. 결국 하비 덴트가 배트맨을 대신할 수 없게 만든 것이죠."

"좋아. 그렇게 해서 배트맨을 계속 존재케 함으로써 조커는 자신을 악의 화신으로 완성시켜 나간다는 것이겠지."

"그렇습니다. 더불어 배트맨도 선의 화신으로 완성되어 간다는 말도 되고요. 그러니까 둘은 흔적의 관계이죠."

"그런데 조커는 혼돈, 곧 무질서의 수호자처럼 행세하면서 선·정의·도덕·질서를 파괴하고 계획을 좌절시키는 유희를 하는데, 그의 머리는 무질서하고 무계획적일까?"

"아니죠. 그는 무질서·악·무도덕·불의를 위해 고도의 질서 있는 계획을 짜고 있죠. 그러니까 조커와 배트맨의 머리싸움이시만 모든 세 조커의 손바닥에서 논다고 할 수 있죠."

"좋아. 그럼 여기서는 둘 가운데 누가 빚을 지고 있다고 생각하나?"

"외관상 배트맨은 영웅의 역할을 진정으로 하고 싶지 않은 것으로 나타납니다. 그의 말이 진심이라면, 얼마 동안 모습을 드러내지 않고 조커가 고담시(市) 전체를 위협하는 악의 놀이를 하다가 제풀에 꺾이도록 내버려둘 수도 있을 것입니다. 하지만 그가 내심으로는 영웅의 모습에 끌리고 있는지 모르죠. 뿐만 아니라 그는 내적 갈등을 일으키지만 정의의 파수꾼으로서 만들어져 가고 있습니다. 이럴 경우 둘은 서로가 흔적을 이루면서 서로를 존재케 하니까 서로에게 빚이 있다고

할 수 있습니다."

"영화의 마지막은 어떻게 되지?"

"마지막에 조커는 잡혔고 배트맨은 정의를 수호하는 검찰과 경찰을 위해 하비 덴트의 복수극을 뒤집어쓴 채 달아나 정체를 숨겨버렸다고 할 수 있습니다. 정의의 화신으로서의 그의 이미지는 훼손되고 말았다고 할 수 있겠지요. 하지만 그의 행동은 정의가 살아 숨쉰다는 것을 보여주기 위한 결단이었으니 역시 정의의 사자로서 끝까지 역할을 하고 있는 거라고 볼 수 있죠."

"그렇다면 조커와 배트맨 모두 게임의 소강상태에 들어간 셈이군."

"조커의 능력으로 볼 때 탈출할 가능성이 있으니, 그 때 배트맨은 다시 출현할 것이고 게임은 다시 시작될 수 있을지도 모르죠. 아니면 조커 대신 다른 악당이 나타날 수도 있고요."

"영화에선 악이 선과 대등한 관계라고 할 수 있나?"

"그렇게 설정된 것 같습니다. 그래서 사회에서와는 다른 빛의 관계가 성립된다고 할 수 있습니다. 현실에선 범행을 저지르는 자들은 약자이고 검찰과 경찰은 강자로 되어 있으니까요. 삼촌은 권력을 쥔 강자가 약자한테 빚을 진다는 논리를 펴셨는데, 영화는 좀 다른 입장이죠. 어차피 영화니까요."

"재미있게 영화를 본 수많은 관객들은 선/악에 대해 어떤 생각을 할 수 있을까?"

"선과 악이 없으면 그와 같은 영화가 나올 수 없었을 것이니까 악의 존재 이유에 대해 생각해 보아야 할 것 같아요. 또 삼촌 이야기대로 영화나 다른 예술작품에서 우리가 선/악을 놀이로 즐길 수 있으니 예술

만이 선/악의 비극적 인간 조건을 넘어서게 해주는 것 같아요."

"좋다. 예술 속의 초월을 꿈꾸어보는 것도 좋으리라. 또 내가 너에게
이야기한 흔적의 관점에서 동서양의 거대 담론들을 고찰해보는 것도
흥미 있을 것이다."

저는 읽어야 할 책들과 참고 자료들의 목록을 조카에게 건네주었습
니다.

제2장

왕도정치의 이면: 유교의 전략

(……)
꿈에나 임을 보려 턱 받치고 기대어 있으니
원앙이불이 차기도 차구나. 이 밤은 언제 샐꼬.
(……)
잠시라도 생각 말고 이 시름 잊자하니
마음에 맺혀 뼛속까지 사무쳤으니
편작 같은 명의 열이 오나 이 병을 어찌하리.
(……)
차라리 죽어서 호랑나비 되리라.
꽃나무 가지마다 간 데 족족 앉았다가
향 묻은 날개로 임의 옷에 옮기리라.
임이야 나인 줄 모르셔도 나는 임을 쫓으려 하노라.

정철, 〈사미인곡〉

1. 공자님과의 대화

우리 한국인에게 유교는 아직도 뿌리 깊은 '문화 콤플렉스'로 작용하고 있습니다. 우리의 정치계를 주름잡는 인사들이 대부분 사법고시를 패스한 법조계 출신입니다. 조선시대에 과거제도를 통해 권력층에 진입한 것과 유사한 길이죠. 또 아직도 국민들은 자녀들이 그 길을 가는 것을 매우 선호하고 있으니 유가의 사상이 얼마나 우리의 행동과 사고를 통제하는 기제인지 잘 알 수 있습니다. 따라서 이 사상을 비판적으로 접근하는 이야기를 해보고자 합니다. 우선 공자님을 상상의 대화

속에 불러내 이런 이야기를 나누어보겠습니다. 이 대화는《논어》에 가치 판단에 대한 인식론적 고찰이 빠져 있음을 전제로 한 것입니다.

"존경하는 공자님, 저승에 쉬고 계신 공자님을 이렇게 어지러운 난세(亂世)에 다시 나오시게 해 황공무지합니다. 공자님께서 타계하신 지 2천5백여 년이 되었습니다. 그동안 공자님께서는 공자님의 가르침이 한(漢)나라 이후로 동아시아를 중심으로, 다소간의 부침이 있었지만 2천 년 이상 동안 주요 통치이념으로 자리 잡았을 뿐 아니라 풍요로운 학문적 결실을 낳아 공자님께서 살아생전에 풀지 못한 한을 마음껏 풀어드렸다고 사료됩니다. 물론 지난 19세기 말부터 공자님의 사상이 서구 열강의 힘 앞에 맥없이 무너지는 수모를 겪긴 했어도 아직도 유교는 동아시아, 그중에서도 우리 한국인한테는, 프랑스의 사회학자 피에르 부르디외의 용어를 빌려 말하면 일정한 '아비투스 (habitus)'로서 작용하고 있습니다."

"잠깐만, 아비투스라고 했나? 그게 무엇인가? 알아듣게 설명해보게나."

"네, 황송합니다. '학이시습지(學而時習之: 배우고 때에 맞춰 익히니) 불역열호(不亦說乎: 또한 기쁘지 아니한가)'(《논어》〈학이〉편, 1)를 아직도 실천하고 계시군요."

"새로움과 학(學)에 대한 나의 열정이야 새삼스러운 게 아니지 않나, 이 사람아."

"아비투스는 사람들의 행동을 결정짓는 데 있어서 무의식적으로 작용하는 성향 체계라고 말씀 드릴 수 있습니다. 그러니까 아비투스로서의 유교는 알게 모르게 어렸을 적부터 우리에게 학습되고 세뇌되어

우리의 행동을 일정부분 부지불식간에 구조화시키면서 지배하는 지속적인 모태 같은 것입니다."

"그것 참 흥미 있는 개념이군. 그래, 나의 사상이 아직도 살아 있긴 하지만 빈껍데기뿐이라고 생각하네. 내가 저승에서 나와 보니 보이고 들리는 것은 돈타령하는 모습뿐인데 어찌 나의 가르침이 살아 숨쉬고 있다고 하겠나. 도덕은 땅에 떨어지고 수단방법을 가리지 않고 이익을 쫓는 자들로 세상이 가득한 것 같으니. 온 세상이 무너지는 소리가 들리고 있는 것 같네."

"그렇습니다. 공자님께서는 제자들이 모은 어록인 《논어》에서 '군자는 의(義)에 밝고 소인은 이(利)에 밝다〈이인편 16〉'라고 말씀하셨습니다. 군자가 사회적 차원에서 인(仁)을 수행하는 데 있어서 그 기준을 의라 하시고 이를 토대로 군자와 소인을 구분하신 것으로 봅니다. 그러니까 지금 세상에서 군자는 찾아보기 힘들고 이익만 추구하는 소인배들로 가득하다보니 이런 공황적인 사태가 빚어졌다는 말씀이군요. 그런데 소생이 질문을 하나 올리려 합니다. 공자님께서는 군자를 군자답게 만들어주는 게 무엇이라고 보십니까?"

"그걸 말이라 하는가? 자네가 지금 다 이야기하지 않았나! 자넨 군자상을 지니고 있는데, 군자답지 못하게 날 놀리는 건가?"

"물론 저는 저의 내적 숙명에 따라 도덕적 이상주의를 추구하면서 살아왔지만, 그렇다고 남에게 이것을 당위적으로 강제하는 게 모순이라는 인식론적 사실에 직면했습니다. 공자님께서 이것을 감추셨는지 아니면 이런 문제를 생각하지 못했는지 모르지만, 저는 그게 아주 중요하다고 생각합니다. 혹시 저승에서 플라톤을 만나신 적 있습니까?"

"그래, 물론 잘 알지. 자네 혹시 플라톤의 시인 추방론을 이야기하려 하는 것 아닌가?"

"물론 그것과 관련이 있긴 하지만, 플라톤은 제가 말하려 하는 것을 '은폐'했다고 이야기되고 있거든요."

"글쎄. 우리는 서로 다른 두 문명의 주춧돌이 되었기 때문에 우리의 사유에 동일한 잣대를 들이댄다는 것은 쉽지 않을 것 같네. 시·공간적 조건과 영혼이 다르면 다른 문화와 문명을 창조한다는 것은 일반적인 견해가 아닌가."

"그렇다면, 공자님께서는 미처 생각하지 못하셨군요. 아마 공자님 께서 겪으셨던 시대적 상황이 워낙 긴박했기 때문이 아닌가 싶습니다. 그럼 저의 소견을 말씀드리겠습니다. 군자를 군자답게 만들어주는 것은 공자님께서 말씀하신 대로 일차적으로는 이욕만을 쫓는 소인 과 달리 의, 곧 정의에 따라 행동하는 것이겠지요. 그런데 공자님의 뜻에 따라 모두가 군자가 되있다고 가정해 보죠. 소인은 존재하지 않는 그런 세상이 되었다고 가정하는 것입니다. 물론 그런 꿈같은 세상은 오지 않으리라 생각합니다만. 그 때 군자는 빛을 발할 수 있겠습니까?"

공자님은 벌써 무언가 심상치 않음을 느꼈음인지 온화한 모습에 그늘이 드리워지는 것 같은 모습입니다.

"자넨 위험한 발상을 하고 있군. 난 모두가 군자가 되어야 한다고 말한 적이 없어. 아귀다툼의 난세를 극복하는 방법으로 군자상을 강조한 것이네. 유붕자원방래(有朋自遠方來 : 학우가 있어 먼 곳에서 찾아오면) 불역낙호(不亦樂乎 : 또한 즐겁지 아니한가)라는 말을 기억하겠지."

"현실에서 좌절된 이상을 초탈한 공자님의 심정을 그린 것으로 해

석되고 있는데요. 어떻게 생각하시는지요?"

"그럴듯하군."

"그 다음 구절은 인불지이불온(人不知而不溫: 사람들이 알아주지 않는다 해도 노여워하지 않으니) 불역군자호(不亦君子乎: 어찌 군자가 아니겠는가)입니다. 물론 군자로서 이상을 추구했지만, 군자가 아닌 사람들이 알아주지 않았다 해도 개의치 않겠다는 것이겠죠. 이 구절에는 군자와 군자가 아닌 자들의 구분이 있군요. 그러니까 군자는 자신의 큰 명분에 소인들이 무관심을 표명했다고 화가 나지는 않지만, 그들과의 차이를 통해 고귀하고 품격 있는 삶을 유지했기에 만족한다는 뜻이겠죠."

"그건 당연한 이치이지 않겠나."

"그렇다면 그와 같은 이상적 생활을 이상적으로 보이게 해주는 데는 소인들의 생활이 일조를 하고 있다고 보아야 하지 않겠습니까? 이들의 천박한 행태가 있음으로써 군자들의 존귀하고 빛나는 행동이 가치를 지닌다고 보지 않습니까?"

"계속하게나. 노자(老子)의 냄새가 나는 것 같군." 공자님은 무언가 더욱 구미가 당기는 듯 귀를 기울입니다.

"달리 말하면, 군자의 존재는 소인한테 달려 있다는 것입니다. 또한 군자는 자신을 군자답게 해주는 인(仁)을 행하려면 불인한 소인배들이 있어야 할 텐데 이들이 없어지고 모두 군자가 된다면, 인 자체가 성립되지 않으니 군자라는 위상 자체도 소멸하고 군자의 놀이가 의미가 없어지는 것 아닌지요."

"그런 논리는 함부로 펼쳐서는 안 되네. 그렇게 소인의 존재를 정당화시키기에는 세상의 인심은 너무도 황폐해졌고, 백성의 삶은 너무도

고단했지. 마치 자네 이야기는 춘추전국시대의 그 아비규환 같은 세상을 그냥 놔두어도 되었으리라는 뜻을 담고 있는 것 같군."

"그런 건 아닙니다. 인간 조건의 비극적 어려움을 말하고자 한 것입니다. 저는 인류가 일정 부분 불행과 악에 대항해 싸울 수는 있지만, 이 세상에서 그것들이 사라진다는 것은 불가능하다고 생각합니다. 인류 역사가 그것을 증언해주고 있습니다. 뿐만 아니라 공자님의 모국 중국은 미국과 어깨를 나란히 할 정도로 강성해지고 부유해졌습니다만 빈부격차는 하늘 높은 줄 모르고 심해져 불행을 호소하는 자들이 넘쳐나고 있습니다. 공자님이 사셨던 시대와는 비교가 되지 않을 정도로 이처럼 풍요로운 시대에도 불행감은 늘 행복감의 그림자처럼 따라다니고 있습니다."

"자네의 주장은 아포리아를 낳고 있네."

"아포리아라는 낱말을 아십니까?"

"나를 부르는 자가 어디 자네 하나뿐인 줄 아나? 요즈음 네 나라 중국에서도 나를 이용하지 못해서 안달이라는 것은 자네도 잘 알고 있겠지? 또 전(全)세계에 나를 연구하는 기관들이 많이 생기고 있다는 것도……."

"깜박했습니다. 죄송합니다. 어쨌거나 의미적 차원에서는 제가 이 세상에서 악과 불행의 원천적 해결이 불가능하다고 생각한다는 점에서 저의 주장은 아포리아를 간직하고 있습니다. 그러나 이 차원을 넘어서면 하나의 출구가 열립니다."

"그게 뭔가?"

"예술의 차원이죠. 공자님께서 조금만 생각하시면 행복/불행이 예

술의 차원에선 놀이의 조건이라는 점을 인식하실 겁니다. 공자님의 사상과는 직접적인 연관이 없기도 하고 또 공자님이 어려운 발걸음을 하셨기에 여기서는 이 주제를 길게 논할 수 없어 넘어가죠. 군자와 소인의 관계에 대해 제가 말씀드린 것은 공자님이 도덕의 당위성을 통해서 난세를 극복해보려는 사유 속에 감추어진 부분을 말하고자 했습니다. 물론 공자님은 당시에 약육강식의 짐승 같은 세태를 바로잡는 방안으로 동물과 다른 인간다움이라는, 사람 사이의 관계인 인(仁)을 내세웠습니다. 그러나 너무 인간을 낙관적으로 보지 않았나 봅니다. 뿐만 아니라 선과 행복의 인식론적 관계에서 악과 불행의 필요성에 대한 성찰이 빠져 있다고 사료됩니다."

"난 성선설을 주장해본 적이 없네. 그리고 도덕주의를 강요한 게 아니야. '중용'이란 어느 한쪽으로 치우침을 바로잡는 것이라는 것을 자네도 알고 있겠지. 당시는 정의와 이욕(利慾)이 균형을 상실하여 천도(天道)가 어긋났다고 보았지. 그 상황에서 불인(不仁)의 냉혹한 현실을 인(仁)을 통해 극복하는 것이 최상의 선택이라 생각했기 때문이네. 물론 다른 사람들은 다른 사상들을 내놓았지만 나는 인이라는 인간성의 보편성을 전제할 때, 나의 선의지(善意志)가 누구에게나 공통적으로 잠재한다고 보았기 때문에 이를 끌어내 갈고 닦으면 위기를 넘어설 수 있다고 생각했지. 물론 회의를 느끼며 노자의 세계를 그리워 한 적도 없지 않지만, 나는 그 길을 가지 않을 수 없었네. 나의 숙명이었지."

"공자님의 숙명을 다른 사람들에게 강제하려 한 셈이군요. 공자님의 사상은 공자님 개인의 인격을 표현하고 있었던 것인데 이것을 보편화시키려 한 것입니다. 모든 사상가들이 다 그렇긴 했지만 말입니

다. 사실, 공자님의 일생과 노력이 빛나는 것은 다른 인간들이 그렇지 못했기 때문입니다. 공자님의 영광은 타고난 천품의 한계로 인해 공자님을 따라갈 수 없었던 수많은 보통 사람들과 소인배들 때문이 아니겠습니까? 이들이 있음으로써 공자님에 대한 경배가 가능했던 것이기에 공자님은 그들에 대해 빚이 있다고 말할 수 있습니다. 그들을 불쌍히 여기면서도 빚을 지고 있다고 생각을 했더라면 권력자들에 대해 다른 처방을 내렸을 것이라 봅니다."

"어떻게 말인가?"

"제가 지금까지 전개한 논지에서 보자면, 권력자들과 지배자들은 약자들과 피지배자들의 고난에 일정 부분 책임이 있습니다. 힘 있는 자는 타자가 힘없는 자로 남았기에 가능했으며, 그를 규정해주는 것은 바로 이 약자의 존재입니다. 그를 강자로 만들어준 것은 반은 그의 타고난 천품과 노력이고, 반은 경쟁에서 진 약자 때문이라 볼 수 있는 것이죠. 모두가 승리자가 될 수는 없는 필연적 상황에서 피지배자는 지배자가 있게 해주는 조건 자체입니다. 한쪽 면에서 보면 나의 존재를 규정해주는 것은 나와 경쟁관계에 있는 타자이지만, 다른 면에서 보면 타자가 있기에 내가 있고 발전할 수 있으므로 둘은 상생관계인 셈이죠. 그래서 '네가 있기에 내가 있다'는 인식론을 제공하여 강자들에게 아량을 베풀도록 하면 더불어 사는 사회를 만들 수도 있지 않겠습니까? 그럴 경우 계급 없는 세상이 아니라 강자는 강자대로 남고 약자는 약자대로 남는 조화로운 세상을 꿈꿀 수 있지 않을까요? 물론 이또한 이상론일 수 있습니다."

"글쎄, 노자의 사상과 접근되는 그런 발상도 괜찮기는 하네만……."

"하지만 공자님께서도 아시다시피, 노자에는 인위적·당위적 행동의 개입이 없습니다. 저는 인식론적으로 나와 타자가 엮어내는 빛의 관계를 생각하게 되었습니다. 그런데 공자님께서는 공자님의 가르침이 언젠가는 통치 이데올로기가 되리라고 살아생전에 예감하셨습니까?"

"나는 예언자가 아니었네. 내가 그런 미래를 예측할 수 있었으면 훨씬 행복하게 인생을 마감할 수 있었겠지. 하지만 결국 나의 사상은 경직된 도덕주의로 후대에 왜곡되었고 권력에 의해 이용된 거야. 나는 나의 길을 갔었을 뿐이네. 숙명이라 생각했으니 노자의 운명론이 끼어든 셈이지."

"공자님은 유인자 능호인 능오인(惟仁者 能好人 能惡人: 오직 어진 사람만이 능히 사람을 좋아할 수 있고 미워할 수 있다)(《논어》, 〈이인〉, 3)이라고 말씀하셨는데, '미워할 수 있다'는 말이 마음에 걸립니다. 이 말을 '불쌍히 여길 수 있다'로 바꾸는 게 공자님의 성자적 이미지에 더 부합한다고 봅니다. 성자는 악을 감싸 안지 증오하지 않습니다."

"자네 날 성자라 했나? 그것은 후대의 사람들이 나를 신화화시키고 마치 종교적인 길을 제시한 것처럼 만들어놓았기 때문에 생긴 이름이네. 나는 천도(天道)를 언급했을 뿐 내세는 다루지 않았으며 철저히 인간적이었고 '중용'을 강조했으며 실용적인 측면도 중시했네. 인간적인 사람이 사람을 미워할 수 있는 것은 당연하지. 하지만 자네 말을 듣고 보니 그럴 듯도 하구만. 군자는 군자가 되지 못하는 사람을 불쌍히 여기는 게 더 좋겠어. 그러나 단죄는 해야 하지."

"오늘은 이 정도로 하고 다음에 또 모시겠습니다. 마지막으로 한 말씀만 해주십시오."

"내가 지금 생각하니, 지배계층한테 인(仁)을 호소하는 것보다는 각자가 배움을 통해 자신의 권리와 이익을 쟁취하고 방어할 수 있는 능력을 키우는 게 더 나은 방법이라 보이는군. 그 길이 쉽지 않지만 말이네."

"인류 역사를 더듬어보니 그렇다는 것이겠죠. 민주주의는 지배층이 선의로 베풀어준 것이 아니라 피의 역사를 통해 쟁취된 것이니까요. 우리나라의 경우만 보아도 그렇습니다. 이승만 시절부터 지금에 이르기까지 국민이 피를 흘린 대가로 민주주의가 발전해왔습니다. 국민의 의식이 깨어 있는 만큼만 민주주의는 도래한다고 봅니다. 민중은 항상 지배자가 선덕을 베풀어주길 기대하지만 이것이 환상이라는 것을 깨달아야 한다고 생각합니다. 구세주와 같은 지도자를 기대하는 것은 희망이고 꿈일 뿐이라는 것을 말입니다."

"그렇지……. 하지만 어떤 상황이 되었든 나는 역시 양심에 따른 인을 구현하는 존재로 님있을 기야. 그게 나니까."

"좋은 말씀 감사합니다."

2. 위험한 배제의 논리

공자는 인성(人性)에 대해 성선설 쪽으로 기울었다고 보이지만 구체적으로 주장하지는 않았습니다. 하지만 맹자는 그것에 대한 구체적 근거를 대면서 개진했습니다. 《맹자》의 〈공손추 상〉을 보면 너무도 유명한 다음과 같은 구절이 나옵니다.

"사람은 누구나 차마 하지 못하는 어진 마음이 있다고 하는 이유는 지금 갑자기 어린아이가 우물에 빠지려 하는 것을 보면, 누구나 깜짝 놀라고 측은해하는 마음이 생긴다는 것이다. 이는 이 어린아이의 부모와 친교를 맺기 위한 것도 아니고, 동네 사람들과 벗들로부터 칭찬을 받기 위한 것도 아니며, 아이를 구해주지 않았다는 나쁜 소리가 싫어서도 아니다. 이로 미루어 보건대, 측은해 하는 마음이 없으면 사람이 아니고, 부끄러워하고 미워하는 마음이 없으면 사람이 아니며, 사양하는 마음이 없으면 사람이 아니고, 옳고 그름을 분별하는 마음이 없으면 사람이 아니다. 측은해 하는 마음(측은지심惻隱之心)은 인(仁)의 단서이고, 부끄러워하고 미워하는 마음(수오지심羞惡之心)은 의(義)의 단서이며, 사양하는 마음(사양지심辭讓之心)은 예(禮)의 단서이고, 옳고 그름을 아는 마음(시비지심是非之心)은 지(智)의 단서이다."

이 구절은 미리 사람의 기준을 정해놓고 이 기준을 충족시키지 못하는 자는 사람이 아니라고 못 박으면서 배제시키고 있지요. 그러니까 기준 미달인 사람은 사람의 탈을 쓰고 있긴 하지만, 이미 사람 구실을 못하고 있기 때문에 인간의 자격을 상실하고 짐승으로 격하되었다 할 것입니다. 어떤 의미에선, 짐승이니 아무렇게나 학대해도 된다는 근거가 성립한 꼴이죠. 또 이미 사람이 아니니 그런 존재를 기준으로 인간은 악하다고 말해 보았자 의미가 없는 셈입니다. 그렇다면 사람의 기준을 봅시다. 어린아이가 물에 빠지려고 할 경우 누구나 아이를 불쌍히 여기면서 구해주고 싶은 마음이 생긴다는 주장이 틀렸다고 말할 수는 없겠죠. 그런 마음이 인간 모두의 내부에 존재한다고 할 수도

있습니다. 지하철 선로에 떨어진 사람을 위험을 무릅쓰고 구해준 선량한 청년 이야기를 예로 들 수도 있습니다. 문제는 그런 선한 마음도 있고 다른 악한 마음도 동시에 병존할 수 있는데 이를 맹자가 외면하면서 악한 마음이 표출될 경우 인간이 아니라고 단정 지어 문제를 단순화시키고 있다고 보인다는 것입니다. 다음의 예문을 보죠. 이 예문은 제2차 세계대전 당시 나치 친위대의 병사 하나가 유대인들에게 저지른 심연의 악을 묘사하고 있습니다. 차마 눈뜨고 볼 수 없는 이 절대 악은 러시아의 드니프로페트로프시크라는 작은 마을에서 발생합니다. 병사는 전쟁 중 총탄에 맞아 병원에 이송된 후 죽음 직전에 있습니다. 그는 지옥이 두려웠던지 유대인 한 사람을 불러 속죄하고자 하면서 이렇게 이야기합니다.

"그들(마을 사람들)은 대략 백오십 내지 이백 명 정도인데, 그 가운데 많은 아이들이 커다란 두 눈을 고정시킨 채 우리를 바라보고 있습니다. 그 숫자는 얼마 안 되지만 어떤 자들은 소리 없이 울고 있습니다. 엄마의 품안에 있는 몇몇 간난아이들도 있지만 청년들은 거의 없습니다. 나이든 여자들과 남자 노인들이 많습니다. (……) 트럭 한 대가 기름통들을 싣고 도착합니다. 우리 가운데 몇몇은 그 기름통들을 내려서 이웃집 문 앞에 쌓으라는 명령을 받습니다. 가장 건장한 유대인들은 기름통들을 이층에 올려놓아야 합니다. (……) 그런 다음 우리는 유대인들을 그 집안으로 밀어 넣기 시작합니다. (……) 우리는 몇 발자국 뒤로 물러서서 안전핀을 뽑은 뒤 수류탄들을 유리가 없는 창문들을 통해 집안으로 던집니다. (……) 우리는 울부짖는 소리를 듣고, 모든 것을 집어삼키

는 불꽃이 위층으로 올라가는 것을 바라봅니다…… 우리는 이 지옥으로부터 빠져나오려는 자들을 사살하려고 총을 겨누고 있습니다. (……) 이층의 열려진 창문을 통해 한 남자가 어린아이를 팔로 안고 있는 모습이 눈에 들어옵니다. 그의 옷은 불길에 휩싸여 있고 한 여자가 그의 옆에 서 있습니다. 어린아이의 어머니인 게 분명합니다. 그 남자는 다른 쪽 빈손으로 어린아이의 눈을 가립니다. 그리고 그는 어린아이와 함께 뛰어내립니다. 곧바로 어머니가 그들을 따라 뛰어내립니다. 다른 창문들을 통해서도 불타오르는 형태들이 아래로 몸을 던집니다…… 우리는 사격을 가합니다…… 오 하느님! (……) 나는 얼마나 많은 사람이 불길 속에서 죽는 것보다 뛰어내리는 것을 택했는지 알지 못합니다. 그러나 그 가족을―특히 어린아이를―결코 잊을 수 없을 것입니다. 그는 검은 머리, 검은 눈을 지니고 있었습니다.˝(시몬 비젠탈,《태양의 꽃》[1])

여기서 유대인은 시몬 비젠탈[2]입니다. 유대교에선 하느님까지 포함해 어느 누구도 남을 대신해서 가해자를 용서해줄 수 없다고 합니다. 오직 피해자만이 그를 용서해줄 수 있는 거죠. 그러니까 이 나치 병사는 침묵으로 일관한 유대인에게 용서받지 못한 채 죽어가게 됩니다. 이 끔찍하기 이를 데 없는 장면에서 나치독일 병사는 아빠의 품에 안

---

[1] 미카엘 드 생 쉐롱,《엠마누엘 레비나스와의 대담, 1992-1994》에서 재인용함.
[2] 시몬 비젠탈(Simon Wiesenthal)은 제2차 세계대전 중 나치 수용소에서 살아남은 자의 한 사람이며, 전쟁 후 나머지 인생을 나치 범죄자들의 추적에 바쳤습니다. 그의 이름을 딴 국제유대인 인권단체인 시몬비젠탈센터는 희생자들과 전범자들에 대한 정보를 수집했던 조직으로 이를 통해 그는 아돌프 아이히만과 천백 명의 나치 전범들을 체포하는 데 기여했습니다.

겨 함께 뛰어내리는 어린아이를 무차별 사살한 것입니다. 비젠탈은 나중에 이 병사의 어머니를 만나게 되었는데, 이렇게 감회를 피력합니다. "나는 그 가련한 여인에게 남은 유일한 것, 즉 선하고 아량 있는 아들을 두었었다는 확신을 그녀에게서 빼앗지 않은 채 헤어졌다."(같은 책) 이 어머니는 자기 아들이 그런 절대악을 저지를 수 있으리라고는 결코 상상할 수 없는 것입니다. 그런데 제2차 세계대전 중 나치에 학살된 어린아이만 150만 명이라 합니다.

이것이 인간의 야수 같은 또 다른 측면일진대 이것을 아예 배제하고 그런 잔인무도한 존재는 인간이 아니라고 말해보았자 무슨 소용이 있겠습니까? 그런 존재가 인간사회에서 우리와 함께 살고 있으면서 어떤 상황에서 그런 악마적 본성을 드러낼지 모르는데 단순히 인간이 아니라고 말해본들 공허하지 않을까요? 이미 악은 저질러졌고 처참한 비극은 발생했는데, 그 범죄자는 인간이 아니라고 강변하는 것은 말이 안 되죠. 맹자의 성선설은 나치 병사의 불쌍한 어머니가 아들에 대해 지닌 환상, 다시 말해 아들—곧 인간—은 결코 그런 상상할 수 없는 광기를 드러낼 수 없을 것이라는 환상과 일치합니다. 맹자가 살았던 전국시대에 나타난 악이 이런 정도는 아닐지 모릅니다. 그러나 그가 잔악한 약육강식의 세계를 보고도 인간을 본질적으로 선하다고 생각한 것은 결국 자신의 타고난 지극히 선한 품성을 타자도 지닐 수밖에 없다는 보편성에 집착했기 때문이 아닐까요?

이를 위해 맹자는 루소가 생각했듯이, 자연 상태에선 인간이 선했는데, 사회 즉 환경이 인간을 타락시켰다고 보면서 또 다른 근거로 요순시대를 거론하곤 합니다. 그러나 '복고주의'에 따라 태평성대로 간

주된 이 요순시대에 대한 실증적 사료는 존재하지 않기 때문에 근거로서 는 가치가 없다 할 것입니다. 맹자는 물이 아래로 흐르듯이, 사람은 모두가 선한데 불선을 행하는 이유가 이 본성이 외부의 힘에 영향을 받았기 때문이라고 말합니다(고자 상). 그는 자신의 당위적인 성선설을 뒷받침하기 위해 거의 자연 상태에서 살았던 그 시대를 끌어들이고 있습니다. 하지만 이것은 루소의 자연 상태와 마찬가지로 인식론적으로 볼 때 현재의 악과 불행이 있음으로써만 후천적으로 신화적 가치를 획득하고 있습니다. 선천적으로 선만 있고 악은 나중에 사회가 이기심을 촉발시켜 발생했다는 논리는 악의 존재 이유에 대해 성찰하지 않았거나 존재 이유를 은폐시키기 위한 전략이 아니었을까요? 리처드 도킨스의《이기적 유전자》나 바버라 오클리의《나쁜 유전자》와 같은 과학적 책들은 인간의 사악함에 대해 환경설을 부정하고 유전자설을 내세우고 있습니다.

그리스 신화에서 최고신 제우스처럼, 혹은 기독교의 아담 신화에 배치된 악마의 존재처럼 실존하는 '근본적' 악을 해명하는 장치가 왜 빠져 있을까요? 이것이 미스터리입니다. 기독교 철학자 폴 리쾨르는 "인간은 근본적으로 악하고 근원적으로 선하다"고 말했습니다. 악이 내면에 본성으로 잠재되어 있지 않은데 어떻게 악이 표출될 수 있겠는가? 악이 없으면 선 자체가 인식될 수 없으며, 악이 사라지는 순간 선도 사라질 판인데, 선을 계속해서 어떻게 강조할 수 있습니까? 인간의 어두운 부정적 모습은 배제하고자 하면 할수록 이미 안에 들어와 긍정적 모습을 받쳐주고 있습니다.

유교가 이기심을 경계하면서 왕도정치의 길로서 끊임없이 외쳐온

수신제가치국평천하(修身齊家治國平天下)는 인간 자체 안에 나태하고 이기적인 어둠이 있음으로써만 가능하다는 것을 역설적으로 보여주고 있지 않을까요? 인간이 본질적으로 이타적이라면, 다시 말해 이기심보다 이타심이 우세하다면 인간들이 싸우지 않고 가만 놓아두어도 세상은 저절로 밝아졌을 것이고 살 만한 곳이 되었을 것입니다. 그러나 현실을 그렇지 않죠. 선한 측면이 인간 안에 존재하는 것은 분명하지만, 악한 측면도 존재하며 더 많이 존재한다는 것을 왜 인정할 수 없었을까요?

생각해봅시다. 우리는 진정 가치 있는 것은 쉽게 얻어지지 않는다는 사실을 경험적으로 알고 있습니다. 선이 우리가 추구해야할 하나의 높은 가치라면, 이 가치를 실현하기가 그만큼 어려워야 하며 아무나 구현할 수 없어야 할 뿐 아니라 악과 불행이 있어야 하는 것은 정연한 이치입니다. 선한 아름다운 행동을 아무나 할 수 있다면 그것은 가치로서 빛이 나지 않겠죠. 그러니까 맹자는 자기모순에 빠져 있는 것입니다. 그는 자신의 인생을 선의 의미 있는 여정으로 만들어주는 것 자체가 세상의 고통이라는 비극적 인간 조건이라는 사실을 망각한 것입니다. 인식론적으로 살펴볼 때, 왕도정치라는 유교의 이상 자체가 이런 조건을 전제로 가능하기 있기 때문에 그것은 이 조건을 구성하는 부정적 요소들과 한 덩어리를 구성합니다. 따라서 맹자의 사단 가운데 '수오지심'에서 오지심, 즉 다른 사람이 선하지 못함을 미워하는 마음은 불쌍해하는 마음으로 바뀌어야 하지 않을까 합니다. 다른 사람들이 선한 행동을 못하기 때문에 나의 선한 행동이 가치를 발한다면, 내가 빛을 진 그들을 미워한다기보다 용서하는 마음으로 단죄하면서

자비심을 베풀어야 하지 않을까요?

3. 감추어진 진실

유가의 왕도정치, 곧 내성외왕(內聖外王)을 구현해야 한다는 당위적(當
爲的) 이데올로기가 진나라에서부터 채택되지 못하고 한나라에서 통
치이념으로 자리 잡은 것은 무엇 때문일까요? 사실 오늘날 세계의 거
의 모든 국가가 법치국가임을 상기할 때, 진나라가 법가의 사상에 따
라 패도정치(覇道政治)를 통해 중국을 통일한 것은 그리 이상할 게 없
다고 보입니다. 특히 유교와 달리 이상적 복고주의가 아니라 시대적
상황에 따른 미래 지향적 '변화주의'를 택한 법가 사상을 탄생시킨 경
계심, 곧 인간에 대한 불신은 견제와 균형, 감시와 통제를 근간으로 하
는 오늘날의 민주주의의 삼권분립 제도에도 그대로 녹아 있다는 점을
고려할 때 말입니다. 물론 한나라가 유교를 내세웠다고 해서 글자 그
대로 왕도정치를 실현한 게 아니라 법치주의를 따랐다는 게 일반적인
견해입니다.
　노무현 전(前)대통령의 비극적 종말과 박근혜 탄핵사태는 권력과 이
욕의 함수관계를 상징적으로 적나라하게 보여주고 있습니다. 대통령
의 친인척과 주변의 비리는 정권이 바뀔 때마다 터지지 않고 지나간
적이 없죠. 이렇게 법으로 통제하고 감시망을 가동시켜도 범죄가 발
생하는 게 인간 세상입니다. 그 어떤 누구도 권력의 심장부에 들어가
면 자신이 어떻게 될지 장담할 수 없습니다. 인적 관리 장치를 가동시

키지 않아도 온갖 비리 유혹을 슬기롭게 넘길 수 있는 자는 거의 없다고 보아야 할 것입니다. 그러니까 누구나 사회악을 저지를 가능성을 자신 안에 잠재적으로 지니고 있다고 생각해야 합니다.

역대 대통령 가운데 노무현은 학맥·인맥·가문 등 배경에서 가장 빈약했습니다. 이것이 그의 통치를 어렵게 만든 요인 가운데 하나임이 분명할 진대, 노건평 씨가 조금만 더 학벌이 있었고 그의 인적 네트워크가 강력했다면 비리는 그만큼 더 비례적으로 크게 터졌을 것입니다. 거의 우리 모두의 가능태인 노건평 씨를 탓할 게 아니라 인간 자체에 대해 각성하고 보다 효율적인 관리 체계를 구축하는 게 최선의 방법이라 봅니다.

또 최순실의 국정농단 사태에서 이화여대의 부조리는 대학사회 전체를 상징적으로 보여주는 사례입니다. 최고의 권력을 등에 업고 마법을 부리는 그녀의 거래 유혹에 넘어가지 않았을 대학이 얼마나 될까요? 미래를 책임질 후학을 기르는 상아탑이 이럴진대 하물며 다른 분야는 말할 필요가 있겠습니까? 언제고 누구나 은밀한 악마의 함정에 빠질 수 있음을 우리 모두 각성하고 물샐틈없는 경계와 감시 장치를 가동시켜야 하는 거죠. 선의지가 강하면 강할수록 악마의 표적이 된다는 말을 명심하고 방심하면 절대 안 되는 게 인간의 마음이죠.

이렇게 볼 때, 진나라가 일찍부터 채택한 법가 사상 자체는 진왕(후에 진시황제)으로 하여금 중국을 최초로 통일하게 해주었던 훌륭한 통치이념이었던 만큼, 그것이 끝까지 왜곡되지 않고 제대로만 적용되어 작동했더라면 별다른 문제가 없었을 것입니다. 다른 사상들에 비해 법가가 더 현실에 맞았기 때문에 진나라는 다른 나라들을 제압할

수 있는 국력을 기를 수 있었으리라는 것은 어렵지 않게 짐작할 수 있습니다. 법가사상은 인간이 본래 이타적이기보다는 이기적이며 악하다는 현실론인 성악설을 주장하면서, 악을 통제할 수 있는 강력한 중앙집권적 지배체제를 구축하게 해주었습니다. 문제는 이 사상 자체가 아니라 그것을 끝까지 지켜낼 수 없었던 통치자와 그 측근들이었던 것이죠.

　진나라가 멸망하는 과정에서 종말을 보지요. 이사는 진시황제와 함께 통일 제국을 건설하는 데 일등공신이었습니다. 그는 간신인 환관 조고의 술수에 넘어가 황제의 유언을 어기고 둘째 호해를 제위에 오르게 했고 적장자인 부소를 자살케 했습니다. 이렇게 그 스스로 법과 제도를 어기는 망국적 대역죄를 범하고 만 것입니다. 결국 그는 조고의 모함을 받고 모반 혐의로 체포되어 자신이 제정한 법령에 따라 허리가 잘리는 형벌을 받고 비참한 최후를 맞이합니다. 그가 죽은 뒤 1년 후 진제국은 망하고 맙니다. 잠시 성악설에 대해 방심한 것일까요? 자신을 포함해 황제의 측근들을 끊임없이 경계하고 물샐틈없는 관리를 통해 악을 예방해야 하지 않았겠습니까. 그러나 인간은 완벽할 수가 없습니다. 이사도 그 자신 안에 이미 악을 지니고 있어 스스로 무너지고 말았던 것이죠. 결국 그는 자신이 믿은 성악설에 따라 불행한 죽임을 당한 셈이니 원통할 것은 없다 하겠죠.

　이사는 특히 법가를 완성시킨 한비자를 죽게 한 장본인입니다. 두 사람은 순자 밑에서 동문수학한 친구 사이입니다. 한비자는 한(韓)나라의 귀족으로서 자신의 사상을 한왕에게 진언했으나 수용되지 않자 글로 남기기 시작했습니다. 그러나 한왕과는 반대로 진왕은 그의 글

을 읽어보고 높이 평가하고 있었죠. 진나라의 공격을 받은 한나라는 협상의 사자로 한비자를 보냈는데, 진왕은 그를 보자 욕심이 나 붙잡아놓고 싶어 했습니다. 이사는 진왕이 자신보다 한비자를 더 총애하는 것같이 보이고 자신의 위치가 위태로움을 느끼자, 그를 모함하여 옥에 가둔 뒤 독약을 주어 자살케 하였습니다. 그는 이처럼 친구마저 헌신짝처럼 버리고 죽게 만들었습니다. 그러니 인간이 악하다는 성악설을 그대로 보여준 에피소드가 아닐 수 없습니다. 한비자 역시 친구한테 죽임을 당했으니 그가 주장한 성악설에 따라 죽음을 맞이한 셈이죠. 그 또한 원통해할 필요가 있을까요?

이사와 한비자는 서로 다른 인성을 지니고 있다고 보입니다. 이사는 태생적인 모략가이고 철저한 성악설 신봉자라고 짐작됩니다. 왜냐하면 친구인 한비자를 죽게 하고 결국 자신의 종말도 자충수를 두어 맞이했기 때문이죠. 반면에 한비자는 인간이 이기적이고 악한 측면이 많다고 생각해 성악설을 주장하기는 했지만 인간 속에 선한 측면도 있다는 점을 인정한 것 같습니다. 한비자 자신은 나쁜 짓을 하지 못했을 위인이 아닌가 짐작됩니다. 우리 주변에도 자신은 천성적으로 악한 짓을 하지 못해 도덕적으로 살아가면서도 인간에 대한 불신론을 펴는 자들이 있듯이 말입니다. 한비자는 당계공(堂谿公)이란 인물이 그의 사상과 처신에 주의를 환기시키면서 몸조심하라는 충고를 하자 이렇게 답변하고 있습니다.

> "제가 선왕의 가르침을 버리고 (위험하게도) 법술(法術)을 세우고 법도를 만들고자 하는 까닭은 이것이 백성들을 이롭게 하고 모든 사람들을

편안하게 하는 것이기 때문입니다. 어지럽고 몽매한 임금의 박해를 꺼리지 않고 백성들의 이익을 생각하는 것이 바로 지혜로운 처신이라고 생각합니다. 제 한몸의 화복(禍福)을 생각하여 백성들의 이익을 돌보지 않는 것은 탐욕스럽고 천박한 행동입니다. 선생께서 저를 사랑하여 하시는 말씀이지만 저를 크게 상하게 하는 것입니다."(《한비자》〈문전(問田)편〉)**3**

이 글을 보면, 한비자는 자신을 돌보지 않고 백성을 사랑하고 위하려는 마음을 잘 드러내고 있습니다. 이처럼 그는 애민(愛民)하는 마음에서 백성의 전체적 이익을 위해 성악설을 주장했음에도 그가 이사의 손에 죽은 것은 애석하다 하겠습니다. 우리가 당시의 시대적 상황을 고려할 때, 그의 사상에서 비판받는 군주권 강화는 애민의 차원에서 강구된 어쩔 수 없는 방안으로 이해되어야 할 것입니다. 선을 행하지 않을 수 없는 천성적 성품을 간직한 채, 자신의 사상적 이론에 따라 인간들의 이기심과 사악함을 조정할 수 있고 자신을 방어할 수 있는 능란한 현실적 지략까지 겸비했더라면, 그는 이사의 모함을 피하고 그를 제압할 수 있었지 않았을까요? 그랬더라면 진나라는 그처럼 단명하지 않았을지도 모를 일입니다.

물론 그의 성악설에도 선과 악의 상호작용에 대한 성찰이 나와 있는 것은 아닙니다. 중세의 신학에 적지 않은 영향을 미친 고대 그리스의 신비주의 철학자로 플로티노스라는 자가 있습니다. 신플라톤주의

---

3   신영복, 《강의 - 나의 동양고전 독법》(돌베개, 2004)에서 재인용.

자로 분류되지요. 그는 "악이 없는 우주는 불완전하다"고 갈파했습니다. 이 말은 악의 존재 이유가 있다는 것을 의미심장하게 함축하고 있습니다. 한비자는 자신이 다른 사람들과는 달리 우직하게 정의의 편에 설 수밖에 없는 숙명을 타고 났다 할 것입니다. 그런데 이 숙명은 그들의 이기적인 불의가 있음으로써 가능하니 그는 그들과 공생관계에 있었다고 하겠죠. 그는 이런 오묘한 진리의 비밀을 꿰뚫었을까요? 그가 도가사상을 알고 있고 그것에 대해 '우호적'이었으니 그렇다고 짐작할 수 있을 것입니다.(《한비자》, 한비 지음, 김원중 옮김)

진리는 위험한 측면이 있습니다. 특히나 비극적 진리는 그렇습니다. 그래서 대다수 사람들을 환상 속에 살게 해야 하는 것이죠. 위험한 진리를 함부로 발설해서는 안 되며 발설할 경우 많은 적을 낳게 되어 당사자는 치명적 위험을 안게 됩니다. 특히 적이 권력자들일 경우는 더욱 그렇습니다. 혹자는 이렇게 주장합니다. 진나라가 춘추전국시대에 송지부를 찍고 동일 제국을 건설하는 데 있어서 채택한 법가의 사상은 다만 혼란을 추스르고 강력한 전제군주국을 세우는 이데올로기로서는 적합하다는 것이죠. 하지만 제국을 영속시키는 데는 맞지 않다는 것이죠. 그래서 한(漢)나라는 유가의 사상을 통치 이념으로 받아들였다는 것입니다. 군주 권력의 강화를 제외하면 오늘날 대부분의 나라에서 시행되는 법치주의가 증명하듯이, 실용주의적 법가의 사상이 훨씬 더 현실에 맞는 이데올로기가 아닐까요?

악행을 저지르고 위선의 탈을 쓴 자들도 자신들이 사악한 위선자라 손가락질 받는 것을 싫어함은 인지상정입니다. 인간이 본래 선하기보다는 악하다는 명제는 설령 이것이 진리라 할지라도 모두를 불신으로

몰아넣을 수 있는 위험한 사상입니다. 앞서 말했듯이, 민주주의는 인간에 대한 신뢰보다는 불신에 토대하고 있으며, 민주주의 자체가 엄청난 역사적 투쟁의 대가로 획득된 것입니다. 민주주의에서 견제와 균형, 감시와 처벌이 필요한 이유가 인간이 본래 악하기 때문이라고 명시적으로 규정되어 있는 경우는 없습니다. 하지만 이를 암묵적으로 전제하여 온갖 법적 통제 장치들이 마련되어 있는 것이죠. 뿐만 아니라 이런 제도와 법이 아무리 훌륭하다 해도 민도(民度)가 낮으면 그것들이 작동될 수 없음은 우리의 과거 역사가 웅변해줍니다. 지배자나 기득권자를 무조건 비난할 것이 아니라, 우리 모두가 정신 바짝 차리지 않으면 이미지나 언론 조작을 통해 속을 수 있음을 직시해야 합니다. 뿐만 아니라 그 누구라도 파시즘적 독재자가 될 수 있는 가능성을 안고 있음을 우리 스스로 책임을 통감하고 각성해야 합니다.

강력한 중앙집권적 전제국가가 체계를 갖추었을 때, 통치자인 황제를 정점으로 권력실세들과 관리들은 자신들 역시 사악하기 때문에 항상 감시와 견제의 대상이 되어야 한다는 논리를 쉽게 받아들일 수 있을까요? 바로 여기에 감추어진 진실이 있다고 봅니다. 성선설에 따르면 그들 모두는 본질적으로 선한 존재일 뿐 아니라 수신(修身)을 통해 군자의 덕을 갖추어 통치에 참여하게 됩니다. 수신(修身)의 정상인 내성외왕(內聖外王)을 내걸은 왕도정치는 얼마나 백성을 호도하기 좋습니까! 이론적으로 볼 때, 군주로부터 관리까지 지배계급이 모두가 수신하여 인의(仁義)를 실현하는 집단이니 백성은 안심하고 따라오기만 하면 되는 것이죠. 여기다가 백성은 순박하고 민도는 형편없이 낮습니다. 그러니까 수신제가치국평천하의 이상주의를 주장한 유교는 지

배계급의 통치수단으로써 백성을 안심하고 속일 수 있는 더 없이 좋은 이데올로기였다고 보아야 할 것입니다. 그렇기 때문에 그것은 이천년 이상 중국의 통치이념으로 자리 잡을 수 있었던 것이라 하겠죠. 물론 유교가 지닌 이상적 덕치주의와 당위론이 가져온 긍정적 측면들이 없다는 것은 아닙니다.

그러나 유교는 강력한 견제장치를 상실하고 있습니다. 군자나 선비가 추구하는 인의의 구현 자체가 현실의 불행과 불의를 전제로 하기 때문에 이것들이 없으면 그들의 존재 자체가 성립될 수 없습니다. 따라서 일정한 틀 내에서 선/악의 패러다임적 긴장관계를 통찰하고 이런 입장에서 악에 대한 강도 높은 대책을 강구했어야 했습니다. 사실 유교와 마찬가지로 당위적 도덕을 주장한 기독교가 훨씬 더 도덕적일 수 있었던 것은 이 종교가 인간을 죄인으로 만들어 선과 악의 대결장으로 규정했고 최후의 심판이라는 구원론을 통해 인간의 내면을 강력하게 긴장시켰기 때문일 것입니다.

유교를 신봉한 지배자들은 수신을 통해 도달한 군자나 선비이고 성선설을 구현하는 존재로 규정되었습니다. 그렇기 때문에 공자나 맹자 같은 위인들을 제외하면 대부분은 늘 위선의 탈을 쓰고 살 수밖에 없죠. 또 자신들의 내면에서 들끓고 있는 이기적 욕망을 감추어야 할 수밖에 없습니다. 바로 여기서부터 지배계급의 호박씨 문화는 필연적으로 잉태될 수밖에 없고 음지의 정치가 성행할 수밖에 없는 것이죠. 자신들이 사악하면 사악할수록 더욱 더 성선설에 매달려 가면을 쓰고 은폐해야 백성을 안심시킬 수 있죠. 지금도 우리나라에 이런 문화와 정치가 사라지지 않고 활개치고 있는 것은 다 여기서 비롯된 것입니

다. 지배자들은 백성이 알면 알수록 자신들의 정체가 폭로되고 위협 받으니 그들은 교육 받을 권리도 계급적으로 제한할 수밖에 없었습니다. 현대에서는 그들은 때로는 스포츠, 섹스 그리고 스크린(대중영화)과 같은 3S정책을 써 대중을 무지몽매한 상태로 몰고 가 정치로부터 관심을 떼어놓으려도 합니다. 오늘날 사람들이 교육받는 가장 큰 이유가 무엇이겠습니까? 선을 베풀기 위한 것이겠습니까? 국민 각자가 받아야 할 몫을 정당하게 받기 위한 능력을 획득하기 위한 것이 아니겠습니까? 그래서 법조인이나 대학교수 등 엘리트는 도덕군자가 아니라, 어떤 분야에 최고의 전문적 지식을 갖추고 자기의 권리를 가장 잘 쟁취할 수 있는 전문가일 뿐인 것입니다.

결국 유교에서 지도자들이 선해야 한다는 당위(이상)가 마치 실제로 선한 것처럼(현실) 정치적으로 이용되고 둔갑된 거죠. 이렇게 하여 유가의 성선설은 지배계급의 통치를 수월하게 해주는 가장 훌륭한 담론을 제공해주었다 할 것입니다. 그렇기 때문에 제국이 완성된 이후인 한나라부터는 제자백가 가운데 유가가 지속적으로 승리를 거둘 수 있었던 것이라 봅니다. 유학은 성악설을 배제했지만, 그것의 도덕정치를 가능하게 해준 것 자체가 바로 성악설이라는 사실을 숨기고 있었던 것일까요, 아니면 몰랐던 것일까요? 선과 악이 동거한다는 진리는 너무도 위험했을까요?

4. 송강정(松江亭)을 찾아서

송강 정철의 〈사미인곡(思美人曲)〉이 탄생한 무대인 전라남도 담양군 창평의 송강정을 찾아가는 길은 저의 머릿속을 이 시인 정객이 살았던 시대의 온갖 정치적·역사적 사건들로 가득하게 했습니다. 아득한 옛 시절에 배운 국어과목 고전 가운데 가사문학의 백미(白眉)라는 이 가사(歌辭)가 왜 갑자기 유교에 대한 사유에서 불현듯 떠올랐는지는 저도 모르겠습니다. 무의식의 작용에 의한 영감만이 설명해줄 수 있지 않을까 합니다. 제가 제2장의 제사(題詞)로서 이 작품을 선택할 때, 이 절창(絶唱)은 유학과 관련해 개진하려는 모든 것을 압축적·상징적으로 담고 있으리라는 발상이 벼락처럼 뇌리를 스쳐갔습니다. 그러나 제3절 〈감추어진 진실〉을 끝내고 막상 〈송강정을 찾아서〉와 마주하니 눈 덮인 허허벌판에서 길을 잃고 홀로 서 있는 듯한 느낌이 들었습니다. 분명 영감은 아름다웠고 글쓰기의 괴로움을 보상해주는 크나큰 기쁨을 가져다주면서 저를 날아오르게 했는데 말입니다. 과거의 경험으로 보건대, 어떤 주제에 대해 전념할 때 새로운 착상이 다가오는 시점이 있습니다. 주제를 머리에 담아놓고 이런저런 유관 서적들을 읽으면서 그것에 대해 계속 생각하다가 결국은 머리를 식히기 위해 다 접고서 여행을 떠납니다. 여행을 마치고 돌아왔을 때 영감처럼 무언가가 다가옵니다. 물론 여행 중에도, 꿈속에서도 주제는 뇌 속에서 해법을 찾아서 무의식적으로 움직입니다. 그러면 어느 순간에 신선한 아이디어가 과일이 익어 떨어지듯이 다가오고 길이 열립니다. 따라서 제 경우 막막할 때는 쉬고 어디론가 떠나야 합니다. 저는 떠나기 전에

정철의 성장 배경과 시대적 상황에 대한 몇몇 자료와 그에 대한 연구서를 챙겼죠. 그 가운데는 을사사화에서부터 임꺽정의 난과 정여립의 모반을 거쳐 임진왜란까지 정철이 겪었던 격동의 시대를 증언해주는 굵직굵직한 역사적 이정표들이 기다리고 있었습니다. 자, 볼까요.

◆ ◆ ◆

첫 번째 자료

송강 정철은 1536년 서울에서 돈령부(왕실의 친척들에 관한 사무를 담당하던 관청) 판관(判官: 종5품)을 지냈던 아버지 유침의 4남 3녀 가운데 막내로 태어났다. 두 누님 가운데 큰누이는 인종의 숙의(후궁)였고, 셋째 누이는 계림군(桂林君)의 부인이었다. 인종의 이복동생으로서 뒤를 이어 명종으로 등극하는 경원대군과 정철은 큰누이 덕분에 친구처럼 지내는 막역한 사이였다. 그러나 소윤 윤원형의 누이이자 명종의 생모인 문정대비가 수렴청정을 하게 되자, 소윤 일파는 정적 대윤의 윤임 일파를 제거하기 위해 "윤임이 (……) 인종이 사망할 경우 계림군을 추대하려 했다"고 음모를 꾸몄다. 이로 인해 조선왕조의 4대 사화 가운데 하나인 을사사화가 일어나 윤임 일파는 제거되었고 정철의 매형인 계림군은 거열형(車裂刑: 두 팔과 다리, 머리를 각각 매단 수레를 달리게 해 신체를 찢는 형벌)을 받고 처참하게 죽었으며, 아버지 유침은 죄인의 장인이라는 명분으로 유배의 길을 떠났고, 죄인의 처남인 맏형은 곤장을 맞아 고문

후유증으로 유배 중 사망했다. 정철은 10세 때부터 아버지를 따라 유배지를 전전하면서 고난의 세월을 보냈고, 그의 나이 16세 되던 해 아버지가 풀려났다. 관직에 환멸을 느낀 아버지는 가족을 데리고 선영(先塋)이 있는 담양 창평으로 낙향했다.

덕치주의와 왕도정치를 강조한 유교를 통치이념으로 채택한 조선왕조에서 정철이 체험한 을사사화는 법가가 경계하고자 한 음지의 악랄한 모략 정치를 그대로 보여줍니다. 그때 열 살의 소년이었던 정철은 이 피비린내 나는 정쟁의 당사자들이 인의(仁義)를 생명으로 하는 유학을 숭상한 존재들이었다는 것을 생각하지 못했을 것입니다. 6년 동안의 고통스러운 유배 생활은 시적 감수성을 풍부하게 타고난 낭만적 소년 정철의 가슴에 가족의 비극을 트라우마(trauma : 정신적 외상)로 새겨놓았을 것입니다. 자동차 창문을 때리는 눈비를 바라보면서 저는 이 비극을 이렇히 상상해보았습니다. 궁궐을 왔다 갔다 하면서 스스럼없이 지냈던 경원대군이 권좌에 오르자, 자신의 가족이 처단되는 광경을 목도해야 했을 그 여린 가슴은 훗날에 정여립의 모반 사건을 다룰 때 정철이 보여준 그 불인(不仁)의 냉혹함을 키워준 싹이 아니었을까요? 서정적 몽상이 풍부했을 사춘기의 송강은 저 삭막한 엄동설한을 유배지에서 보내면서 정치와 권력에 대해 무엇을 생각했을까요? 아버지는 살얼음판 같은 정치판에 신물이 나 이미 낙향을 결심하고 있었을 텐데 말입니다.

제 옆에서 아내가 운전을 하고 있었죠. 그녀는 평소 식사 때 저와 인

문학에 관한 대화를 많이 하는 편입니다. 그녀는 글을 통한 이 강의 내용에 매우 흥미를 느끼고 있었고 저한테 대강의 윤곽을 들어 알고 있었습니다. 그러다보니 운전을 하면서 연신 질문을 해댔습니다. 고맙게도 여행할 때면 피로하지 않는 한 늘 운전을 해주는 아내죠. 그녀는 당연히 이 책의 전개가 어떻게 되어갈지 궁금해 하는 매우 관심 있는 독자이기도 합니다. 그녀는 제가 유교에 대해 쓰고 있음과 송강정에 가고자 한 이유를 알고 있었죠. 그녀는 물었습니다.

"그런데, 〈사미인곡〉을 다시 읽어봐야 하겠지만, 어떻게 갑자기 그런 발상을 하게 됐는지 자세히 좀 이야기해 봐."

"항상 책은 처음 구상과는 다르게 써지는 게 일반적인 현상이지. 물론 작품을 쓰는 사람이면 누구나 플랜을 짜고 대체적인 윤곽을 그리고 있지만 애초의 발상과는 전혀 다르게 내용이 전개되는 경우가 허다해. 남녀가 만나 결혼할 때 각자가 꿈꾸는 삶이 있지만, 실제의 삶이 아주 딴판으로 펼쳐짐으로써 그들이 겪는 드라마를 생각해 봐. 비슷한 이치이지. 일단 문장을 던져놓고 그것이 알아서 새끼 치면서 책을 쓰도록 하는 작가도 있지."

"그러니까 인생과 작품의 탄생 과정은 비슷한 행로를 걷고 있다는 이야기네. 우연적인 돌발사들에 의해 예기치 않은 길로 들어서는 일이 많다 이거지?"

"그렇지. 책에 영혼이 불어넣어져 삶이 시작되는 순간부터 책은 완성될 때까지 하나의 생물처럼 파란 많은 여정을 가게 되는 거야. 우리의 지나온 인생도 마찬가지고 앞으로의 인생도 죽을 때까지 그렇겠지."

아내는 저와 결혼하면서 품었던 기대와 그 기대를 배반했던 그 동안의 삶을 떠올렸던지 눈에 이슬이 맺혔습니다. 저는 그 배반에 일정 부분 책임이 있다는 미안함에 그녀의 차가운 오른손을 따뜻하게 덥혀 주었습니다.

"그래도 이젠 괜찮아. 우리의 삶이 내 기대를 저버린 만큼 얻은 것도 많으니. 철학과 문학에 관심이 많은 내가 이런 책을 주제로 대화를 나누면서 살 수 있다는 게 축복이야. 이것만으로도 당신을 만난 게 행운이겠지……."

"하지만 작품과 인생이 다른 게 있다는 것은 당신도 내 말을 귀가 닳도록 들어서 알고 있겠지."

"인생에서 우리는 비극과 불행을 마음대로 없지만 작품에선 작가가 마음대로 그것들을 제어하면서 창조할 수 있기에 앙드레 말로는 예술이 운명을 초극하게 해준다는 의미에서 '예술은 반(反)운명이다.'라고 했지."

"잘 기억하고 있군. 그런데 하나가 빠졌군."

"아, 그거. 예술작품이 창조되기 위해선 상대적인 선과 악, 행복과 불행, 사랑과 증오, 만남과 이별, 평화와 폭력, 기쁨과 슬픔 따위 등, 대립되는 것들이 공존해야, 아니 동거해야 한다는 논리 말이지? 이건 당신의 생각이지."

"사람들이 즐기는 영화나 드라마에서 극적인 대립과 갈등을 생각해 보면 쉽게 이해되는 것이지."

"하지만 인생에서 예술만 먹고 살 수 없으니 그것은 일시적 위안밖에 되지 못한다고 봐."

"그래도 그것은 미쳐 날뛰는 이 세상에서 숨을 쉴 수 있는 공간을 열어주는 유일한 선물이야. 당신이 작품을 쓸 수 있다면, 당신은 선악을 넘나드는 창조적 놀이를 할 수 있을 텐데. 아니면 생사를 해탈하는 수밖에 없겠지."

"좋아. 그럼 〈사미인곡〉은 어떤 면에서 반운명이라 할 수 있을까?"

"이미 그것은 불후의 명작으로서 그 시대의 공적·사적인 아픔을 넘어서 전능한 파괴적 시간을 초월하여 영속적인 생명을 유지하고 있지 않나? 이런 측면은 상식적인 것이지. 그보다 송강은……."

어느덧 자동차는 정읍휴게소로 들어서고 있었습니다.

두 번째 자료

조선시대의 나이로 보면 어느덧 결혼 적령기에 다다른 16세의 정철은 아버지가 유배생활에서 풀려나던 그 해 어느 무더운 여름날, 둘째 형을 만나러 순천으로 가던 도중 환벽당(環碧堂) 앞의 창계천 용소(龍沼)에서 목욕을 하고 있었다. 마침 이 정자에서 낮잠을 즐기고 있던 주인인 사촌(沙村) 김윤제의 꿈에 용소에서 용이 노닐고 있는 모습이 나타났다. 꿈에서 깨어난 김윤제가 용소를 살펴보니 준수하게 생긴 범상치 않은 소년이 멱을 감고 있었다. 이것이 인연이 되어, 제대로 교육 한번 받아보지 못했던 정철은 을사사화 후 관직을 떠나 후학에 힘쓰던 김윤제의 문하에서 당대의 석학 기대승·김인후·임억령·송순 등의 지도를 받으며 10여 년 동안 학문을 닦았고, 26세와 27세(1562)에 각기 진사시와 별시문과에 장원으로 합격해 관계에 진출할 수 있었

다. 또 이미 그는 25세 때⁴ 식영정(息影亭)을 무대로 한 〈성산별곡〉을 지어 문재를 발휘했다. 그 사이 그는 김윤제의 외손녀딸과 결혼했다. 한편 이 시기에 조선의 '3대 도둑' 가운데 하나로서 나라를 발칵 뒤집은 임꺽정의 난(1559~1562, 명종 14년~17년)이 일어났다. 이 난은 정철이 과거를 보기 위해 막바지 학문에 전념하면서 두 번의 과거에 합격하던 시점과 일치했다.

정철은 당대의 기라성 같은 문인들과 학자들을 스승으로 모시고 청운의 꿈을 늦깎이로 키워갔던 이 10여 년 동안 얼마나 행복했을까요. 그는 을사사화의 어두운 악의 심연, 다만 기억하고 싶지 않은 악몽처럼 새겨졌을 그 비극을 마음속에서 완전히 도려낼 수 있었을까요? 어쨌거나 그는 김윤제를 만난 그 다음 해인 17세에 결혼까지 했으니 이제 비운의 가족사를 뒤로 하고 순풍을 단 듯 새로운 삶을 시작한 셈이었습니다. 하지만 그가 공부한 시기는 명종이 재위했던 기간에 속합니다. 그 당시 유교를 숭상하는 지배계급과 관리들의 극에 달했던 도덕적 타락상과 백성의 착취에 대해 그는 알고 있었을까요? 이런 상실된 인간성, 아니 환상을 심어놓은 성선설에 반론을 제기했다간 목숨을 부지할 수 없었던 시대적 분위기 속에서도 그는 시문과 학문을 연마하는 즐거움에 푹 빠져 있었을 것입니다. '관념이 관념을 낳는' 지식인의 놀이 또한 얼마나 매력적인가요.

그가 수학하는 동안(?) 창작한 〈성산별곡〉은 사실 그의 처외재당숙

---

4 〈성산별곡〉의 창작 연대를 40세 때 혹은 50대 때로 보는 경우도 있으나 공식적으로는 25세 때로 되어 있어 위험을 감수하고 이를 기준으로 논지를 전개하겠습니다.

인 김성원이 당쟁으로 잠시 낙향하여 지은 서하당과 식영정을 중심으로 펼쳐지는 자연경관과 김성원의 풍류생활을 읊은 것입니다. 그러니까 청년 정철이 노래한 자연 예찬은 김성원이 겪은 정치적 타락과 사회악을 전제로 나온 것이죠. 자연은 선하고 아름다운데, 자연에 따라 마땅히 당위적으로 선하고 아름다운 인성을 드러내야 할 인간들의 정치판은 그 반대임을 기저에 깔고 있습니다. 그렇다면 김성원, 나아가 정철로 하여금 성산과 그 주변 풍경에서 행복감을 느끼게 해주었던 것은 아수라장 같은 사회의 부패와 권력다툼이라 할 수 있습니다. 이는 루소가 《고독한 산책자의 몽상》에서 자연의 아름다움을 관조하는 가운데 사회악을 끊임없이 환기시키는 것과 같습니다. 나중에 이 낭만주의 사상가에 대해선 다시 다룰 것입니다. 정철은 일단 작품을 이렇게 시작하고 있습니다.

"어떤 지나가는 길손이 성산에 머물면서,
서하당 식영정의 주인아 내 말 들어 보소.
인생 세간에는 좋은 일도 많건마는,
어찌 한 강산을 갈수록 낫게(좋게) 여겨,
적막한 산중에 들어가 아니 나오시는가."

정철은 김성원에게 인간 세상에는 좋은 일도 많은데 왜 이렇게 고적한 자연을 벗 삼아 유유자적하는지 묻고 있습니다. 이러니 정철은 시대 상황을 모르고 있다고 해야 할까요? 더욱이 이 작품이 나온 해(1560)는 임꺽정의 난이 발생해 조정에서 이 '의적'을 잡으려고 혈안이

되어 있는 때입니다. 백성의 고혈을 빨아 부귀영화를 누리는 지배계급과 지방 관리들의 횡포가 극심해 민초들은 먹을 것이 없어 사방에서 도적떼들이 출몰하고 급기야 국가의 근본을 위협하는 크나큰 난이 일어났는데, 세상에 좋은 일이 많다니 대체 서울에서 내려온 김성원한테 무슨 소리를 들었던 것일까요? 임꺽정의 무대가 황해도를 중심으로 한 한수 이북이기에 실감이 나지 않은 것일까요, 아니면 곡창지대 전라도는 백성의 수탈이 심했어도 살 만했단 말일까요? 아니면 짐짓 형식적으로 그렇게 운을 떼본 것일까요? 아마 마지막 추측이 맞을 성싶습니다. 왜냐하면 작가는 사계절을 노래한 후 작품의 결사(結詞)에서 부정부패로 얼룩진 악취 나는 현실의 어두운 측면을 암시하고 있으니까요.

> "하늘이 인간을 지으실 때 어찌 무심할까마는,
> 엇지 된 시운(時運)이 흥했다 망했다 히였는가.
> 모를 일도 많거니와 애달픔도 그지없다.
> (……)
> 인심이 얼굴 같아서 볼수록 새롭거늘,
> 세상사는 구름이라 험하기도 험하구나.
> 엊그제 빚은 술이 얼마나 익었는가?
> 술잔을 잡거니 건네거니 실컷 기울이니,
> 마음에 맺힌 시름 조금이나마 덜어진다."

여기서 송강은 유학의 천명사상에 따라 하늘이 인간을 창조할 때의

의도를 선의지로 해석하고 있다고 보입니다. "무심(無心)할까마는"이라는 표현은 이 점을 함축해주고 있습니다. 그러나 그는 이 선의지가 나타났다가 그것과 반대되는 악의지가 드러나 종말이 오게 되는 흥망성쇠의 원인을 모르겠다는 불가지적(不可知的) 입장을 피력하는 가운데, 그저 비극의 아픔을 토로하고 있습니다. 복마전의 정치판에 무지한 가련한 백성의 마음, 곧 인심과는 달리 세상은 구름이 잔뜩 낀 것처럼 험악한 모습을 하고 있고, 주인은 이런 난리에 대한 근심을 술로 달랜다고 정철은 외치고 있습니다. 그러니까 결국 작품에서 정철과 김성원이 성산의 자연 앞에서 느끼는 '무릉도원' 같은 황홀감은 현실의 불행과 고통을 통해서만 의미를 지니고 있음이 확인되고 있습니다.

우리는 정읍 휴게소를 빠져나와 내장산의 전망 좋은 카페에 들어갔습니다. 저는 현대어로 옮겨놓은 〈성산별곡〉을 아내에게 주어 읽어보도록 하면서 작품에서 세상의 어둠이 깃든 부분을 찾아보라고 했습니다. 그녀는 어렵지 않게 짚어냈습니다. 창밖으로는 눈비가 멈추고 삭풍이 휘몰아치고 있었습니다. 눈 덮인 내장산의 아름다운 풍경을 도시의 오염되고 탁한 회색빛이미지와 대비시키면서 그녀에게 물었습니다.

"〈성산별곡〉에서 자연의 예찬과 문화적 현실의 비극이 불균형적으로 그려지고 있다는 것을 당신도 느꼈겠지?"

"그게 무슨 말이지?"

"자연의 아름다움에 할애된 부분에 비해 인간세계의 어두운 측면은 아주 조금밖에 나타나지 않고 있다는 거지. 서사(緒詞)에서 춘경(春

景)·하경(夏景)·추경(秋景)을 거쳐 동경(冬景)까지는 현실의 암울한 세계가 전혀 나타나지 않고 결사에서만 그런 게 다소 그려졌다는 것을 알 수 있지 않나?"[5]

"그래 맞아."

"하지만 전체 작품에서 그 부분은 매우 중요하지. 그것이 나머지와 비대칭을 이루고 있긴 하지만 이 나머지를 의미론적으로 받쳐주는 역할을 하고 있기 때문이야. 더러운 부정적 현실이 있기에 자연은 빛나는 순수한 풍경으로 표현될 수 있어. 그러니까 악의 축을 구현하고 있는 문화와 선의 축을 구현하는 자연은 대립적 패러다임을 형성하면서 의미를 창출시키고 있는 거야. 한쪽이 없으면 다른 한쪽이 작동할 수 없지. 송강은 선과 악, 행복과 불행을 작품 속에 녹여내면서 자유자재로 놀이를 하고 있으니 운명을 초월하는 차원에 있다 하겠지. '인간이 문화를 일구어내는 현실이 추악하지 않다면 자연은 아름답게 다가오시 않을 것이다'라는 말 어떻게 생각해?"

"무슨 소리야. 사회 현실과는 상관없이 자연풍경은 그 자체로 순수하고 수려하게 다가올 수 있는 게 아니겠어?"

"까다로운 문제지. 당신은 이미 문화의 세례를 받았기 때문에 쉽게 이해할 수 없는 문제야. 현재 많은 사람이 도시, 곧 문화를 떠나 산과 호수로, 바다와 섬으로 정화의식(淨化儀式)을 치르듯이 떠나면서 자연의 순수함과 아름다움을 상상하지만, 언제부터 인간한테 자연이 그처럼 다가왔는지를 검토해볼 필요가 있지. 또 현재 아프리카나 오스트

---

5   작품의 구조에 대해선 많은 논의가 있으나 여기서는 독자를 위한 편의상 김사엽이 제시한 것을 따랐습니다. 이에 대해서는 정재호·장정수, 《송강가사》(신구문화사, 2006) 참고.

레일리아 혹은 남아메리카에서 '야만적'인 거의 자연 상태에서 살고 있는 종족들의 자연관을 상기하는 것도 이 문제를 해결하는 데 도움이 되지. 문화인류학과 관련된 주제야. 프랑스어에서 우리 유교 문화권에서 사용되는 의미의 산수(山水), 곧 풍경(paysage)이라는 낱말이 나타나는 것이 언제인 줄 아나?"

"잘 모르겠는데."

"송강과 정확히 같은 시기에 살았던 르네상스 시대 대표적 철학자인 몽테뉴가 《수상록》에서 회의론을 전개한 16세기야. 그만큼 자연은 예찬의 대상이 아니었다는 것을 나타내는 증거이지. 서양에서 로마 시대 이후로는 이승의 자연을 드러내놓고 즐기는 게 다분히 죄악처럼 간주되었기 때문이야. 그렇다고 로마인들이 자연 풍경에 대한 미학을 가지고 있었다는 것은 아니야."

"그럼 풍경의 미학은 언제 탄생한 거야?"

"중국에서 4세기라고 추정되고 있지. 공자가 《논어》에서 '어진 사람은 산을 좋아하고 지혜로운 사람은 물을 좋아한다(仁者樂山 知者樂水)'고 말했지만, 자연이 예술 속으로 들어온 것은 중국 남북조시대 송나라 화가인 종병(宗炳, 375~443)이 쓴 최초의 예술론인 《화산수서(畵山水序)》에서였지."

"공자가 말했듯이 자연을 좋아하는 것은 풍경의 미학 탄생 이전에도 있었구먼."

"물론이지. 아마 춘추전국시대의 난세(亂世)가 자연을 미화하는 계기가 되지 않았나 생각되는군. 그리하여 자연과 더불어 행복했던 요순시대의 신화가 만들어졌다고 추정할 수 있어. 왜냐하면 인류학적으

로 볼 때, 자연 상태와 가깝게 살고 있는 '야만적' 종족들이 자연을 미적 대상으로 삼는 경우는 없고 다만 하나의 질서, 즉 코스모스(cosmos)로 생각하기 때문이야. 루소나 맹자의 행복한 자연 상태는 허구인 셈이지. 시골에서만 산 순박한 농부는 자연 예찬을 하면서 사는 게 아니라 자연의 질서 속에서 산다는 게 맞는 말이지 않겠어? 송강이 〈성산별곡〉을 창작했던 당시에 땀 흘려 일하면서 고단한 삶을 살아갔던 백성은 성산 주변의 아름다움을 이 작가가 노래한 것처럼 결코 느끼지 못했을 거야."

"결국, 자연 예찬은 문화의 타락이 만들어낸 셈이네."

"그렇다고 봐야지. 그러니까 자연이 선과 행복을 상징하게 된 것은 문화, 곧 인간 사회가 악과 불행을 뿜어냈기 때문이지."

"그럼 뭐야? 〈성산별곡〉의 근본적 탄생 원인이 현실의 비극이라는 말이네."

"그렇지. 이 비극이 없었으면 자연을 예찬하는 작품이 탄생할 수 없었을 테니, 비극에 빚지고 있는 셈이지. 예술은 이처럼 엄청난 진실을 담아내고 있는 거야. 송강이 〈성산별곡〉의 동경(冬景)에서 추위에 동면하는 눈 덮인 자연 풍경마저도 매혹적으로 묘사하면서 문학을 향유할 수 있는 것은 이 같은 이원적 관계가 없으면 불가능하지. 뿐만 아니라 〈사미인곡〉에서는 같은 성산 지역의 겨울 묘사가 전혀 딴판이거든. '천지가 얼어붙어 막혀 있고 흰 눈이 덮여 있을 때 사람은커녕 나는 새도 그쳐 있다'로 시작되고 있어. 두 작품을 쓸 때 송강의 마음 상태가 전혀 달랐다는 것을 나타내주는 증거라고 볼 수 있지. 자연은 그저 저기 저렇게 있을 뿐인데, 내 마음에 따라 변덕을 부리는 거야. 결국은 인간

의 심적(心的)인 명암에 따라 풍경이 달라지니 인본주의적 태도를 드러낸 셈이지. 유교는 본질적으로 인간중심주의적 사상이야. 그런 인본주의적 입장을 완전히 버리고 사물을 철저하게 있는 그대로 묘사하는 문학을 창조한 경우도 있지. 예컨대 프랑스의 '누보로망(신소설)' 작가인 로브 그리예의 소설을 들 수 있어. 은유나 직유 같은 수사법은 물론이고 주관적 판단이 들어가는 형용사나 부사까지도 써서는 안 되는 극(極)사실주의적 수법으로 작품을 탄생시킨다고 생각해봐. 이야기가 엉뚱한 데로 흘렀군."

"송강은 그런 숨은 진실을 알고 있었을까?"

"모르고 있었겠지. 당시에 이런 식의 예술철학은 방향 자체가 없었지."

"〈사미인곡〉이 아니라 〈성산별곡〉을 반운명의 예술론으로 해석했네."

"〈사미인곡〉은 곧 기회가 올 거야."

자동차는 광주 톨게이트를 지나고 있었습니다.

〈성산별곡〉, 〈사미인곡〉, 〈속미인곡〉을 낳은 창작 공간의 구도는 아름다웠습니다. 현존하는 조선시대 원림(園林) 중 '으뜸'이라는 소쇄원(瀟灑園)의 금교(金橋) 밑으로는 무등산 북쪽의 원효사(元曉寺) 계곡에서 발원한 물과 동쪽 서봉사터에서 내려온 물이 합류해 냇물이 형성되어 흐릅니다. 이 냇물은 증암천(창계천, 자미탄)이 되어 빠져나가 송강의 문학적 고향인 담양 지실마을 앞을 지나고 세 작품의 요람인 환벽당(環碧堂) 아래로 굽이쳐 용소(龍沼)를 만듭니다. 그런 뒤 그것은 물줄기를 틀어 '창계백파(蒼溪白波)'를 일으키며 〈성산별곡〉의 무대인 식영정(息影亭)의 석병풍(石屛風) 아래까지 창계천을 이루고 다시 물굽이는

두 미인곡의 산실인 송강정(松江亭)으로 향합니다. 그러나 아쉽게도 인공호수 광주호의 준공으로 많은 것이 물에 잠겨 이런 아늑한 풍광의 지형도가 훼손되고 말았습니다.

세 번째 자료

정철은 과거에 급제한 후 정계에 진출하여 암행어사·관찰사(도지사)·대사헌(검찰총장)·좌의정(부총리) 등의 요직을 거쳤지만 당쟁의 소용돌이에 휘말려 관직·유배·은거로 점철되는 삶을 보냈다. 그의 나이 40세 때 선조 8년에 붕당정치가 시작되었다. 그리하여 이런 정치판이 싫어 사직하고 창평으로 내려왔다. 이때 〈성산별곡〉을 지었다는 주장도 있다. 송강은 43세 때 다시 벼슬을 시작했으나 붕당정치가 격화되어 7개월 만에 또다시 사직했다. 45세 때 강원도 관찰사로 부임하여 〈관동별곡〉과 〈훈민가〉 등을 남겼다. 그러나 동인에 의해 탄핵되어 창평으로 낙향했다. 46세에 다시 관계로 복직 50세 되던 해까지 전라도관찰사·함경도관찰사·예조판서·대사헌 등을 지냈다. 50세 때 서인 심의겸과의 친분 관계로 동인의 모함을 받자 사직하고 창평으로 다시 돌아갔다. 이때 〈사미인곡〉과 〈속미인곡〉을 창작했다. 54세 때 정여립의 모반 사건으로 왕명을 받아 정계에 복귀 우의정으로서 동인 세력을 숙청했다(기축옥사). 이때 희생된 사람들이 무려 천여 명이라 한다. 55세 때 좌의정이 되었으나 왕세자 책봉 문제로 탄핵받아 유배되어 명천·진주·강계 등을 전전했다. 57세에 임진왜란이 터지자, 백성을 버리고 평양으로 피신한 선조에 의해 석방되어 체찰사(전시 사령관)에 임명되어 남쪽으로 내려갔다. 그러나

58세에 전라감사 권율의 모함으로 면직되었으나 사은사로 명나라에 다녀왔다. 그러나 왜군이 모두 철수했다는 유언비어를 정철 일행이 퍼뜨렸다는 모함을 받아 강화우사로 좌천되었다. 1593년 향년 58세로 이곳에서 쓸쓸하게 별세했다.

정철이 관계에 진출한 후 그의 인생 역정을 보면, 당시의 정치판이 얼마나 험난했는지 한눈에 알 수 있습니다. 그는 붕당정치를 싫어했지만 결국은 어느 한쪽에 가담할 수밖에 없어 서인에 속해 동인과 끊임없는 대립 속에서 파란만장한 삶을 살았습니다. 그의 개인사는 조선 역사의 전환점인 임진왜란의 발발까지 위기가 증폭되어 가는 시대의 소용돌이와 완전히 하나가 되어 있습니다. 그것은 생사를 넘나드는 아슬아슬한 곡예로서, 휴식과 평화가 간간이 리듬을 타는 가운데 긴장과 서스펜스가 넘치고 극적인 반전이 연속되는 그야말로 다이내믹한 한편의 드라마가 아닐 수 없습니다. 따스한 봄의 훈풍만 불어오는 평온하고 행복한 시절만 있으면 드라마는 성립될 수 없습니다. 질곡의 시간이 오고 폭풍과 한파가 몰아쳐야 하죠. 그의 대쪽 같은 강골적인 기질, 청렴결백한 성품, 낭만적인 서정, 당위적인 이상의 추구 등, 이 모든 것은 이런 흡인력 있는 강력한 구조를 만들어내는 데 중요한 요소들로 작용할 수 있었습니다.

그러나 무엇보다도 드라마를 가능하게 하려면 그와 대척점에서 서 있는 적과 장애물이 있어야 합니다. 왕을 모시고 유교적 선의지와 왕도정치를 구현하는 그가 주인공으로 설정된다면, 그와 대립하면서 그의 앞길을 막는 존재들, 곧 악의지와 패도정치를 구현하는 존재들이

있어야 이야기가 창출됩니다. 스토리텔링의 입장에서 볼까요. 정철이 인생에 부여하고자 하는 의미가 유교의 틀을 벗어날 수 없다면, 그가 환벽당에서 만난 스승들처럼 그를 도와주는 보조자들도 필요하지만, 이 사상의 가르침이 지시하는 것과는 다른 길들이 있어야 하며, 그런 길들을 가는 간악한 모리배가 있어야 하고, 인의를 베풀어야 할 불행한 대상이 있어야 하며, 경쟁자도 있어야 합니다. 그러니까 이런 부정적 역할을 하는 주요하거나 부차적인 인물들이 없으면, 애당초 의미의 추구 자체가 불가능하게 되어 있는 것입니다. 정철의 역동적인 삶 자체가 이러한 얽힘이 있기에 가능했던 것입니다. 여기서 우리는 다시 한 번 선과 행복만으로는 살 수 없는 인간의 조건과 다시 마주합니다. 유교 자체가 유교가 배척하고자 한 대립 항이 없으면 의미를 상실하게 되어 있는 것이죠. 역설적으로 일정 부분 송강의 일생을 빛나게 해준 것은 그와 갈등과 대립의 관계에 있던 그런 인물들입니다.

우리는 환벽당 가는 길로 방향을 잡았습니다. 환벽당을 먼저 찾았던 이유는 이곳이 송강 문학을 잉태시킨 본원지이기 때문입니다. 환벽당은 광주광역시 북구 충효동 387번지에 자리하고 있습니다. 시간은 오후 2시가 조금 넘었습니다. 일세를 풍미한 인물 송강의 삶에 새로운 전기를 만들어 주었던 운명적 만남의 장소를 광주시는 광주기념물 제1호로 지정해 놓았습니다. 1호이니 그만큼 상징성이 부여되어 있다 하겠죠.

정철은 일단 사람 복을 타고 났다고 할 수 있습니다. 우리는 저마다 타자와의 관계를 통해서만 각자의 인생이 규정되고 결정되니 사람 잘

만나는 것은 어쩌면 가장 중요한 일이라 할 것입니다. 정철은 을사사화로 가족이 풍비박산이 나는 참사를 겪긴 했지만, 환벽당에서 김윤제와의 인연을 계기로 당대의 내로라하는 학자들과 문인들을 만나 가르침을 받았으니 이보다 더한 행운은 없었을 것 같습니다. 학문의 소(小)전당이라 할 이곳의 주인 역시 사화의 비극을 보고 벼슬살이를 그만두었다 하니 두 사람은 이 역사적 사건이 맺어준 것이라 해도 될 성싶습니다.

우리는 광주호 생태공원의 숲을 좌측으로 끼고 충효교까지 내려가 창계천을 앞에 두고 우측으로 꺾어 환벽당에 올랐습니다.

우암 송시열이 쓴 환벽당이란 제액(題額) 아래서 창계천과 식영정 쪽을 바라보니 벌써 석양빛이 깔리기 시작했습니다. 붉게 물든 흰 겨울 풍경의 서정에 잠시 취하며 툇마루에 앉아보니, 소년 정철이 정치의 중심점을 향해 수신제가치국평천하의 불꽃같은 수직적 몽상을 하면서 세웠을 청운의 뜻이 잡힐 듯도 하였습니다. 유서 깊은 이 정자를 둘러싸고 있었던 푸른 대나무 숲이 태양을 향해 타오르며 뿜어냈을 정기가 호남가단(湖南歌壇)의 선구자들이 부어넣었을 기름과 하나 되어 송강이라는 시대의 등불을 지펴내고자 했으리라 생각했습니다. 풍류와 도학을 함께 익혔을 그는 시대의 등불이 되고자 했겠지만 어둠이 있어야 빛을 발할 수 있었으니 빛과 어둠의 상관관계를 어찌 하리오……

정철이 살았던 시대의 학자들이 생각하지 못했던 것, 아니면 드러낼 수 없었던 것을 이 글을 통해 이야기하고 있기에, 저는 450여 년의 시

간을 거슬러 올라가 소년 정철과의 대화를 이렇게 상상해 보았습니다.

"이 어두운 험한 세상에 네가 되고자 하는 등불은 바로 이 같은 세상 자체가 있음으로써 가치가 있고 가능하니, 너는 장차 세상을 악하게 만들고 있는 자들을 단죄하되 용서하는 마음으로 불쌍히 여겨야 할 것이야."

"알겠습니다. 하오나 선은 악에, 군자는 소인에게, 지배계급은 피지배계급에 빚이 있다는 사부님의 말씀은 참으로 위험하다고 사료됩니다. 아무도 그런 말을 한 적이 없는 같습니다. 하오니 사부님께서도 다시는 그런 사상을 입 밖에 내서는 절대 아니 되옵니다. 사부님의 안위가 걱정……."

"고맙구나. 내 너만을 위해 이 숨겨진 진리를 특별히 언급한 것이니 네 일생의 큰 지침으로 삼도록 하라. 하지만 이 진리는 우리가 인간 조건에 대한 명철한 의식을 지닌 채 인간답게 제대로 살아가는 게 얼마나 어려운지를 일깨우는 보배로운 가르침이다. 먼 훗날 언젠가 유교의 조선시대가 끝나고 새로운 세계가 열리게 되면, 그것은 인간들 사이의 관계를 훨씬 더 너그럽고 상생적으로 만들어줄 것이다."

"명심하겠습니다."

"네가 즐기는 옛 시문(詩文)들은 이런 선/악, 행복/불행, 미/추, 고통/기쁨, 사랑/증오 등이 동거하고 있음으로써만 문화와 예술로서 창조될 수 있었음도 잊어서는 아니 되느니."

"네. 하지만 양면 가운데 부정적인 것들은 누구나 피하고 싶은 게 인지상정 아닌지요?"

"피하고 싶지만, 조물주의 조화에 따라 그것들은 끊임없이 되돌아오게 되어 있다. 그러니까 그런 인식을 하고 있으면 그것들을 견디기가 좀 수월하지 않겠느냐? 아니면 불가(佛家)에 귀의하는 수밖에 없을 것이다."

"네, 사부님."

다음날 소쇄원·식영정·지실마을·가사문학관 등을 거쳐 마침내 송강정에 이르렀습니다. 이 정자는 환벽당·식영정과 함께 정송강 유적으로 불리지만, 사람들의 발길이 뜸한 것 같았습니다. 원래 송강이 탄핵을 받아 대사헌을 사직하고 내려와 초막을 짓고 '죽록정'이라 이름을 붙인 후 4년 동안 은거하였는데, 후손들이 그를 기리기 위해 그 터에다 정자를 지어 송강정이라 불렀다 합니다. 어쨌거나 우리는 마침내 그가 식영정을 왕래하면서 지은 〈사미인곡〉과 〈속미인곡〉을 내놓은 창작실에 온 것입니다. 정자 앞으로는 증암천(창계천)이 흐르면서 드넓은 평야가 펼쳐지고 고개를 들면 무등산이 한눈에 들어옵니다. 주변에는 소나무와 대나무들이 둘러쳐져 아늑한 분위기를 연출하고 있습니다.

아내가 툇마루에 앉더니 말했습니다.

"당신이 〈사미인곡〉에 대해 무엇을 이야기할지 모르겠지만, 이제 목적지인 송강정에 왔으니 보따리를 풀어내 봐."

"글쎄, 갑자기 물어보니 얼떨떨하군. 이제 유교에 대한 담론에서 결론 부분에 이르렀으니 이 작품을 가지고 결산을 해야겠지. 사실 여기까지 온 것은 머리를 식히면 뇌 속에 담아 놓은 문제가 스스로 해결책

을 찾아간다는 믿음 때문이었지. 그렇게 해서 지금까지 나는 당신과 함께 이곳까지 오면서 예기치 않은 내용들을 책 속에다 담아냈거든. 어제 저녁 술도 좀 마셨고 잠도 푹 잤으니 뭔가 나오겠지."

"그래 뭔가 풀린 것 같아?"

"우선 유교의 틀과 인간성이 맞지 않기 때문에 조선사회는 오히려 무궁무진한 드라마를 생성시켰다고 할 수 있지. 그러니까 한쪽에는 수신의 군자/선비와 내성외왕의 왕도정치 혹은 덕치주의가 있었지. 그리고 다른 한쪽에는 선보다는 이기심과 악이 강한 인간성이 있었던 거야. 이 둘 사이에 벌어진 틈과 괴리 때문에 오히려 긴장과 갈등이 심화·증폭되는 드라마틱한 사건들이 끊임없이 발생한 것이지. 그 덕분에 TV 사극이 거의 언제나 인기를 누리고 있지. 따라서 어떤 면에서 보면, 사극 작가들이나 TV 방송국들은 유교를 통치이념으로 택한 조선의 건국공신들에게 감사해야 하지 않을까? 이들 공신들 자체가 무력과 폭력으로 나라를 세웠지. 항상 국가의 근원에는 폭력이 자리 잡고 있어."

"TV 사극까지 들먹거리면 너무 멀리 나가는 것 아냐?"

"왕권을 둘러싸고 벌어지는 권력투쟁들을 생각해 봐. 필요하다면 어린 친형제·인척까지 무참하게 살육하는 판에 측은지심이니 인의(仁義)가 끼어들 틈이 어디 있어. 때로는 덕치, 곧 인치와 야수 같은 인간성 사이의 깊은 골 때문에 조정이 무법천지가 되었지. 수신은 어렵고 타락은 쉬운 게 인간 아니겠어. 공든 탑이 하루아침에 무너진다는 말은 이처럼 허약한 인간성에도 적용될 수 있겠지. 그렇기 때문에 수신에 무게를 두지 말고 타락을 막는 장치에 무게를 두는 게 더 나은 길이

라고 봐. 현재의 법치국가처럼 말이야. 그러나 권력자들은 언제나 자신들이 수신이 제대로 된 인간으로 비치기를 바라지. 하시라도 추락할 수 있기 때문에 감시를 받는 것은 당연히 싫어하겠지. 그래서 그들에게 유교는 좋았던 거야."

"인간의 본성을 나쁘게 기술한 《한비자》라는 책 들어보았지. 통치자들에게 위험한 고전이야. 이 책에 대한 주석서가 조선시대에 나오지 않았다는 사실만 보아도 그것이 그들에게 참으로 껄끄러웠다는 것을 입증하고 있어. 반면에 일본은 쇼군을 정점으로 한 무사계급이 지배했던 에도시대(1603~1867)에 주석서가 쏟아져 나왔다 하는군. 권력자들과 지배층의 비리가 끊이지 않는 우리의 현실을 보면 한비자가 인간의 본성을 보다 잘 꿰뚫고 있다고 보아야 할 거야. 근대 동아시아의 패권 다툼을 법가와 유가의 싸움으로 고찰할 수도 있을 거야."

"어쨌든 덕치는 악순환의 모순에 빠져들 위험이 있어. 인간성은 따라가지 못하는 데 인의를 강조하다 보니, 위정자들은 위선자의 탈을 쓰고 밀실 정치를 통해 음모와 악행을 저지르고, 왕은 이를 인치로 다스리려 하다 보니 군자의 도를 더욱 강조하고, 도를 강조하면 할수록 그들은 음지에서 활동하여 사태는 더욱 악화될 수 있다 이거지. 결국 왕 자체도 인치를 내세우지만 고도의 권모술수를 쓰지 않으면 왕도정치 자체가 위협받으니 유교의 이념 자체를 배반할 수밖에 없어. 유학의 도덕적 명령은 이 명령 자체를 존재하게 만든 악에 대한 성찰을 은폐했다고 해야겠지. 또 세종대왕의 빛을 받쳐주었던 것은 아버지 태종 이방원의 어둠이라 할 수 있지."

"선조라는 왕에 대해선 어떻게 생각해?"

88

"글쎄. 내가 역사학자가 아니니 잘못 말했다간 큰코다치니 조심해야 하겠지만, 전체적으로는 선조의 왕위 승계 자체가 불안하게 시작되었지. 선왕 명종이 후사가 없어 조선왕조 이래 최초로 직계가 아니라 방계가 왕위를 계승했는데, 선조는 중종의 후궁 소생으로서 아홉 번째 서자인 덕흥군의 셋째 아들이야. 자신의 정통성이 약하다보니 선조는 당연히 왕권 안정에 신경이 쓰였겠지. 선조는 검소하고 학문과 예술에 재능이 있었고 어질고 성군적인 자질이 있었다고 하는군. 그래서 선조 자신만을 보면 유가의 도학정치를 구현할 만한 인물이었다고 할 수 있을지 모르겠군. 그래서 등극 후 유학을 장려해 업적도 남겼고 이이나 이황 같은 대가들도 나왔던 것 아니겠어. 그러나 훈구파와 사림파의 투쟁에서 사림파의 손을 들어줌으로써 정계의 판도가 변하게 되었는데, 사림파라고 해서 특별한 인간들은 아니었지. 선조가 유학의 성리학(도학)을 장려했고 사림의 새로운 인물들을 대거 등용하였는바 마땅히 왕도정치가 실현되어야 했지만, 그 반대로 붕당의 패거리 같은 이합집산이 시작되고 정국이 극심한 혼란으로 치달았으니 선조의 꿈은 멀어져 간 셈이지. 선조 자신이 왕권을 지키기 위해 동인과 서인으로 시작된 파당들 사이에서 줄타기를 하면서 지략을 발휘했다고 할 수 있지만 그들을 강력하게 휘어잡지 못하고 오히려 끌려 다녔다고 하는 게 더 맞는 평가라고 봐. 혹자는 선조가 붕당정치를 당파정치로 이끌어 의회정치 비슷한 정치를 하고자 했지만 시대적 상황이 이를 불가능하게 만들었다고 평가하기도 하는데, 이는 지나치게 점수를 주었다고 생각해. 선조는 아마 유교가 쳐 놓은 행동반경의 울타리 안에서 모순에 부딪쳤을 거야."

"어떻게?"

"자신의 성품에 맞는 왕도정치를 펼치고 싶은데, 사림 출신 정객들은 붕당을 만들어 패거리 정치를 하니, 이것을 바로 잡으려면 강력하고 냉정한 리더십과 정략을 발휘해야 하는데, 이는 왕도정치에 어긋나기 때문이지. 또 선조의 타고난 성정도 그런 일탈에 맞지 않았을 테고. 따라서 선조는 이쪽 편을 들다 저쪽 편을 들다 하면서 대세에 끌려 다녔다고 하는 게 더 정확하다고 봐. 그는 붕당정치에서 수많은 사람들이 비참하게 희생되는 것을 지켜보고만 있었어. 정여립의 모반 때는 일천여 명이 처단되었다고 하는군. 임진왜란 때 이순신의 유배가 반복된 것을 상기해 봐. 결국 이 대란으로 국가를 존망의 위기로 몰아넣었으니 선조는 내성외왕의 이상론이 지닌 한계를 드러내는 하나의 극명한 사례야. 유교를 통치이념으로 택한 왕이 성군이 되려면 성군이 되는 것을 방해하는 적들을 쳐부술 수 있는 능력, 그러니까 성군과는 반대되는 필요악의 측면을 이면으로 감추고 있어야 하는 게 그의 비극이지. 여기다가 성군으로 칭송받기 위해선 불행과 고통이 돌봐주고 치유해 주어야 할 대상으로 세상에 존재해야 하니 비극을 떠날 수 없는 게 유교가 안고 있는 내적 논리이라고 볼 수 있어. 아픔이 없는 세상인데 무슨 성군이 필요해."

"그런 선조에게 송강은 〈사미인곡〉을 통해서 절절하게 '연군지정'을 바쳤군."

"군신유의 자체가 나쁠 건 없지. 언제나 의리는 인간 사이의 중요한 덕목이라 생각해. 의리가 깨지기 쉽기 때문에 오히려 그것을 강조하는 것 아니겠어. 의리를 지키는 자들이 존경을 받는 것은 의리를 지키

지 않는 자들이 많기 때문이지. 그렇다면 그들의 명예에 일정 부분 기여한 게 후자들인 셈이니, 이들을 무자비한 처단은 바람직하지 않다고 보는 거야."

"그럼 정철의 작품을 어떻게 해석하는 거야? 당신의 논리대로라면 굉장히 복잡할 것 같은데."

5. 〈사미인곡〉

서사

이 몸 삼기실 제 님을 조차 삼기시니,
한생 緣연分분이며 하날 모랄 일이런가.
나 하ㅣ 졈어 잇고 님 하나 날 괴시니,
이 마음 이 사랑 견졸 데 노여 업다.
平평生생애 願원하요데 한데 녜자 하얏더니,
늙거야 므삼 일로 외오 두고 글이난고.
엇그제 님을 뫼셔 廣광寒한殿던의 올낫더니,
그 더대 엇디하야 下하界계예 나려오니.
올 적의 비슨 머리 얼킈연디 三삼年년이라.
연脂지粉분 잇내마난 눌 위하야 고이 할고.
마음의 매친 실음 疊첩疊첩이 싸혀 이셔,
짓나니 한숨이오, 디나니 눈물이라.

人인生생은 有유限한한대 시람도 그지업다.

無무心심한 歲셰月월은 믈흐라닷 하난고야.

炎염凉냥이 때랄 아라 가난 닷 고텨 오니,

듯거니 보거니 늣길 일도 하도 할샤.

이 몸 태어날 때 임을 좇아 태어나니,

한평생 연분이며 어찌 하늘 모를 일이런가.

나 오직 임을 위해 젊어 있고 임 오직 날 사랑하시니,

이 마음 이 사랑 견줄 데 다시없다.

평생에 원하되 임과 함께 하렸더니,

늙어서 무슨 일로 외따로 멀리 두고 그리워하는고.

엊그제 임을 모셔 광한전에 올랐더니,

그 동안 어찌하여 하계에 내려왔는가.

내려올 적에 빗은 머리 엉킨 지 삼년이라.

연지 분 있지마는 누굴 위해 곱게 할고.

마음에 맺힌 시름 첩첩이 쌓여 있어,

짓나니 한숨이오, 흐르나니 눈물이라.

인생은 유한한데 시름도 그지없다.

무심한 세월은 물 흐르듯 하는구나.

더위 추위 때를 알아 가는 듯 다시 오니,

듣거니 보거니 느낄 일도 많기도 하구나.

아내는 〈사미인곡〉 원문과 현대어풀이가 실린 복사본을 펼쳤습니다.

"그럴 것 같군. 이 작품은 서사(緒詞)·본사(本詞)·결사(結詞)로 구성되어 있는데, 본사는 다시 춘사(春思)·하사(夏思)·추사(秋思)·동사(冬思)로 짜여 있지.[6] 우선 서사에는 하나의 이야기가 담겨 있어. 그러니까 정철이 선조 곁을 떠나 송강정에 유배될 때까지의 일대기가 남녀의 만남과 이별의 드라마 형식을 빌려 추상적으로 묘사되고 있다고 할 수 있지. 두 연인은 태어나서 살다가 천생연분이 되어 만나 변함없는 사랑을 나누고 지내왔는데, 그들의 뜻과는 상관없이 어떤 변고에 의해 이별의 아픔을 맛보고 헤어져 있는 상황에 처해 있고, 이런 상황에서 여인은 임을 '광한전'(천상)에 두고 '하계'(속세)에 쫓겨 내려온 듯한 애달픈 심정을 노래하고 있으니. 이별이 없는 남녀의 드라마는 없다고 한다면, 작품의 서사는 연애 드라마의 요건을 충족시키고 있는 셈이지. 송강(여인)은 여기서 자신이 선조(지아비)보다 나이가 17세나 연장인데도 '님을 쫓아 태어났다'로 표현해 절대적 인연과 임금에 대한 수직적 충성을 나타내고 있군. 이 서사 자체의 압축된 추상적 내용을 구체화시키면 다이내믹한 드라마가 탄생될 수 있겠지. 두 연인을 갈라놓는 음모와 갈등이 위기와 절정을 이루면서 서사 이야기는 전개될 테니 말이야."

"그런데 여기서 유교의 역할은 어떤 것이야?"

"일단 작품은 삼강오륜에서 삼강의 군위신강(君爲臣綱)(신하는 임금을 섬기는 것이 근본이다)과 부위부강(夫爲婦綱)(아내는 남편을 섬기는 것이 근본이다)을 결합하고 있어서 유교의 근본사상을 그대로 담고 있어. 서사에

6   이 구성의 명칭은 정재호·장정수가 《송강가사》에서 사용한 것을 따른 것입니다. 앞의 책.

서 이 두 강(綱)의 가치를 유지해주는 것은 애매하게 언급된 문장들, 즉 '늙어서야 무슨 일로 외따로 멀리 두고 그리워하는고', 그리고 '어찌하여 하계에 내려왔는가'에서 '무슨 일로'와 '어찌하여'라는 두 표현이야."

"무슨 말이지?"

"이 두 표현은 여인이 지아비와 이별한 사연, 곧 송강이 선조를 떠나온 연유를 품고 있지만 그것을 드러내지 않고 있어. 하지만 그것은 두 주인공이 남편과 왕을 곁에서 모시고 받드는 정절과 충의를 가로막는 장애물로 작용했음이 분명하다 할 수 있지. 그러니까 그것은 군위신강과 부위부강을 위협하면서 어렵게 만드는 부도덕한 자들의 사악한 모략과 질투를 내포하고 있다고 하겠지. 여기서 이 두 강이 존재하기 위한 조건과 그것들을 충실하게 구현하는 자를 위대하게 해주는 게 무엇인지 생각해볼 필요가 있어."

"당신의 논지로 보면, 신하가 임금을 제대로 섬기지 않고 아내가 남편을 성심껏 받들지 않는 작태들이 그 조건이겠네."

"훌륭해. 그런 작태들이 많이 나타나거나 나타날 수 있기에 두 강을 강조한 것이라면, 역설적으로 두 강의 존재는 그것들에 의존하고 있다고 보아야 않겠어. 그런 작태들이 애당초 없다면 두 강 자체가 필요 없는 것이지."

"그럼 충신과 열녀는 역신(逆臣)이나 요부(妖婦)가 있기에 빛이 나는 것이니 이들에게 빛이 있다는 말이네. 모두가 충신이고 열녀이면 이들을 기릴 이유가 없지 않아."

"좋아. 그래서 역신과 요부를 처단해야 한다 할지라도 이들을 긍련

히 여겨야 한다는 것이지. 임을 그리워하면서 한숨지으며 눈물짓는 아리따운 여인과 강직한 충신의 고매한 모습을 독자가 감상할 수 있는 것은 이런 빛과 어둠이 동시에 존재해야만 가능한 것이야. 이제 본사로 들어가 춘사를 볼까."

춘사(春思)

東동風풍이 건듯 부러 積적雪셜을 헤텨내니,
窓창 밧긔 심근 梅매花화 두세 가지 픠여셰라.
갓득 冷냉淡담한데 暗암香향은 므사 일고.
黃황昏혼의 달이 조차 벼마태 빗최니,
늣기난 닷 반기난 닷, 님이신가 아니신가.
뎌 梅매花화 것거내여 님 겨신데 보내오져.
님이 니랄 보고 엇더타 너기실고.

봄바람이 문득 불어 쌓인 눈을 헤쳐 내니,
창밖에 심은 매화 두세 가지 피었구나.
가뜩이나 냉담한데 그윽이 풍기는 향기는 무슨 일인고.
황혼에 달이 좇아와 베갯맡에 비춰니,
흐느껴 우는 듯 반기는 듯 임이신가 아니신가,
저 매화 꺾어내어 임 계신 데 보내고져.
임이 너를 보고 어떻다 여기실고.

"이 춘사는 송나라의 문인이자 정객으로 '당송팔대가(唐宋八大家)'의
한 사람이었던 왕안석의 시 〈매화〉를 단번에 연상시키고 있어."
"그래, 어떤 시인데?"
"들어봐."

　　牆角數枝梅(장각수지매)
　　凌寒獨自開(능한독자개)
　　遙知不是雪(요지부시설)
　　爲有暗香來(위유암향래)

　　담 모퉁이에 핀 매화 몇 가지여
　　추위를 이겨내고 저 홀로 피었구나.
　　눈이 아님을 멀리서도 알겠네.
　　그윽한 향기 풍겨오누나.

"한겨울의 혹한을 견뎌내고 담 모퉁이에 홀로 외롭게 핀 매화, 차가
운 눈 속에 파묻힌 듯싶지만 눈과는 확연히 구분되어 향기를 뿜어내
는 저 매화 같은 절개와 기상을 왕안석은 노래하고 있어. 송강도 이런
군자의 충정을 똑같이 표현하고 있는 것이지. 〈사미인곡〉에서 지아비
와 왕에 대한 이 절대적 충정, 곧 매화를 값지게 하는 것은 '쌓인 눈'과
'가뜩이나 냉담한데'라는 언어 속에 숨어 있지."
"그럼 여기서 눈은 완전히 조건이네. 시련과 고난을 상징한다고 봐
야겠으니 말이야. 눈 덮인 산하는 저렇게 아름다운데."

"인간한테 모든 사물은 양면성을 띠고 나타나지. 동일한 작가한테도 작품에 따라 동일한 대상이 정반대의 의미를 띠는 경우도 있어. 송강도 마찬가지야."

"또 한파의 시련과 고난이 있기에 매화 같은 충정은 가치가 있으니, 그것들을 구현하는 악의 축이 이 가치에 동참하고 있겠네."

"당신이 해석해나가도 되겠어."

"당신의 사유 논리를 따라가면 따라가다 보니 자연스럽게 그렇게 귀결되는데."

"그렇지. 이제 하나만 짚고 다음으로 넘어가자고."

"뭔데?"

"어둠과 빛이 나타나고 있지 않아?"

"그래, 황혼과 달이 있어. 어둑어둑해지는 가운데 달빛이 비친다. 달은 세상의 어둠을 비추어 살피는 밝은 정치를 하는 임금을 나타내니 신조를 미화하고 있네. 그런데 어둠이 없으면 빛의 존재 자체가 의미가 없으니 지배자인 왕이 빛나기 위해선 어두운 세상과 그 속에서 사는 백성이 필요조건이고, 왕은 그 조건에 빛을 지고 있다, 이거네."

"선조는 천명을 받아 왕도정치를 실현하는 군주이니 당연히 미화되어야 하지. 그리고 왕은 백성뿐 아니라 어둠을 만들어내는 범죄자들이나 악한 자들한테도 빛이 있지."

"그래서 이들을 단죄할 때 용서하는 마음과 불쌍히 여기는 마음을 가져야 된다는 것이지. 또 이것이 어려운 인간 조건이고."

"아, 또 하나가 빠진 게 있군."

"뭔데."

"지금 보듯이, 대립되는 두 축이 있어야 텍스트의 의미가 생성되는 놀이가 전개된다는 점 말이야. 자, 이제 하사로 넘어가자고."

하사(夏思)

꼿 디고 새닙 나니 綠녹陰음이 깔렷난대,

나위寂적寞막하고 繡슈幕막이뷔여 잇다.

荸부蓉용을 거더 노코 孔공雀쟉을 둘러 두니,

갓득 시람 한대 날은 엇디 기돗던고.

鴛원鴦앙錦금 버혀 노코 五오色색線션 플텨내여,

금자해 견화이셔 님의 옷 지어내니,

手슈品품은카니와 制졔度도도 가잘시고.

珊산瑚호樹슈 지게 우해 白백玉옥函함의 다마 두고

님의게 보내오려 님 겨신 데 바라보니,

山산인가 구롬인가, 머흐도 머흘시고.

千쳔里리 萬만里리 길흘 뉘라셔 차자 갈고.

니거든 여러 두고 날인가 반기실가.

꽃 지고 새잎 나니 녹음이 깔렸는데,

비단포장 적막하고 수놓은 장막이 비어 있다.

연꽃무늬 방장을 걷어 놓고 공작을 수놓은 병풍을 둘러 두니,

가뜩이나 시름 많은데 날은 어찌 길던고.

원앙무늬 비단을 베어 놓고 오색실 풀어내어,

금으로 만든 자에 재어 임의 옷 지어내니,

솜씨는 물론 격식도 갖추었구나.

산호수로 만든 지게 위에 백옥함에 담아 두고,

임에게 보내려 임 계신 곳 바라보니,

산인가 구름인가, 험하기도 험할시고.

천만리 머나먼 길을 누가 찾아 갈꼬.

가거든 열어 두고 나를 보신 듯 반기실까.

"이 하사는 여름의 '녹음'으로 시작되어 자연의 도(道)를 먼저 이야
기하고 있군. 식물들은 태양의 양기(陽氣)와 대지의 음기(陰氣)를 받
아 저렇게 푸르게 충만한 모습을 드러내고 있건만, 심리학자 융의 용
어를 빌려 말하면, 여인의 아니마(anima: 여성성)는 결여된 아니무스
(animus: 남성성)를 채우지 못해 '적막'하고 쓸쓸하게 '비어' 있음으로써
생산을 하지 못하고 있는 꼴이야. 그래서 좀 야하게 표현하면, 양기,
곧 아니무스를 오래도록 늦게까지 직선적으로 빳빳하게 쏟아내는 강
렬한 여름 태양마저 원망스럽게 보이는 거야." 태양은 남성의 성기와
연결되기도 하지. 음(여자)과 양(남자)의 결합은 천도(天道)이고 우주의
근본적 원리이지. 군신관계는 이런 음양의 원리처럼 작동해야 하는데
그러지 못하니 탈이 나도 크게 난 것이지."

"선조와 송강이 음양의 자연적 이치를 위반하고 있다는 것이네."

"종교적 혹은 신성한 차원에서 보면, 위반은 항상 율법과 관련되어
있어. 위반이 없는 율법은 의미가 없는 거야. 위반자가 있어야 지키는
자가 빛나고 긴장과 갈등의 역동적인 역사가 펼쳐질 수 있지. 하지만 여

기서 위반은 정적들, 곧 타자에 의해 강요된 위반이니 타자가 문제야."

"그 타자 때문에 '가뜩이나 시름이 많다'고 하겠네."

"그러나 역설적으로 이 타자가 없으면 이 같은 연정의 드라마와 시가(詩歌)가 전개될 수 없으니 송강은 이 작품에 '나'와 '타자'를 다 녹여내고 있는 것이지. 이 억압적인 부정적 타자가 있기에 임을 사모하는 여인의 정성은 더욱 깊어지고 욕망은 보다 간절해지게 되는 거야. 이 타자를 상징적으로 나타내주는 게 나와 있지?"

"산인가 구름인가, 험하기도 험할시고. 천만리 머나먼 길'이 되겠네."

"장애물 때문에 그리운 마음이 간절해질수록 '반기실까'의 의미는 더욱 강렬해지는 거겠지."

추사(秋思)

하라밤 서리김의 기러기 우러녈 제,
危위樓루에 혼자 올나 水슈晶정簾념 거든 말이,
東동山산의 달이 나고 北븍極극의 별이 뵈니,
님이신가 반기니 눈믈이 절로 난다.
淸청光광을 쥐여내여 鳳봉凰황樓누의 븟티고져.
樓누 우혜 거러 두고 八팔荒황의 다 비최여,
深심山산 窮궁谷곡 졈낫가티 맹그쇼셔.

하룻밤 사이 서리 내릴 무렵 기러기 울며 날아갈 때,
높은 누각에 혼자 올라 수정 발 걷으니,

동산에 달이 떠오르고 북극의 별이 보이니,

임이신가 반기니 눈물이 절로 난다.

저 맑은 달빛 쥐어내어 임 계신 대궐에 부치고져.

누각 위에 걸어 두고 온 세상 다 비추어

깊은 산골짜기까지 대낮같이 만드소서.

"여기선 기러기란 놈이 먼저 나타났군. 기러기는 보통 '부부간의 정조'를 상징하는 것인데, 요즈음 '기러기 아빠'가 많지. 홀로 외롭게 떨어져 자식들을 위해 헌신하는 우리 시대의 한 남편상(像)을 그려내고 있어. 떨어져 있는 남편들과 아내들이 서로에게 정조를 지키고 있는지는 의문지이만 어쨌거나 따뜻한 밥도 제대로 못 얻어먹는 남자들이 '돈 버는 기계'가 되어 고생하고 있는 건 분명해. 그 놈의 교육이 뭐 길래 하늘이 정해준 음양의 인연을 갈라놓고 밤마다 외롭게 만드는지. 이야기가 딴 데로 샜군. 좌우간 '울며 날아가는' 기러기는 어디론가 이동함으로써 '자신의 고향을 떠나지 않을 수 없는 망명자'나 유배자를 표상하기도 하지. 서리 따라 떠나오는 기러기는 처량한 울음소리 때문에 이별의 정한을 나타내는 데 많이 등장하는 상투적 상징이라 할 수 있어. 여인(송강)은 홀로 된 기러기야. 그러니 '눈물이 절로 난다' 이거지. 떠오르는 가곡 없어?"

"맞아, 박목월 시, 김성태 곡인 〈이별의 노래〉가 생각나."

기러기 울어 예는 하늘 구만리

바람이 싸늘 불어 가을은 깊었네.

아아 아아 너도 가고 나도 가야지.

한낮이 끝나면 밤이 오듯이
우리의 사랑도 저물었네.
아아 아아 너도 가고 나도 가야지

산촌에 눈이 쌓인 어느 날 밤에
촛불을 밝혀두고 홀로 울리라.
아아 아아 너도 가고 나도 가야지.

"노래가 너무 비극적이군."

"송강의 작품에선 기러기 아빠가 아니라 지조가 굳센 기러기 엄마
가 나온 것이네."

"그렇군. 임이 된 달은 앞에서도 나왔지. 별이 추가되긴 했지만 증언
부언에 해당한다고 할 수 있지. 세상이란 말이 나왔군."

"세상이 어둡다는 의미가 깔려 있겠지. 임금한테 성군이 되라는 메
시지가 담겨 있고."

"왕의 내면에 있는 성군적 자질, 곧 빛을 끌어내고 싶다는 바램이 나
타나 있지. 달에 대해선 춘사를 다루면서 이야기한 내용을 반복할 필
요가 없으니 속도를 내 이제 동사로 가보자고."

동사(冬思)

乾건坤곤이 閉폐塞색하야 백셜이 한 빗친 제,
사람은카니와 날새도 긋쳐 잇다.
瀟쇼湘샹 南남畔반도 치오미 이러커든
玉옥樓누高고處쳐야 더옥 닐너 므삼 하리.
陽양春츈을 부쳐내여 님 겨신 데 쏘이고져.
茅모簷첨 비쵠 해랄 玉옥樓누의 올리고져.
紅홍裳샹을 니믜차고 翠취袖슈랄 半반만 거더,
日일暮모脩슈竹죽의 혬가림도 하도 할샤.
댜란 해 수이 디여 긴 밤을 고초 안자,
靑청燈등 거른 겻테 전공후 노하 두고,
꿈의나 님을 보려 턱밧고 비겨시니,
鴛앙衾금도 차도 찰샤 이 밤은 언제 샐고.

천지가 얼어붙어 막혀 있고 흰 눈이 덮여 있을 때
사람은커녕 나는 새도 그쳐 있다.
소상강 남쪽 둔덕(창평)도 추위가 이렇거늘
하물며 임 계신 곳이야 말해 무엇 하리.
봄기운을 부쳐내어 임 계신 곳 쬐게 하고 싶구나.
초가집 처마에 비친 햇살을 대궐에 올리고 싶구나.
붉은 치마를 여며 입고 푸른 소매 반만 걷어 올리고,
해 저물 무렵 긴 대나무에 기대어 있으니 생각이 많기도 하구나.

짧은 해 이내 넘어 가니 긴 밤을 꼿꼿이 앉아,

청사초롱 걸어둔 곁에 전공후(자개 악기) 놓아두고

꿈에나 임을 보려고 턱 받치고 기대어 있으니,

원앙이불이 차기도 차구나.

이 밤은 언제 샐꼬.

"엄동설한의 고독이 뼈에 사무쳤는지 동사가 좀 길어졌군 그래. 여기서 묘사되는 겨울은 〈성산별곡〉의 동사(冬詞)에서 그려지는 아름다운 겨울과는 거리가 한참 멀어도 멀군. 거기서는 이렇게 시작되고 있거든. "공산(空山: 인적이 없는 산중)에 쌓인 낙엽을 북풍이 거둬 불어 떼구름 거느리고 눈까지 몰아오니, 조물주는 호사하여 옥으로 꽃을 지어 온갖 나무들을 잘도 꾸며내었구나." 이러니 찬바람에 흩날리는 눈 덮인 자연은 무심히 있는데, 그것이 인간의 마음 따라 오락가락 하는구나. 모든 것은 마음이 만들어낸 형상이니 마음이 문제로다. 여인(송강)의 차갑고 외로운 내적 심경이 자연에 전이된 다음에 임에게까지 옮겨지고 있어. 선조가 머무는 궁궐이야 아무리 추운 겨울이라도 문제가 없겠지만. 사실, '따뜻한 봄기운'이 의미 있는 것은 '천지가 얼어붙은' 혹한이 있기 때문 아니겠어. 작가가 걱정하는 삭풍은 춘풍을 가치 있게 해주는 없어서는 안 되는 요소야. 둘은 대립 항을 구성하면서 패러다임적 관계를 통해 의미를 창출하게 해주니까."

"그런데 여기선 해가 왕을 나타내는 게 아니네."

"그렇군. 여름의 해는 대지와 어우러지는 천도(天道)에 부합하는 모습을 드러내고 있었는데. 어쨌거나 여름에는 낮이 길어 탈이고 겨울

에는 밤이 길어 탈이군. 여자의 음기를 따라 와야 할 남자의 양기가 없으니 원앙이불이 찰 수밖에 없겠지. 그런데 임에 대한 사무치는 그리움과 처절한 외로움을 육화하는 여인의 이미지를 낳게 한 근본적 원인은 무엇일까?"

"정철의 적들이겠지."

"맞아. 이들이 없었다면 송강은 차갑게 사각대는 원앙이불 속에서 고독하게 한숨짓는 이런 절조의 애달픈 여인(충신)상을 그려낼 수 없었을 테니. 그는 이런 은밀한 관계를 의식하지 못한 채 그걸 작품 속에 짜놓고 있는 거야. 이 동사에서 적들에 대한 암시는 어디에 나타나 있을까?"

"글쎄. 확실하지 않은 것 같은데."

"'생각이 많기도 하구나'에 들어 있다고 봐야 할 것 같군. 대나무에 기대어 온갖 생각을 할 테니 그 속에는 이런 쓰라린 이별을 낳게 한 정치판의 징적들에 대한 상념도 들어 있지 않겠어?"

"남자들은 모두 이런 여인을 좋아하겠지?"

"그 놈의 미국 교육을 안 시키고 말지, 기러기 아빠는 절대 만들지 않을 것 같군. 관능미까지 갖추고 있을 것 같으니 아무나 차지할 수 없는 불세출의 콧대 높은 여인이지."

"이제 마지막 결사(結詞)가 남았군."

"그래, 이제 기나긴 터널을 빠져 나올 때가 되었군."

결사

하라도 열두 때, 한 달도 셜흔 날,

져근덧 생각 마라, 이 사람 닛쟈 하니,

마암의 매쳐 이셔 骨골髓슈의 깨텨시니

扁편鵲쟉이 열히 오나, 이 병을 엇디 하리.

어와, 내 병이야 이 님의 타시로다.

찰하리 싀어디여 범나비 되오리라.

곳나모 가지마다 간데 죡죡 안니다가,

향 므든 날애로 님의 오새 올므리라.

님이야 날인 줄 모라셔도 내 님 조차려 하노라.

하루도 열두 때, 한 달도 서른 날,

잠시라도 생각 말고 이 시름 잊자 하니,

마음에 맺혀 있어 뼛속까지 사무쳤으니,

편작 같은 명의(名醫) 열이 오나 이 병을 어찌 하리.

아, 내 병이야 내 임의 탓이로다.

차라리 죽어서 호랑나비 되리라.

꽃나무 가지마다 간 데 족족 앉았다가

향 묻은 날개로 임의 옷에 옮으리라.

임이야 나인 줄 모르셔도 나는 임을 좇으려 하노라.

"본사의 춘사에서 동사까지는 서사에 암시되어 있는 이야기의 결과

로서 상태를 나타내고 있지. 중국의 명의 '편작' 같은 자가 '열 명'이 온 다 해도 치유할 수 없는 상사병의 지경에 이른 여인의 심경을 드러내 고 있는 상태 말이야. 그런데 결사에서 이 상태를 끊어버리는 상상의 드라마가 전개되고 있군. 그러니까 비록 상상력의 차원이긴 하지만, 사시사철 되풀이되는 고통스러운 사모의 상태를 극복하는 새로운 이 야기가 시작되는 것이야. 결국 중심부는 물론 본사이지만, 서사와 결 사에는 서로 다른 별개의 드라마가 내재되어 있는 것이지."

"그럼 그런 상태를 끊어버리는 게 바로 '죽어서 호랑나비'가 되는 것 이군."

"서사 이야기는 언제나 어떤 상태에서 시작해 원래 상태나 다른 상 태로 끝나게 되어 있지. '옛날 옛적에 ……가 있었다'로 시작되는 동화 가 대표적 사례야. 상황과 배경 묘사부터 시작되는 19세기 소설도 그 런 식이었지. 〈사미인곡〉의 결사에서도 그렇게 해서 그 다음 내용이 이어지는 것이고, 결국은 니비가 계속 임을 따라다니는 상태로 끝이 나게 되어 있어. 이 결사는 절대적 사랑과 충의를 표현하고 있고, 군신 간의 이상적 의리를 노래한 것이지만 임에 대한 섭섭함을 직접적으로 드러내고 있군."

"'내 임의 탓이로다' 때문이겠네."

"이별이 여인과 대립 관계에 있는 자들이나 역신들과 정적들 때문 이겠지만, 결정권자 혹은 최고 권력자는 지아비나 왕이니 임을 탓할 수 있겠지. 그러니 임에 대한 충절과 아쉬움이 교차한다고 볼 수 있겠 군. 여기서도 여인이나 송강과 적대관계에 있는 자들은 보이지 않게 계속 자신들의 역할을 수행하고 있다고 해야겠지. 그렇지 않으면 주

인공은 죽음을 택할 필요가 없을 테니. 결국 지속적으로 그들의 존재는 작품의 이면에서 은밀하게 정당성을 확보하고 있는 셈이지. 그들이 없다면 이처럼 죽음을 통한 유교적 이상의 극치를 이루어낼 수 없을 테고, 이야기도 이렇게 전개될 수가 없으니 말이야. 충신은 역신이 있기에 빛나는 것이니까."

"그럼 그런 자들을 제거해야 한다고 주장하는 유교는 어떻게 되는 거야?"

"자기모순이지. 아니면 똑같이 당위론적 도덕을 강조하는 기독교에서처럼, 유교는 유교가 배척하고자 하는 바가 없으면 성립될 수 없다는 것을 은폐하고 있는 셈이지. 바깥으로 밀어낸 이 배척 대상은 이미 유교 안으로 들어와 그것을 받쳐주고 있다는 것은 분명하니까."

"이제 다 끝난 거야?"

"그런 것 같군. 한 가지 생각난 게 있는데, 〈사미인곡〉(1587~1588)이 씌어진 비슷한 시기에 셰익스피어의 《로미오와 줄리엣》(1595)이 나왔다는 것이지."

"그게 무슨 관련이 있는데?"

"〈사미인곡〉에서는 결국 아내나 충신이 지아비나 왕을 위해 죽지만, 셰익스피어의 작품에선 남자가 사랑을 위해 자살하지. 물론 여자도 죽지만 말이야. 유교권에서 로미오의 행동은 이해되지 않는 범주에 속해. 비극적 사랑의 아픔만을 놓고 본다면, 송강의 작품에선 상사병이 나 죽을 지경인 여인의 애타는 사연에도 불구하고 남자는 소식이 없어. 다른 여자한테 정신이 팔려 있을 수도 있지. 그걸 가능하게 하는 게 서양엔 없었던 기생 제도나 첩 제도이지. 반면에 영국 작품에

선 성적 욕망의 억압과 연결된 기사도 문학을 이어 받은 승화된 사랑이 남자의 죽음까지 불러오고 있어. 동·서양의 이 차이가 무엇을 낳았을까?"

"뭘 낳았는데?"

"중세 기독교가 성을 억압한 것은 서양에게 세계의 정복을 가능하게 해준 에너지의 축적을 가져주었다 할 수 있지. 그렇게 보면, 중세는 암흑의 시대가 아니라 새로운 도약을 위한 준비의 시대였다고 할 수 있지. 이와는 대조적으로 인도나 중국에서 성은 우주와의 합일이나 신성과의 결합을 향한 방편의 길을 열어놓고 있었지. 그것은 죄악과 연결된 적이 없어. 앙코르와트 사원에 넘쳐나는 에로틱한 탄트라 예술이나, 중국에서 음양의 조화를 통한 방중술 같은 것은 기독교에는 들어설 자리가 없었던 거지."

◆◆◆

본사

성군이시어, 당신의 빛은 어두운 세상에 의존하나니,

어둠과 함께 살아야 하는 게 천도(天道)임을 잊지 마소서.

충신과 열녀는 역신(逆臣)과 요부에게 빛이 있나니

이들을 가엾게 여겨 용서하듯 단죄하소서.

춘사

매화여, 담 모퉁이에 핀 한 떨기 청초한 꽃이여,

그대를 고고하게 키워준 한겨울의 혹한과 적설에 감사하라.

하사

녹음 앞에서 태양을 향한 내 연가(戀歌)를 더욱 애절하게 해준 자들이여,

그대 사악한 자들이 있기에 나는 이 노래를 부를 수 있노라.

추사

서리 따라 떠나온 외로운 기러기, 임에게 애원하오니

달빛을 진정 달빛답게 해주는 게 캄캄한 골짜기임을 명심하소서.

동사

눈 덮인 겨울은 저렇게 무심한데, 내 마음 따라 오락가락하는구나.

삭풍은 춘풍의 가치를 일깨우니, 그마저 내 영혼 속에 녹여내야 하리.

결사

날 호랑나비로 변신시킨 군위신강과 부위부강이여,

그대들을 통해 나는 유학(儒學)이 은폐하고 있는 바를 깨달았노라.

제3장

관계에 대한 그리스 신화적 단상

제우스여(……)
나 여기에 앉아
내 모습대로 인간을 빚어내노라
나를 닮은 종족을
괴로워하고 울며
즐거워하고 기뻐하며
그대 따위는 숭배하지 않는
나와 같은 인간을.

괴테, 〈프로메테우스〉

1. 인간과 신화

알베르 카뮈는 《여름》에서 이렇게 말하고 있습니다. "신화는 그 자체로서 생명을 지닌 것은 아니다. 신화는 우리가 육화해주기를 기다리고 있다. 단 한 사람이라도 그 신화의 부름에 대답하게 되면 신화는 우리에게 늘 신선한 물을 제공한다." 문학비평에서 신화비평은 작가가 의식적으로 혹은 무의식적으로 문학 작품 속에 내재시킨 어떤 신화의 구조를 파헤치는 연구를 말합니다. 하지만 문학작품을 통하지 않더라도, 우리는 신화의 심층적 의미를 인간의 실존적 현실과 관련시켜 찾

고자 할 때도 항상 신화는 마르지 않는 샘으로 우리의 갈망을 촉촉이 적셔줍니다. 또 우리가 그것을 우리의 현실 속에 '부활'시켜 살아 있는 힘으로 인식할 때 비로소 그것은 잠에서 깨어납니다. 그것은 우리가 깨워주기를 기다리면서 언제나 우리 옆에서 잠자고 있는 계시적 존재 같은 것입니다.

신화는 한 문명, 혹은 한 시대의 인간관과 세계관을 담아내면서 인간이 상상하고 사유할 수 있는 최고의 가치와 궁극적 지향점을 지시할 뿐 아니라, 우리의 인간 조건을 정당화시켜주고 해명해주는 고도의 존재론을 함축하기도 합니다.

그렇다고 우리 시대가 신화를 만들어내지 않는 것은 아닙니다. 우리가 살고 있는 자본주의 문명은 그 나름의 통속적 지배 신화를 대중 매체를 통해 쏟아내 민중을 세뇌시키고 있죠. 그중에서도 돈으로 모든 것을 다 얻을 수 있다는 부르주아 신화는 인간의 정신적 균형을 파괴해 비극을 낳는 진원지로서 작용합니다. 물질의 세례를 받으면서 자라나 물신숭배의 거대한 물결 속에 허우적거리다보니 그 속에서 자살하는 젊은이들이 속출하고 있습니다. 20대 청년들의 자살률 1위 국가가 대한민국입니다. 한번 생각해보십시오. 부모들의 허리를 휘게 만드는 비효율의 엄청난 사교육비를 쏟아부으면서 아이들을 유치원부터 대학교육까지 20년을 교육시키고 있죠. 하지만 어떠한 상황에서도 자신을 추스를 수 있는 균형 잡힌 인간이 양성되지 못하고 있습니다. 이 얼마나 쓸모없는 교육의 현주소입니까! 전문가가 아니면 실생활에 별 필요도 없는 온갖 잡다한 지식을 아이들의 머릿속에 주입식으로 구겨 넣으면서 그들을 입시지옥으로 내몬 결과가 결국은 '돈 아니

면 죽음을' 이라는 양자택일의 극단적 논리를 따르게 만들고 말았다고 할 수 있지 않을까요. 일찍이 19세기에 니체는 부티크에서 돈으로 치장한 부르주아 귀족을 가장 경멸했습니다. 정신은 비어 있는 가운데 돈으로 귀족 흉내를 내려는 온갖 군상들과 이들을 추종하는 자들이 막다른 길에서 선택할 수 있는 것은 자살이라는 비극뿐일지도 모릅니다. 우리나라 같이 연예인과 스포츠 스타가 되려고 하는 젊은이들이 많은 나라는 없을 것입니다. 연예 스타들의 잇단 자살은 돈 신화가 낳은 우리의 비극적 자화상입니다. 이 모두가 졸부(猝富) 현상과 맞물려 있습니다. 동전의 양면인 부와 빈곤에 대한 철학적 인식이나 성찰을 바탕으로 아이들을 어린 시절부터 균형 있게 키울 수는 왜 없을까요. 우리는 1960~70년대 개발독재시대에 비해 얼마나 잘 살고 있습니까. 그런데 왜 자살은 이처럼 급격하게 증가하고 있을까요? 아이를 20년 동안 교육시키는 데 쏟아붓는 돈이 돈을 위한 투자이다 보니, 정춘은 돈이라는 신회의 흉기에 맥없이 쓰러지고 있습니다. 그 돈 가운데 일부만이라도 정신 훈련을 시키는 데 지출되었더라면 우리 젊은이들은 이처럼 돈 앞에서 기를 못 펴는 신세가 되진 않았을 텐데 참으로 안타깝습니다.

정신적 중심이 잡히면 돈 버는 데도 도움이 될 수 있습니다. 초가집에서도 일하면서 아마추어로 시를 읊을 줄 알고, 악기를 연주할 줄 알며, 그림을 그리고 자연을 완상할 줄 아는 청춘이 된다면, 그 초가집 자체가 이미 빛나는 정신의 사원이 될 것입니다. 그런데 이런 존재를 키우는 데 지금 대한민국 부모가 자식들을 학원으로 내몰면서 낭비하는 교육비가 들어가겠습니까? 소비를 못해서 안달하고 "나는 소비한

다, 그러므로 존재한다"는 코기토 속에서 존재 이유를 찾는 나약한 인간들을 양산하는 이상, 돈의 신화에 갇혀 질식하고 자살하는 20대가 줄어들지는 않을 것입니다. 이 모두가 아이들을 그렇게 교육시킨 부모의 책임이 크지 않을까 합니다.

신화는 이처럼 한 시대, 한 사회의 인간들이 추구하는 가치를 나타내지만, 불행하게도 오늘날 우리 사회처럼 돈이라는 부르주아 신(神)이 절대화되어 군림하는 시대는 없었을 것입니다. 사실 이 신화는 그에 따라 죽어야 할 만큼 위대한 것도 아니고, 왜 인간들이 칼부림하면서 비극적으로 살아야 하는지 인간 본성에 대한 성찰을 제시하는 것도 아닙니다. 그것은 인간을 비굴하고 쩨쩨하며 저속하게 만드는 악마적 속성을 지니고 있습니다. 비리가 터졌다 하면 돈과 관련되지 않은 것은 거의 없으니 말입니다.

이에 비해 고대의 그리스 신화는 참으로 심층적이고, 풍요로운 의미의 스펙트럼을 제시해줍니다. 고대 신화의 탄생과정을 봅시다. 이 신화는 서양인들의 경우, 심리학자 융의 용어를 빌리면 '집단무의식' 속에 새겨져 사고의 '원형(archetype)'으로 본능처럼 작용한다고 하죠. 집단무의식은 흔히 프로이트의 '개인적 무의식'과 대비되는 말입니다. 두 사람을 간단히 비교해보면, 우선 프로이트는 집단무의식을 몰랐던 게 아니라 그보다는 성(性)과 관련하여 부모와의 관계 속에서 생성되는 개인적 무의식에 더 관심이 많았습니다. 반면에 융은 인류 전체에 속하는 집단적 환각(phantasms)이라는 집단무의식을 보다 집중 탐구했습니다. 그에게 무의식은 본능이며, 따라서 개인적인 무엇이 아니라 집단적인 것입니다. 왜냐하면 그것은 개인들에 공통적인 것이기 때문입니다.

다음으로 프로이트는 자주 무의식을 악(惡)이나 죄와 일치시켜 털어 내거나 승화시켜야 할 부정적인 것으로 간주한 데 비해, 융은 무의식을 거대한 상상의 저장고이자 보고(寶庫)로 보았습니다. 그에게는 무의식이 반드시 우리의 관심을 신경증이나, 정신병 혹은 병리적인 행동으로 끌고 가는 어떤 것은 아닙니다. 따라서 거의 자동적으로 무의식과 병리학을 연결하는 프로이트와는 달리, 그의 경우 무의식과 병리학의 일정한 경계가 있습니다.

끝으로 앞의 언급과 연결된 것으로 무의식은 융의 경우 프로이트 경우처럼 해로운 게 아닙니다. 그는 무의식이 우리 각자가 세계와 관계를 맺는 방식이고 인류의 진화 전체와 관련을 맺는 방식이라고 생각합니다. 물론 이런 발상은 융에게만 고유한 것은 아니죠. 예컨대 미르치아 엘리아데를 들 수 있습니다. 이들 학자들은 인간을 진화의 차원에서 고찰합니다. 우주는 창조 이전의 무, 곧 카오스로부터 생성되어 있고 은하계 → 태양계 → 지구 → 광물계 → 물 → 식물계 → 동물계 → 인간 순으로 이어졌습니다. 우리가 알다시피, 어떤 생명체들은 아직도 식물계와 동물계의 경계 지점에 있습니다. 우리는 이런 거대한 우주의 진화 과정의 끝에 서 있기 때문에 이 과정 전체가 무의식 속에 각인되어 있다 할 것입니다. 그래서 소우주로서 우리는 무(無)의 몽상, 광물적 몽상, 식물적 몽상, 동물적 몽상, 물의 몽상, 대기의 몽상, 불의 몽상, 대지의 몽상 등 온갖 몽상을 할 수 있는 것이죠. 뿐만 아니라 인간은 탄생한 후 진화를 겪어왔습니다. 그는 선사시대의 문명들을 거쳤고 이어서 종교를 기본으로 하는 고대 문명들을 거쳐 왔습니다. 그리고 이 문명들이 근대 문명을 낳았습니다. 따라서 융에 따르면

무의식은 단순히 각자의 개인적 과거의 축적이 아니라 인류의 우주적·개인적 과거 전체의 축적입니다. 다시 말해 무의식은 광물적 행동, 식물적 행동, 동물적 행동, 선사 시대의 행동, 사라진 고대 문명의 행동 따위의 잔유물입니다.

이 사라진 문명들은 완전히 사라진 게 아니라고 보죠. 왜냐하면 그것들은 본능의 상태로 각자의 무의식 속으로 이동했기 때문입니다. 그래서 인간은 언제나 과거로의 퇴행이 가능합니다. 다시 말해 그가 몸담고 있는 현재의 문명으로부터 벗어나 먼 과거 문명의 상태 속으로 잠길 수 있는 것입니다. 뿐만 아니라 인간은 언제나 동물과 같은 상태가 될 수 있으며, 매우 원시적인 행동과 닮은 행동을 할 수도 있습니다.

이처럼 융의 무의식은 놀라울 정도로 웅대한 성격을 띠고 있습니다. 그것은 단순히 엄마·아빠와의 관계, 나아가 엄마 자궁 속에서의 삶에 대한 아득한 추억을 담아내는 게 아닙니다. 그것은 인간 이전에 존재했던 삶 전체가 인간의 본능의 상태로 이전되어 새겨진 저장고입니다. 불교로 말하면 그것은 제8식인 아뢰야식과 접근된다 할 것입니다. 융과 엘리아데가 인도 사상에 깊은 조예가 있었던 점을 상기할 필요가 있습니다. 우리와 같은 인간이 존재하기 위해선 어떤 순간에 카오스는 코스모스가 되고, 식물적 생명이 나타나고, 동물적 생명이 나타나고, 동물이 인간이 되고, 인간은 일련의 진화를 거쳐야 했던 것이죠. 물론 기독교적으로 말하면, 이런 진화의 단계마다 하느님의 섭리가 작용했다 수 있겠죠. 그런데 본능의 상태로 넘어간 원시 문명들에서 매우 중요한 단계가 있었으니, 다름 아닌 신화의 단계입니다. 최초

의 신화학자였던 융에 따르면, 고대 문명들 혹은 원시 문명들 속에서 태어난 위대한 신화들, 특히 서양인의 경우 그리스-로마 신화들은 인간의 위대한 상상적 꿈들을 이야기의 형태로 나타낸 것이고, 이 위대한 이야기들은 서양인의 본능에 속하게 되었습니다.

그러니까 그리스-로마 신화는 기독교와 더불어 부지불식간에 서양인의 행동과 사고를 통제하는 기제이고, 바슐라르의 용어를 빌리면 '문화 콤플렉스'인 것입니다. 각각의 문명은 독특한 문화 콤플렉스를 창조해 그 문명에 속한 인간들의 정신 활동에 방향을 부여합니다. '단군신화'는 우리 문화가 지닌 하나의 문화콤플렉스인 것이죠. 물론 유교도 그렇다 할 것입니다. 하지만 유교에는 신화가 배제되어 있습니다. 그것은 요순시대의 신화 같은 전설을 빼면 철저하게 신화 없는 '인본주의적' 무신론적 문명을 만들어냈고 당위론적 왕도정치라는 이상주의에 매달렸습니다. 무당 집안 출신이었던 공자 자신이 무속을 초월하고자 가능하면 귀신미저 자신의 세계에서 배제하고자 할 정도였습니다. 그렇기 때문에 신화적 차원에서 인간의 실존적인 비극적 조건을 정당화키는 인식론적 성찰이 빠져 있습니다.

하지만 그리스 신화와 기독교는 이와 같은 비극적 인간 조건을 정당화시키는 신화적 장치를 내재시켜놓고 있습니다. 아이스킬로스의 《결박된 프로메테우스》나 소포클레스의 《오이디푸스 왕》 같은 그리스의 신화적 비극 작품만 생각해도 인간이 짊어져야 할 운명적 비극의 그림자를 떠올릴 수 있습니다. 비극은 인간의 악과 불행을 막을 수 없다는 데 있습니다.

우리는 자신의 이기심과 욕망에서 자유로울 수 있는 제대로 된 홀

룡한 인간을 만나기가 참으로 어렵다는 것을 경험으로 많이 느낍니다. 긍정적 관계의 차원에서, '나'보다 뛰어난 자나 경쟁자가 있기에 자신이 발전하고 성숙한다고 생각하고 행동하는 존재도 드뭅니다. 어떤 자의 실력이나 능력이 자신의 지위와 권력과 명예에 짐이나 위협이 된다고 간주되면, 대부분은 그를 제거하거나 자신의 세력권 밖으로 쫓아내고자 하는 게 보통 벌어지는 일입니다. 리처드 도킨스 같은 생물학자는 이런 모든 현상을 '이기적 유전자'로 풀어내려 했습니다. 아마 인간에게 자신의 실존적 비극 조건에 대한 의식이 없고, 이 의식을 통해 비극을 극복하는 문화적 도약이 없다면, 그런 설명만으로 족할지도 모릅니다. 그러나 동물과 인간 사이에는 건너뛸 수 없는 의식이라는 심연이 자리 잡고 있습니다. 그래서 그리스 신화에서는 최고 신이자 폭군인 제우스를 동원하여 이런 인간의 속성을 규명하는 고도의 지적 성찰이 나오고 있습니다.

도스토예프스키의 《카라마조프의 형제들》이나 윌리엄 골딩의 《파리 대왕》을 읽은 젊은이들은 인간에 대해 어떻게 생각할까요? 사회적 경험이 없는 그들이 이런 소설을 읽을 때 소설가가 인간의 본질에 던지는 심오한 메시지를 현실감 있게 받아들일 수 있을까요? 부모의 그늘 아래서 어려움 없이 지내온 그들의 대부분은 "인간이 어떻게 그럴 수 있을까?"라는 의문 앞에서 소설이라는 픽션과 상상력에서 답을 찾아내고 말 것입니다. 그들에겐 차라리 생텍쥐페리의 《어린 왕자》가 보다 현실적으로 다가올지도 모릅니다. 하지만 이 작품이 씌어진 때는 제2차 세계대전 중이었습니다. 작가는 '어렸을 적 레옹 베르트에게'라는 헌사를 바치고 있습니다. 레옹 베르트(1878~1955)는 프랑스

의 소설가이자 에세이스트이고, 예술비평가이자 신문기자였는데, 유대인이었습니다. 생텍쥐페리는, 홀로코스트가 자행되었던 20세기 최대의 비극 속에서 쥐라 산맥에 피신해 '춥고 배고픈' 세월을 겪고 있는 유대인 친구에게, 그것도 어렸을 적 친구에게 책을 헌정하고 있습니다. 그런데 이 전쟁에서 150만 명의 유대인 어린이가 학살되었습니다. 이 명작을 읽는 젊은 독자들 가운데 그 순수한 동심의 빛나는 세계를 음지에서 떠받치고 있는 게 이런 어둠이라는 점에 대해 생각하는 이가 몇이나 될까요?

부모의 보호막과 당위론적 학교 교육은 지금도 그렇지만, 인간에 대한 현실적 인식을 하는 데 장애물로 작용한다고 할 수 있습니다. '너는 이렇게 행동해야 한다'라는 '당위론적' 교육은 반복 학습을 통해 마치 당위론적 존재가 현실적 존재인 것처럼 착각하게 만듭니다. 그렇기 때문에 언젠가 제가 대학생들을 상대로 '인간은 믿을 만한 존재인가?'라는 질문을 던졌을 때 긍정적으로 대답하는 경우가 훨씬 많았습니다. 따라서 현실을 있는 그대로 보여주는 '존재론적' 교육을 통해 인간의 어두운 측면을 인식시킨 뒤 이를 경계하고 막는 방안을 강구하는 쪽으로 당위가 옮겨가야 할 필요가 있다고 봅니다. 대부분은 대학(아니면 고등학교)을 졸업하고 사회에 나와 생존경쟁에 뛰어들 때에야 비로소 인간에 대한 참된 눈을 뜨기 시작합니다.

인간한테 이타심과 선한 측면이 없는 것은 아니지만, 이처럼 이기심과 사악한 측면이 현실에서 훨씬 더 강력한 힘을 발휘하고 있는 것임은 틀림없을 것입니다. 그렇지 않다면 피와 폭력으로 얼룩진 투쟁의 역사를 통해 인류가 '진보'해 올 필요가 없었을 테니까요. 민주주의는

투쟁을 통해 쟁취된 것이지 지배 계급이 그냥 내준 게 아니죠. 더욱이 민주주의의 견제와 균형 원리인 삼권분립 자체가 인간에 대한 경계심과 나아가 불신을 내포하고 있습니다.

2. 제우스와 황금사과

그리스 신화에서 최고신 제우스의 탄생 과정을 한 번 살펴보지요. 카오스(혼돈)에서 코스모스(질서)로 이동이 이루어지는 과정에서 대지의 여신 가이아와 하늘의 신 우라노스는 12남매의 티탄족(거신족)과 기타 많은 신들을 낳았습니다. 그러나 우라노스는 자신의 모든 자식들이 태어나자마자 이들을 혐오한 나머지 대지의 깊은 심연 속에 있는 타르타로스(무한 지옥)에 가두어버리고 빛을 보지 못하게 했습니다. 결국 막내아들 크로노스(시간의 신)가 어머니 가이아와 여타 형제자매들의 도움을 받아 반란을 일으켜 낫으로 우라노스의 성기를 잘라버리고 옥좌를 찬탈합니다. 그러니까 우라노스는 무자비한 '잔인성'과 '이기주의'를 드러내 자식들에 의해 권좌에서 쫓겨난 것이죠. 그런데 아버지 우라노스를 계승한 크로노스 역시 동일한 악행을 저질러 역시 제우스에 의해 쫓겨납니다. 그는 인간의 어두운 비극적 측면을 많이 다룬 고야의 끔찍한 작품 《크로노스(사투르누스)》를 상기시키는데, 아내 레아가 자식들을 낳자마자 모두 삼켜버립니다. 그러나 마지막 아들 제우스만은 레아의 계략으로 재난을 피하게 되고, 성장해 아버지와 일전을 벌여 크로노스로 하여금 누이 형제들을 토해내게 하고 그를 권좌

에서 내쫓게 됩니다. 그런 다음 제우스는 티탄족과의 전쟁을 통해 신들의 세계를 평정하여 명실상부한 최고의 신이 되죠. 결국 우라노스로부터 제우스로 절대 권력이 승계되는 과정은 피와 폭력이 얼룩진 투쟁을 보여주고 있습니다. 이런 왕권 쟁탈전은 예컨대 우리나라 조선시대 사극에서도 나옵니다. 아버지가 아들을 죽이고 형제간에 살육전이 벌어지며, 후환을 없애기 위해 그 자식들까지 말살하는 잔혹한 만행이 저질러졌죠. 보통 사람의 상식으로는 어떻게 그런 일이 일어날 수 있는지 상상이 안 될 수 있지만, 그 보통 사람이 그 자리에 올라가면 그처럼 악랄할 수 있는 것입니다. '나'는 아니라고 장담해서는 안되는 것이죠.

이런 무자비한 조상을 둔 제우스가 선정만을 베푸는 사랑의 신일 수 없음은 당연하다 하겠죠. 인간을 만들고 신들의 세계로부터 불을 훔쳐다 준 저 프로메테우스의 신화를 생각해봅시다. 그 죄로 프로메테우스는 폭군 제우스에 의헤 비위에 결박된 채, 끝없이 재생되는 간을 독수리한테 파 먹히는 영벌을 받습니다. 물론 또 다른 신화적 설명에 의하면, 그는 제우스의 권좌에 대한 미래의 비밀을 알고 있는데 이를 고하지 않아 이런 형벌을 받는다고 전해지기도 합니다. 어쨌든 프로메테우스 신화는 운명에 저항하는 인간의 위대한 모습을 상징하여 많은 문학작품과 예술작품에 영감을 주었습니다. 예컨대 현재 《결박된 프로메테우스》만 남아 있는 아이스킬로스의 프로메테우스 3부작[1]으로부터 괴테의 시 〈프로메테우스〉나 베토벤의 《프로메테우스의 창

---

[1] 일반적으로 《결박된 프로메테우스》가 제1부, 《석방된 프로메테우스》가 제2부, 《불의 운반자 프로메테우스》가 제3부를 이루는 것으로 추정되고 있습니다.

조물》작품 43, 그리고 앙드레 지드의 《잘못 결박된 프로메테우스》를 거쳐 앙드레 말로의 《모멸의 시대》까지 다양합니다. 마지막 작품은 제가 전문가인 만큼 나중에 별도로 소개하겠습니다.

또 부조리의 작가 알베르 카뮈의 《시시포스 신화》를 상기시키는 시시포스를 생각해볼 수 있습니다. 일설에 의하면, 제우스는 독수리로 변신해 강의 신 아소포스의 딸 아이기나를 납치하는 은밀한 사랑놀이를 했습니다. 이를 꿰뚫고 있던 시시포스는 코린토스의 성채에 샘을 만들어주어야 한다는 조건으로 아소포스에게 이 비밀을 알려줍니다. 이로 인해 제우스의 노여움을 산 시시포스는 지옥으로 떨어져 산 아래에서 꼭대기까지 커다란 바위를 밀어 올리는 고역을 끝없이 반복하는 형벌을 받습니다.

그리스 신화에서 최고신 제우스가 인간 세계의 유부녀·처녀를 가리지 않고 마음에 드는 여자를 겁탈하거나 납치하여 씨를 뿌리는 사례는 수없이 나타납니다.

"소설에서 화자의 시점들 가운데 전지적(全知的) 시점이라는 것이 있다. 그것은 조물주 같은 입장에서 소설 속 인물들의 모든 행동과 심리 상태는 물론이고, 그들의 과거·미래·현재까지 꿰뚫고 있는 시점이다. 제우스는 그런 조물주적 시점으로 인간 세상을 바라보고 있다. 양자역학에서 '양자적 얽힘 관계'에 있는 한 쌍의 광자는 수십억 광년이 떨어져 있어도 시공을 초월해 즉시 동시에 반응하는 '정보적 결합체'이다. 제우스가 사랑의 안테나를 작동시키는 순간 이런 광자처럼 인간계의 미인들이 뿜어내는 관능적 기(氣)가 감지되며 이 미인들이 한눈에 들어

온다. 스파르타의 왕비 레다가 지오르지오네의《잠든 비너스》처럼 감미로운 전라의 모습으로, 궁궐 뒤쪽에 있는 숲 속의 그윽한 샘에 몸을 담근 채 무아지경에 빠져 있는 게 그의 눈에 들어온다. '오, 프로메테우스의 딸들이 저토록 아름다울 수 있는가! 내 올림포스의 여신들 못지 않은 미(美)의 화신이로다. 그대는 마땅히 나의 씨앗을 받아야 하리. 그대에게 나는 눈부신 빛의 현현을 나타내는 순결한 백조가 되리라.' 제우스는 단번에 백조로 변하면서 레다의 고요한 영혼에다 사랑의 미약 같은 숨결을 불어넣는다. 레다가 알 수 없는 신비한 관능적 기분에 휩싸이면서 눈을 뜨자, 순백의 백조 한 마리가 아폴론 같은 위용을 드러내면서 자신의 전라를 바라보고 있다."(필자의 어떤 글에서)

백조와 레다가 이렇게 사랑을 나누고 낳은 딸이 헬레네입니다. 신화에 따르면, 후에 미케네의 왕비가 된 헬레네는 황금사과에 얽힌 신들의 놀이에 따라 트로이의 왕자 파리스의 구애 대상이 되어 납치되고 이로 인해 트로이전쟁이 발발합니다. 그러니까 호메로스의《일리아스》와《오디세이아》등 많은 문학작품과 예술 작품을 탄생시킨 이 비극적 전쟁의 근원에는 제우스가 뿌린 사랑의 씨앗이 자리하고 있습니다. 자, 그럼 트로이전쟁을 일으킨 너무도 잘 알려진 신화의 내용과 그 의미를 살펴보죠.

바다의 요정 테티스와 미르뮈돈의 왕 펠레우스가 결혼하게 되어 올림포스의 신들이 잔치에 초대되었습니다. 하지만 불화의 여신 에리스만이 초청을 받지 못했습니다. 화가 난 이 여신은 스스로 찾아와 '가장 아름다운 여신에게'라고 씌어진 황금사과를 던지고 사라집니다. 그러

자 이 영예를 차지하기 위한 가장 뛰어난 세 여신이 경쟁자로 나서죠. 다름 아닌 제우스의 아내로서 최고의 여신 헤라, 지혜의 여신 아테나 그리고 사랑과 미의 여신 아프로디테입니다. 제우스는 사자(使者) 헤르메스를 시켜 이 어려운 미인대회의 심판관으로서 트로이의 왕자인 파리스를 불러들입니다. 나체로 아름다움을 과시하면서 세 미녀 여신은 각기 자신을 황금사과의 주인으로 뽑아주는 조건으로 보상을 파리스에게 제시합니다. 헤라는 아시아의 통치권과 권력을, 아테나는 모든 전쟁에서 승리하는 지혜와 영광을, 아프로디테는 지상에서 자기만큼 가장 아름다운 여인 헬레나를 주겠다고 약속합니다. 파리스는 결국 아프로디테의 손을 들어주고 이 여신의 도움을 받아 스파르타의 왕비인 헬레나를 납치해 달아납니다. 이것이 바로 트로이전쟁의 빌미가 된 신화 내용입니다.

우선 먼저 불화의 여신 에리스에 대해 생각해보죠. 사실, 이 여신은 불화를 일으킨다기보다는 신들 사이에, 혹은 인간들 사이에 이미 잠재되어 있는 불화에 불을 지피는 역할을 할 뿐이라고 할 수 있습니다. 세 여신 사이의 관계를 들여다보면 이런 불화가 수면 위로 떠오릅니다. 일단 헤라는 합당한 절차에 따른 결합을 강조하는 결혼의 여신이고, 아테나는 끝까지 처녀성을 지키고 있는 순결한 여신이며, 아프로디테는 가공할 성적 욕망을 불어넣으면서 스스로 자유로운 성생활을 보여주는 쾌락의 여신임을 상기합시다. 이처럼 세 여신이 남녀 관계를 놓고 전혀 다른 입장을 견지하고 있으니 당연히 불화는 폭발성을 지닌 채 잠재되어 있다 할 것입니다.

뿐만 아니라 그들의 족보를 검토해보면 보다 복잡한 갈등관계가 나

타납니다. 우선 양 극단에 있는 헤라와 아프로디테의 관계를 봅시다. 아프로디테는 크로노스가 자신의 아버지 우라노스의 성기를 잘라버렸을 때, 피가 바다에 떨어져 그 성적 양기가 물결에 잉태시켜 태어났으며, '거품에서 태어난 여신'을 의미합니다. 이 여신이 올림포스에 왔을 때 제우스를 포함해 모든 남신들이 홀딱 반할 정도로 그녀는 절대미의 화신입니다. 제우스와 헤라는 있을지도 모를 불상사를 미연에 막기 위해 불(火)과 대장간의 신 헤파이스토스를 남편으로 점지해 아프로디테와 결혼을 시킵니다. 그런데 헤파이스토스는 누구입니까? 헤라의 아들로 절름발이에다 신들 가운데 가장 못생긴 추남이죠. 헤라 자신도 그가 태어났을 때 너무 못생겨 아이를 하계의 바다에 내던졌다 합니다. 또 나중에 제우스가 헤라와 다툴 때, 헤파이스토스가 헤라 편을 들자 그를 지상의 림노스 섬으로 던져버렸다는 설도 있습니다. 어쨌거나 이런 못생긴 절름발이를 남편으로 점지해준 데 동참한 헤라를 아프로디테가 좋아할 리가 없지요.

다음으로 헤라와 아테나의 관계에 대해 봅시다. 아테나의 탄생 내력을 보면, 제우스는 자신의 첫 아내 메티스가 임신하게 될 두 번째 아이가 자신의 왕위를 찬탈하리라는 예언을 듣자 메티스를 삼켜버립니다. 훗날에 제우스가 두통을 호소한 이마에서 아테나가 무장한 채 나왔다 합니다. 메티스는 신중함과 지혜를 나타냈다고 하니 지혜의 여신 아테나는 비록 잔인한 폭군 아버지의 두개골에서 나왔지만 메티스의 피를 받은 것이죠. 헤라는 아테나가 자신의 몸에서 태어난 딸이 아니기에 질투를 느낀 나머지, 제우스와 관계하지 않고 홀로 임신해 헤파이스토스를 낳았다 합니다. 이러니 아테나가 헤라의 마음에 들 리 없지

요. 뿐만 아니라 아테나는 전쟁의 여신으로서, 제우스와 헤라 사이에 난 전쟁의 남신 아레스와 대립과 경쟁의 관계에 있으며, 둘은 트로이 전쟁에서도 각기 그리스와 트로이의 편에서 싸웁니다.

마지막으로 아프로디테와 아테나의 관계를 봅시다. 아프로디테는 순결과는 전혀 거리가 멀 뿐 아니라 올림포스의 여러 남신들은 물론이고 지상의 남자까지도 마음에 들면 사랑의 마법을 부려 홀리는 요부와 같지요. 바람둥이 제우스에 비길 만한 여자 존재가 아프로디테인 셈이죠. 그녀는 헤파이스토스를 남편으로 두었지만, 디오니소스·헤르메스·포세이돈과 바람을 피우고, 트로이의 왕족 안키세스와 사랑을 나누어 트로이전쟁의 영웅 아이네이아스를 낳으며, 미소년 아도니스와도 관계를 맺습니다. 특히 그녀는 아테나와 경쟁 관계에 있는 아레스와 결합해 에로스가 태어납니다. 이렇게 볼 때 두 여신의 사이가 좋을 수가 없지요.

파리스는 세 여인이 보상으로 제시한 권력(통치)·지혜(명예)·사랑(아름다움) 가운데 사랑을 선택합니다. 헤라는 질투와 원한을 많이 품으면서 최고신 제우스의 아내로서 나름대로 권력을 휘두르는 여신입니다. 아테나는 순결을 지킴으로써, 증오를 동반하는 사랑놀이에 아예 말려들지 않은 지혜를 발휘하는 여신입니다. 아프로디테는 마법의 띠 '케스토스 히마스'를 두르고 누구든 뇌쇄시켜버림으로써 폭풍을 몰고 오는 숙명적인 사랑의 여신입니다. 세 여신은 이렇게 차이로서 서로를 견제하고 있지만, 역시 이들에게도 가장 중요한 것은 아름다움이라 추정할 수 있습니다. 왜냐하면 에리스가 황금사과에 써놓은 '가장 아름다운 여신에게'라는 말에 셋 다 민감하게 반응하여 경쟁에 나섰으

니까요. 미(美)는 선악을 떠나서 남자에게 무차별 공격을 감행하여 온몸을 전율케 하죠. 미는 선악을 넘어 있기에 선인도 악인도 미인 앞에서는 동일한 팜프 파탈의 이미지에 사로잡힙니다. 미의 기준이 다르다 해도, 여자의 가장 강력한 힘은 남자를 사로잡는 이 아름다움입니다. 그래서 미를 중심으로 선악을 초월한 애증과 전쟁의 놀이가 전개됩니다. 아프로디테는 사랑에 있어서 팜프파탈(femme fatale)처럼 '숙명의 여신'이기에 남자의 운명 자체를 바꾸어버리는 아름다움을 지니고 있습니다.

하지만 아프로디테를 빛나게 해주는 것은 이 여신과 차이를 지니며 경쟁하는 헤라와 아테나입니다. 후자의 두 여신이 없다면 사랑의 여신 홀로는 놀이마당 자체가 성립되지 않으며, 그녀가 거둔 승리의 영광도 존재할 수 없습니다. 경쟁도 없고 대결도 없는데 승리가 존재할 수 있겠습니까. 따라서 미의 여신은 두 여신을 통해서만 자기 존재의 빛을 빌하고 있다 하겠습니다. 이렇게 하여 숙명의 그림자가 던져진 트로이전쟁이 발발합니다.

그런데 호메로스의 작품에서 이 전쟁의 승리자는 아테나를 수호신으로 모신 그리스입니다. 아테나 자체가 고대 그리스문명, 곧 그리스문화를 상징합니다. 파르테논신전은 아테나에게 바쳐진 '처녀 신전'입니다. 이 신전의 본전에 안치된 아테나 파르테노스는 '처녀 아테나'를 의미합니다. 그러니까 절제와 균형, 절도와 조화를 이상으로 삼은 그리스의 문화와 예술을 순결하게 티 없이 지켜주는 여신이 아테나입니다. 아테나의 순결성은 여자로서의 처녀성을 지키는 것을 넘어서 이런 문화적·예술적 상징성을 담아냅니다. 질투와 원한에 찬 헤라의 과

잉 반응도, 성적 타락과 풍기문란을 야기하는 아프로디테의 무절제한 사랑 행각도 배제하는 중용적 길을 순수하게 지켜야 함을 지혜의 여신은 지시하고 있습니다. 그러나 이 중용을 벗어난 과도함과 위반이 없으면 중용 자체가 빛을 잃습니다. 이 모든 것이 다 존재할 이유가 있는 것이죠. 그래야만 예술과 문화의 놀이가 전개될 수 있습니다.

호메로스는 과도함과 위반 자체가 극에 달해 중용과 신화적 예술이 위협받는 상황에 왔다고 생각했을까요? 어쨌거나 그는 자기 시대의 역사가 아닌 상상의 트로이전쟁을 문학 속에 끌어들여 이 점을 함축시켜 놓고 있다고 할 수 있습니다. 하지만 역설적으로 그는 아테나를 위협하는 헤라와 아프로디테가 있었기에, 이들이 불멸의 차원에서 놀이를 하듯 예술이라는 초월의 경지에서 장대한 불후의 명작들을 남길 수 있었으니, 그 모든 상관적 관계들의 비밀을 꿰뚫고 있었지 않을까요?

3. 예술적 영혼

수많은 철학자들과 예술가들이 그리스의 신화적 예술에 매료되었음은 잘 알려져 있습니다. 그래서 헤겔적 발전사관과 연속사관에 반대해 문명 순환론과 불연속적 역사관을 주장했던 오스발트 슈펭글러 같은 독일의 역사 철학자는 《서양의 몰락》에서 그리스 문화의 영혼을 '예술적 영혼'이라 명명했습니다. 그런데 그런 그리스인들이 왜 인간들을 지배하는 신들의 이야기에서 이 신들을 이처럼 선악을 넘어선

존재들로 나타냈을까요? 최고신 제우스부터 선악을 넘나드는 존재로 표상되고 있으니 다른 신들은 말할 필요도 없지요. 하물며 신들보다 아래에 있는 인간들이 어떻게 악을 벗어나서 살 수 있겠습니까.

여기서 불연속적 역사관이란 무엇인지 잠깐 살펴보겠습니다. 오스발트 슈펭글러는 제1차 세계대전이 끝나던 해 《서양의 몰락》이라는 역저를 내놓아 서구 지성계에 엄청난 충격을 준 바 있고 토인비에도 영향을 미쳤습니다. 서구 문명에 대한 그의 진단이 빗나가긴 했지만 인류 문명사를 불연속적 역사로 본 그의 통찰은 설득력이 있습니다. 그에 따르면, 과거의 모든 문명은 문화가 남긴 것입니다. 문화는 동물이 아니라 식물처럼 어떤 일정한 지리적 공간을 중심으로 독자적·독립적 영혼을 가지고 태어나 자기의 가능성을 실현한 뒤 소멸합니다. 그러니까 그것은 생물처럼 유년기→청년기→원숙기(장년기)→노년기→죽음을 맞이하여 자연으로 돌아간다는 것입니다. 그래서 영혼이 나른 문화는 다른 문명을 창조하며, 그러기에 문명들끼리는 서로 침투가 불가능하다는 것이죠. 예컨대 그리스 문화는 "예술적 영혼", 아랍문화는 "마법적 영혼", 기독교 문화는 "파우스트적 영혼"을 가지고 태어났다는 것입니다. 이집트문명·그리스문명·기독교문명·아랍문명·중국문명 등 과거의 문명들은 서로 다른 세계를 지향했기 때문에 공통의 척도가 없으며 우열을 가릴 수도 없고 일직선으로 줄 세울 수도 없습니다. 따라서 인류가 직선적으로 발전해왔다는 헤겔적 보편사관은 부정됩니다. 이런 문명관은 오늘날 새뮤얼 헌팅턴의 '문명충돌론'과 무관하지 않을 것입니다. 아마 슈펭글러의 문명관과 헌팅턴의 문명관 비교는 어떤 유사성이 있을 것이고, 후자가 전자로부터 영감

을 얻었을 가능성도 있을 것입니다.

좀 더 일상적인 예를 들어 설명해보죠. 전깃불도 들어오지 않는 산중 오두막에서 금욕생활을 하면서 도(道)를 닦는 승려와 강남의 부자동네에서 물질문명의 온갖 이기를 누리며 사는 사람을 놓고 비교해보면 됩니다. 승려를 발전이 안 된 미개한 존재라고 말할 수 있겠습니까? 승려와 강남 인간은 전혀 다른 영혼을 가지고 서로 다른 세계를 추구하고 있으며 판이한 문화를 향유하기 때문에 서로 비교의 대상이 될 수 없습니다. 비교가 성립되기 위해선 동일한 가치체계를 추구하는 사람들한테 동일한 잣대를 적용해야 합니다. 어떤 자가 부자 앞에서 기를 못 편다면 그는 이 부자와 동일한 가치를 추구하기 때문에 그런 것이죠. 성직자와 기업가를 동일한 기준을 가지고 판단할 수 없는 것과 마찬가지입니다. 지금은 서구식 물질문명을 전 세계의 모든 나라들이 추구하니, 물질의 풍요를 갖고 줄을 세울 수 있지만 말입니다. 그러나 옛 문명들은 서로 다른 영혼들이 탄생시킨 것이기 때문에 우열을 가려 줄을 세워 발전사관에 따라 설명하는 것은 말이 안 된다는 게 불연속적 역사관입니다.

다시 신화로 돌아가겠습니다. 그리스 신화는 그리스인들의 상상력이 낳은 예술적·종교적 결정물이지만, 그것이 인간 세계에 대한 그들의 깊은 성찰을 담아놓은 사유의 보고(寶庫)임은 말할 필요도 없을 것입니다. 앙드레 말로는 1·2차 세계대전을 통한 서구의 문명사적 위기 앞에서 인간의 본질을 탐구하는 마지막 소설 《알튼부르크의 호두나무》에서 한 인물을 통해 이렇게 말하고 있습니다. "그리스인은 자신 안에 내재된 악마를 신화로 외면화시켰고 기독교인은 자신의 신화를

악마로 내면화시키고 있다." 이게 무슨 말일까요? 그리스인은 인간 안에 있는 악마적 본성을 신들의 세계로까지 격상시켜 털어냈다는 것이죠. 반면에 기독교인은 원죄 신화를 인간적 차원에서 악마로 내면화시켜 심리적 갈등을 심화시키고 있다는 것입니다. 그러니까 이 말에는 그리스인들은 인간의 부정적 측면들을 신들의 고유한 속성으로까지 끌어올림으로써 악마적 숙명의 죄의식으로부터 벗어났다는 의미가 함축되어 있습니다. 신들마저 그럴진대 그들이 만든 인간이 무슨 죄가 있겠습니까?

자, 이제 좀 더 깊이 검토해볼까요. 왜 그리스인들은 인간의 이원적 측면, 예컨대 선/악, 행/불행, 전쟁/평화, 사랑/증오, 정의/불의, 미/추 같은 빛과 어둠을 신들의 놀이 세계로 투사시켜 불멸화시켰을까요? 동물은 본능적 차원에서 살면서 문화와 의미를 추구하지 않는 존재이고, 자신의 가치와 의미를 문제 삼지 못하는 꽉 찬 존재입니다. 사르트르라는 프랑스 철학자는 이를 '즉자적(卽自的) 존재'라고 말했습니다. 그러나 인간은 동물과는 다른 특별한 '의식'을 가진 존재입니다. 이 의식은 사르트르의 용어를 빌려 말하면 '대자적(對自的) 존재'를 말합니다. 그것은 비어 있기에 꽉 채워지기 위해 늘 어떤 대상을 지향하는 의식, 자기 자신을 거리를 두고 바라볼 수 있는 의식인 거죠.

그런데 프로메테우스의 어원적 의미가 무엇인지 아십니까? 그것은 '선견지명이 있는 사유'입니다. 그리고 그가 훔친 불은 '반항적 지성'을 표상합니다. 그는 '모든 예술의 모체가 되는 상상력'의 소유자로서 이것을 인간에게 전수했습니다. 특히 프로메테우스의 신화는 '의식의 도래'를 나타냅니다. 무엇에 대한 의식일까요? 자기 자신의 비극적 운명

에 대한 '의식'이죠. 다시 말하면 그것은 우리의 '인간 조건'에 대한 의식을 나타냅니다.

동물은 삶/죽음, 선/악, 행/불행에 대한 의식이 없습니다. 인간만이 그것들에 대한 의식이 있으며, 이 양면성을 통해서만 의미를 추구할 수 있다는 자각이 있습니다. 악이 없으면 선에 대한 관념도 없고, 불행이 없으면 행복에 대한 관념도 없습니다. 그러니까 선과 행복을 향한 의미, 곧 방향을 추구하려면 악과 불행도 있어야 하는 거죠. 부(富)를 축적하는 게 인생의 의미라면, 가난이 있어야 하고, 아름다움이 무엇인지 알려면 추한 것에 대한 생각이 있어야 합니다. 경우에 따라 이 생각이 비록 막연하다 할지라도 말입니다. 따라서 결코 인간은 어둠에 속하는 부정적인 가치들을 떠나서 빛에 속하는 긍정적인 가치들을 추구할 수 없는 거죠. 후자들을 그림자처럼 따라다니면서 받쳐주는 것은 전자들이기 때문입니다. 이것이 우리의 비극적 인간 조건이죠. 무기력한 평화가 지속되면 전쟁을 부르게 되어 있습니다. 전쟁이 비록 비극적이라 할지라도 전쟁을 통해 에너지를 폭발시키고 새로운 변화로 가고자 하는 게 인간입니다. 니체는 19세기에 문화가 '여성화'되고 활력을 잃는 모습을 보자, 20세기를 '전쟁의 세기'로 예언했습니다. "전쟁이 왜 안 된단 말인가? 재미있을 텐데." 이게 인간입니다. 권태가 지속되면 이웃 초상집도 구경거리가 됩니다. '나'의 불행은 '타자'의 행복이 되는 경우가 얼마나 많습니까. 역설적으로 말하면, 전두환과 노태우의 독재가 있었기에 민주화 운동의 선봉에 선 자들은 인생의 의미를 찾아냈고 후에 정권을 획득해 권력을 누릴 수 있었다 말할 수 있는 거지요.

요컨대 인간이 추구하고자 하는 이상적인 긍정적 가치들은 부정적 가치들과의 상관관계 속에서만 인식되고 존재할 수 있습니다. 후자들을 완전히 제거하겠다는 발상은 그런 제거가 인간의 의미 추구 자체를 불가능하게 만든다는 점을 망각한 데서 비롯되는 것입니다. 제가 제사(題詞)로 사용한 괴테의 시에서 '괴로워하고 울며 즐거워하고 기뻐하며'라는 표현은 대립적인 가치체계에 살 수밖에 없는 운명을 함축적으로 나타내고 있습니다.

'의식'을 지닌 인간의 도래는 바로 이런 운명을 자각하는 존재의 출현을 의미합니다. 동물의 삶이 무의미의 차원을 드러낸다면, 인간의 삶은 의미의 차원에서 전개됩니다. 의미의 차원은 부정적 가치들과 긍정적 가치들의 투쟁을 중심으로 하는 비극을 떠나서는 성립될 수 없습니다. 그렇기 때문에 인간의 양면적 본질을 신격화시킨 그리스의 신화에서 신들은 이분법적 선악을 넘어선 존재들로 그려지고 있는 것입니다.

그렇다면 인간은 의미의 차원에서 선과 행복을 추구하는 반대급부로, 다시 말해 넓은 의미에서 문화를 추구하는 대가로 악과 불행을 짊어져야 하는 이 숙명을 벗어날 길은 없는 것일까요? 이를 가능하게 해주는 게 신화와 결합된 문학과 예술입니다. 생각해보세요. 악·불행·증오·복수·슬픔·폭력·피·파괴가 없다면 여러분들이 즐기는 드라마나 영화 혹은 문학 작품이 만들어질 수 있는지를. 그러니까 문학과 예술은 이 숙명을 초월해 그것을 놀이로 변모시키게 해주는 유일한 출구인 셈이죠. 그리스 신화와 예술은 인간의 비극적 조건을 극복하게 해주는 초월의 지평에 서 있는 거죠. 인간 현실의 아픔은 예술에

서는 놀이를 위한 조건이면서 동시에 이 놀이에 속함으로써 초월됩니다. 현실이라는 의미 차원의 비극은 예술이라는 초월의 차원에서 극복됩니다. 이런 유희를 불멸의 차원으로 승격시킨 것이 신화적 예술입니다. 신들은 죽지 않고 이 유희를 무한히 즐길 수 있으니 인간이 지향하고 싶은 궁극적·'절대적' 경지를 구현하고 있다 하겠지요. 그래서 제우스를 필두로 한 제신들은 그리스 문학과 예술에서 중심적 위치를 점하고 있습니다.

앙드레 말로는 그의 예술 평론서 하나를 《제(諸)신들의 변모》라 제목을 붙였습니다. 예술의 기원에는 신들의 세계가 자리 잡고 있으며 신화와 결합된 예술이 변모해서 오늘에 이르기 때문이다. 뿐만 아니라 그는 예술을 '절대의 화폐'라 명명하기도 했습니다. 화폐란 무엇입니까? 상품을 교환하고 유통시키는 경제적인 매개 수단이죠. 그러니까 절대의 화폐는 절대를 유통시키고 교환하는 매개 수단이 되는 것이죠. 결국, 동물의 무의미 차원을 넘어선 의식이 도래했을 때 인간이 느끼기 시작했던 생/사, 선/악, 행/불행 등, 동전의 양면 같은 비극적 관계는 의미의 차원에서는 운명으로 받아들여야 하지만, 예술이라는 초월의 차원에서는 이 운명이 놀이로 극복됩니다.

4. 시인과 철학자

플라톤 이전의 그리스의 신화시대는 바로 이와 같은 문학과 예술이 지배하는 시대였습니다. 그것은 안정적이며 균형 잡힌 정적인 문화를

창조해냈습니다. 정적이라는 말은 기독교에서처럼 알파(천지창조)에서 오메가(최후의 심판)로 구원의 여정을 그려내는 시간적 역동성이 없다는 의미입니다. 이 점은 모든 게 돌고 돈다는 순환적 시간관을 가진 그리스인들이 역사철학을 발전시키지 못한 것과 궤를 같이 합니다. 철학자 김상환이 《예술가를 위한 형이상학》에서 말한 대로, 이 시대에는 호메로스 같은 시인이 최고의 '입법권'을 행사하면서 권력의 중심부에 자리하고 있었던 것입니다.

그러나 태어난 것은 반드시 죽게 되어 있듯이, 모든 것은 탄생과 종말이 있기 마련입니다. 문화라고 예외일 수 없는 거죠. 그리스의 신화적 문화는 '예술적 영혼'을 가지고 태어나 자신의 가능성을 다 구현한 뒤 소멸하여 문명을 남겼습니다. 그것이 황금기를 거쳐 쇠퇴기에 접어들자 사회적 혼란과 갈등이 만연하고, 사회의 '입법권' 쟁탈을 위한 시인과 철학자와의 대립이 첨예화되었을 것입니다. 플라톤이 《국가》에서 밀하는 '철학과 시의 오래된 불화'에서 아직은 시인의 위세가 철학자의 위세를 압도했던지 소크라테스는 독배를 마셔야 합니다. 그러나 플라톤 이후로 철학은 시가 지니고 있는 입법권을 쟁취하기 시작합니다. 아리스토텔레스가 알렉산더 대왕의 스승이었음은 철학자가 권력의 중심부에 들어가 있음을 상징적으로 드러냅니다.

시인 추방론을 내세운 플라톤을 상기합시다. 이 철학자는 시의 타락과 위험성을 경고하면서 시와 예술을 폴리스에서 추방하고 철인정치를 구현하고자 했습니다. 그럼에도 너무도 유명한 '동굴의 우화'를 시적으로 끌어들인 그는 우리가 몸담고 있는 현실 세계를 이데아의 그림자에 불과하다고 했지요. 그에게 이데아는 "감각적 사물들의 관념

적인 본질이며 그것들의 완벽하고 영원한 모델이다. 감각적 사물들은 이데아의 변화하는 다양한 외양일 뿐입니다." 플라톤은 시와 예술이 이처럼 이데아의 그림자인 감각적 사물들을 모방하기 때문에 그림자의 그림자, 모방의 모방에 불과하다고 폄하하고 하대했습니다. 예컨대 말(馬)을 그리는 사람은 말이라는 관념적 이데아가 낳은 그림자인 현실의 말을 그리기 때문에 그림은 그림자의 그림자이고 모방의 모방인 것이다, 라고 말합니다. 그렇다면 현실의 모든 사물들은 그것들을 낳은 이데아들이 있다는 것인데, 똥은 똥의 이데아, 진드기는 진드기의 이데아, 시궁창은 시궁창의 이데아, 버러지는 버러지의 이데아가 있을 것 아니겠습니까? 왜 긍정적인 것들의 이데아만 있단 말입니까? '선'의 이데아가 존재한다 해도 이를 인식하려면 악의 이데아가 있어야 합니다. 플라톤의 '최고선' 혹은 절대선을 생각하는 순간 절대악이 전제되어야 합니다. 절대선은 절대악을 '흔적'처럼 동반하며 둘은 상생적(相生的) 관계에 있습니다. 최고선이 절대악에 지고 있는 빚을 어떻게 해야 할까요? 플라톤 철학을 가능하게 해주는 음지의 부정적 요소들이 없어지면 이 철학 자체가 성립하지 못합니다. 이 부정적 요소들은 보이지 않게 이 철학의 바깥에 있는 것 같지만 이미 그 안에 들어와 그것을 받쳐주고 있는 것이죠. 플라톤은 이런 존재론적·인식론적 관계를 몰랐을까요? 그럴 리가 있겠습니까? 그와 같은 위대한 철학자가 그럴 수가 있겠습니까.

그러나 선이 악에 빚지고 있다는 생각은 얼마나 위험합니까! 잘못되면 사회적 도덕이 무너지고 정신적 공황 상태가 도래할 수 있습니다. 이 위험한 진리는 잘못 적용되면 엄청난 혼란과 '허무주의'를 초래

할 수 있습니다. 플라톤은 신화적 예술 세계가 황금기의 정점에서 내리막길로 접어들어 혼란이 가중되고, 스승 소크라테스가 예수처럼 짐을 짊어지면서 독배를 마셔야하는 비극적 사태를 직시해야 했을 것입니다. 그는 고육지책으로 선과 악, 긍정적 가치들과 부정적 가치들이 엮어내는 빛의 상생적 관계를—데리다의 말을 빌리면—'은폐'했다 할 것입니다(데리다, 《그라마톨로지에 대하여》). 그가 《파이드로스》에서 언급하는 '파르마콘'이라는 말은 이를 증언하고 있습니다. 파르마콘은 원래 치료약이면서도 동시에 독약을 나타내는 낱말인데, 심층적으로는 애매하고 이중적인 상관관계를 의미합니다. 약과 독(병)은 늘 하나로 엮여져 있듯이, 대립적인 상반된 두 항은 언제나 '상관적'이고 '상생적' 관계로 상호 '대리보충'하고 있는 것입니다.

호메로스의 《일리아스》를 보면, 최고신 제우스를 포함한 올림포스의 신들이 그리스 편과 트로이 편으로 갈라져 싸우면서 온갖 모략과 술수를 펼치면서 신익을 넘나들고 있습니다. 플라톤은 이런 신들의 이미지가 너무도 위험하다고 보아 《국가》에서 호메로스를 이렇게 비판합니다. "신들끼리 서로 싸운다든가, 서로 음모를 꾸민다든가 다툰다든가 (……) 라는 따위의 말은 결코 해서는 안 된다."[2] 그는 백성을 가르치는 교육적 입장에서 보았을 때 이런 말이 악을 정당화시킬 수 있는 위험이 너무 크다고 본 것입니다. 그렇기 때문에 그는 "신이 참으로 선하고, 그래서 그렇게 얘기되어야 할 것 아닌가?"[3]라고 꾸짖는 것입니다. 신들의 권모술수가 난무하는 《일리아스》의 제20권은 '신들의

---

2   플라톤, 조우현 옮김, 《국가/소크라테스의 변명》, 삼성출판사, 1992(1990).
3   같은 책.

전투'⁴라는 제목까지 붙어있습니다.

거칠게 말하면, 이와 같이 대립되는 가치들이 '직물'처럼 짜여 있고 한쪽이 다른 한쪽을 흔적으로, 그림자로 받쳐주고 있다는 것 — 그러니까 플라톤 철학의 '은폐'된 구조 —을 '해체'하여 밝힌 게 철학자 자크 데리다의 해체철학입니다. 이 철학자는 이와 같은 '구조적 관계'를 '차연(différance)'이라는 용어를 통해 설명합니다. 하이데거로 거슬러 올라가는 이 용어는 프랑스어의 '차이(différence)'와 '연기하다(différer)'가 합성되어 만들어졌습니다. 설명하자면, 예컨대 '나'는 나 홀로는 절대로 규정될 수 없고 '타자'와의 관계에 의해서만 규정될 수 있는데, 이 관계는 나와 타자—나와 다른 모든 것 —의 '차이'를 통해 '연기'되어 있다는 것이죠. 물론 텍스트에서 하나의 단어의 의미는 차이가 나는 다른 단어를 통해서만 규정되고, 다른 단어는 또 다른 단어를 통해서만 규정되니 끊임없이 그 의미는 지연되고 연기됩니다. 이 또한 '차연' 현상을 나타냅니다. 선/악으로 되돌아가 말하면, 선은 악과의 차이를 통해 인식되니, 선이 규정되기 위해 악은 차이와 간격을 지닌 채 연기되어 대기하고 있는 것입니다.

이미 해체철학의 선구자 니체는 그리스의 신화적 예술세계에 경도되어 이런 은폐를 간파하고 소크라테스, 그러니까 플라톤을 강력하게 비난했습니다.⁵ 그의 작품 가운데 하나인 《선악을 넘어서》는 제목부터 이를 웅변해주고 있습니다.

---

4 호메로스, 천병희 옮김, 《일리아스》, 숲, 2010(2006).

5. 미토스와 로고스를 넘어서

의미를 추구하는 데 있어서 빛과 어둠은 상생관계에 있다는 어려운 '인간 조건' 앞에서, 저는 악과 불행을 그대로 수용하자는 주장을 하는 게 결코 아닙니다. 우리가 살아가는 현실이 이런 아픔을 전제로 한다는 것을 냉철하게 인식하고 인간적 포용력과 따뜻함을 지니자는 것입니다. 악한 자를 무조건적으로 단죄할 수 없는 현실, 그가 있기에 선한 자도 있다는 이 비극적 현실을 깊이 통찰했을 때, 우리는 그를 인간쓰레기라고 매도하는 대신 그가 짊어진 죄를 응징하되 인간으로서의 그를 감싸 안는 너그러움을 가질 수 있습니다. 행복한 자와 힘 있는 자는 불행한 자와 약자가 항상 자기 인생의 동반자임을 잊어서는 안 되는 거죠.

또한 이런 비극적 조건을 대가로 해서만 우리는 예술을 향유할 수 있습니다. 그리스의 신화적 예술에서 보듯이 예술을 통해서만 이러한 인간 조건이 극복될 수 있습니다. 우리는 지금 '문화의 세기'에 살고 있습니다. 플라톤 철학이 해체됨으로써, 부정과 긍정의 상생관계라는 이원적 현실은 본래의 신화적 힘을 되찾고, 문학과 예술이 그리스적 권리를 회복하고 있다 할 것입니다. 문학과 예술 속에 담긴 이미지들은 영상 예술을 통해 새로운 폭발력을 지니고 다고 오고 있습니

---

5   물론 그 기원에는 소크라테스가 있겠지만 그가 직접 쓴 책은 하나도 전해지지 않습니다. 플라톤의 작품에서도 어디까지가 플라톤이고 어디까지가 소크라테스인지 알 수가 없습니다. 이를 두고 '소크라테스의 문제'라 한다. 그렇기 때문에 이제 서양철학을 말할 때, 흔히 '플라톤 이후로'라는 표현이 일반화되고 있습니다.

다. 이데아의 철학자 플라톤에서부터 미토스(mythos)와 예술의 지배가 로고스(logos)와 철학의 지배로 대체된 후, 오랜 세월 동안 이미지와 상상력은 평가 절하되어 왔고 진리 탐구의 장애물로 간주되어 왔습니다. 그러나 이제 이미지가 침투하지 않은 영역은 없습니다. 이미지 비평 혹은 상상력 비평을 통해 문학 비평의 새로운 방법을 개척한 가스통 바슐라르는 플라톤 이후의 이와 같은 서양 철학에 대한 '반란'을 통해 문학과 예술의 승리, 곧 이미지의 승리를 내다보았습니다. 그는 이렇게 말했습니다. "우리가 이미지의 세계에 속하고 있음은 관념의 세계에 속하고 있다는 것보다 더 강력하며 우리의 존재를 더 많이 구성한다." 이미지는 이미 "정신적 기원"에 자리 잡고 있는 것이죠.

그러나 신화적 예술을 꽃피웠던 시인들의 시대는 약화되고 플라톤 이후 철학자들이 득세하기 시작해 아리스토텔레스, 스토아학파를 거쳐 플로티노스까지 이어집니다. 하지만 이들 역시 종교인들에게 '입법권'의 지위를 내주어 중세의 종교시대가 활짝 열립니다. 크게 볼 때 시인·철학자(과학자)·종교인은 인간 사회를 끌고 가는 3두마차이지만 이들 가운데 주도권을 쥐는 자는 시대에 따라 달라집니다.

6. 문화와 예술의 경계

모두가 알다시피, 크게 보면 예술은 문화의 종개념이라 할 수 있겠죠. 하지만 문화는 동물과 다른 인간의 활동 전체를 포괄하기 때문에, 정치문화에서 음식문화까지 어떤 것이든 인간적인 것이면 문화라는 말

을 갖다 붙일 수 있습니다. 하지만 예술은 이 모든 문화의 정점에 있습니다. 이것을 한 번 풀어봅시다.

1) 의미의 도래와 문화의 출현

"나는 화장대의 거울 속에 비친 내 주근깨 낀 얼굴을 보자 순간 마음이 우울해졌다. 나는 고개를 한 번 좌우로 흔든 뒤 정성스럽게 화장을 했다. 잡티들이 감쪽같이 사라졌다. 영혼마저 변화된 것 같은 나의 꽃다운 모습에 기분이 좋아진 나는 산뜻한 가을여자의 이미지가 풍기도록 코디했다.

아파트를 나서 단지 내 작은 공원에 이르자 나무들의 눈부신 단풍이 고혹적인 자태를 뽐내고 있었다. 나는 나의 외모가 저 계절의 빛깔과 하나 되기를 바라면서 나 자신과 풍경을 번갈아 바라보았다. 나는 가을의 아름다움에 취한 듯 심호흡을 하고는 생명의 환희를 노래하고픈 충동에 어깨를 가볍게 흔들어보았다. 나는 단지의 정문 근처에서 병색이 완연한 노인이 앞에서 다가오는 것을 보고는 갑자기 심란해져 고개를 숙이고 지나갔다. 얼마 전에 암으로 돌아가신 할아버지의 고통과 죽음의 기억이 밀려와 내 발걸음을 무겁게 만들어 버렸다."

"나는 좌석버스 정류장에서 며칠 전부터 늘 같은 시간에 같은 버스를 기다리는 멋진 남자와 마주쳤다. 나는 온몸이 다소 긴장되면서 떨리는 것 같았다. 얼굴도 달아오르는 것 같은 느낌이 들었다. 버스 뒷좌석에 앉아 나는 저런 남자라면 홀로 사는 것보다는 사랑도 하고 결혼도 해보고 싶다는 장밋빛 몽상에 잠겼다."

"회사에 도착하니 나는 팀장으로 승진되어 새로운 부서에 배치되어 있었다. 내가 투자한 주식가격은 곱절로 올라 있었다. 나는 이제 나 자신이 부자가 되었다고 생각했고 주근깨 제거 수술과 자동차 구입 계획을 실천에 옮기겠다고 다짐했다. 나는 행복의 파랑새가 가까이 다가오고 있음을 예감하면서 하루 일과를 의욕적으로 시작했다."

이 글은 어느 여자가 쓴 일기에서 따온 것일 수도 있습니다. 아니면 어떤 소설에서 인용한 것일 수도 있습니다. 일기인가 소설인가에 따라서 그것은 전혀 다른 두 개의 인문학적 지평을 열어줍니다. 그것이 소설이라고 할 경우는 뒤에 가서 다루기로 하고 일단 일기라고 가정해봅시다. 출근을 중심으로 한 그녀의 의식에 새겨진 이 아침광경은 평범하다고 할 수 있습니다. 그녀는 왜 그것을 이처럼 자세하게 일기로 써놓았을까요? 자신의 일상을 기록하면서 소설을 연습한 것일까요? 그럴 수도 있겠죠. 하지만 일기라고 일단 규정해봅시다.

텍스트는 '나'라는 여자—편의상 그녀라고 부릅시다 —가 어느 화창한 가을날 아침에 출근을 준비하는 모습에서부터 회사에 도착해 행복한 미래를 상상하기까지의 일련의 심리적 움직임을 보여주고 있습니다. 이 마음의 흐름은 인간에게 본질적인, 의미의 추구와 생산이라는 문화적 행위를 연속적으로 드러내고 있습니다. 첫 문장에서 우선 다가오는 것은 그녀가 자신의 얼굴을 바라보고 판단하는 태도입니다. 그녀는 순간적으로 미모의 기준을 주근깨의 있음과 없음에 맞추고 있고 그것에 따라 자신의 모습을 재단하고는 가벼운 슬픔을 느끼고 있습니다. 잡티의 있음과 없음은 자연적 현상인데, 그녀는 자연이 부린

이 조화를 가지고 이원적 갈등 구도를 만들어 긴장을 일으키고 있습니다. 사실, 약간의 주근깨가 있는 게 매력적이라는 심미적 판단이 일반적이라면 그녀는 거울을 보고 오히려 즐거운 미소를 지었을 것입니다. 자연의 입장에서 보면, 주근깨의 있음과 없음은 탈(脫)가치적입니다. 그 둘의 상태를 좋다와 나쁘다로 이분법적으로 분리시키는 것은 그녀의 마음입니다. 만약 그녀가 어느 순간에 마음을 비우고 두 차이를 그냥 여여하게 바라본다면, 그녀는 동요되지 않고 잔잔한 수면처럼 연속적인 중립적 고요의 상태에 잠길 수 있을 것입니다. 그 때 그 둘의 상태와 그녀는 의미 생산이 정지된 비의미의 세계 속에 머물게 됩니다. 그러나 그녀가 주근깨의 있음보다 없음에 의미와 가치를 부여하고 한쪽에서 다른 한쪽으로 이동하고자 욕망하는 순간 긴장과 갈등이 야기됩니다. 비의미의 세계는 의미의 세계에 자리를 내주고 연속적인 고요는 불연속적 단절로 이동합니다. 마음은 파도처럼 출렁이며 매듭을 만들고 번뇌로 채워집니다. 둘은 부정과 긍정의 인위적 잣대의 대상이 되어 애증을 유발하고 의미의 작용에서 대립적 관계를 형성합니다. 주근깨를 제거하겠다는 그녀의 끈질긴 집착 하나만으로도 하나의 드라마가 만들어질 수 있습니다. 이렇게 하여 하나를 선택하고 다른 하나를 배제하는 심리적 작용이 의미의 추구와 창조라 하겠죠.

그렇다면 그 조건은 무엇일까요? 그것은 자연 현상을 긍정과 부정으로 분별하는 인간 의식입니다. 그러니까 자연의 생성 변화 혹은 차이에 대해 긍정과 부정의 대립적 관계를 의식적으로 설정하지 않고는 의미의 생성이 불가능하다는 것입니다. 따라서 자연 현상을 있는 그대로 놓아두지 않고 그것을 양극적 틀에 따라 인위적으로 바꾸는 작

업에서 의미는 도래합니다. 물론 이런 구도는 정서적으로도 이원적 형식을 동반하는데, 이것은 위 인용문에서 그녀가 느끼는 우울함에 함축되어 있습니다. 가벼운 슬픔인 이 감정은 기쁨과 보이지 않게 대립 쌍을 이루면서 작동하고 있기 때문이죠. 주근깨의 있음에서 없음으로, 슬픔에서 기쁨으로 욕망의 방향이 잡힌 의미의 추구는 자연에서 문화로 도약하는 의식적 활동입니다. 결국 의미의 도래는 문화의 출현과 동시적이라 할 수 있습니다. 그래서 영어와 프랑스어에서 문화라는 낱말, 즉 culture는 자연을 가꾸고 경작하다는 뜻을 지닌 라틴어 동사 cultivare에서 유래했습니다. 여기에는 자연적 식량의 없음과 있음을 이분화시켜 한쪽을 배제하고 다른 한쪽을 선택하여 추구하는 의식적 활동이 담겨 있습니다. 인류학자 레비스트로스는 좀 더 높은 차원에서 근친상간의 금지를 문화의 시작이라고 말했습니다. 그러나 이러한 금지 자체가 애초에는 자연적일 수밖에 없었을 근친상간의 있음과 없음을 양극적으로 나누어 의식적으로 하나를 밀어내고 다른 하나를 끌어당기는 척력과 인력의 밀당 작용이 낳은 결과일 것입니다. 그것은 근친상간을 하는 동물과 자연으로부터 인간과 문화로의 도약입니다. 따라서 culture라는 말은 자연현상을 이분법적으로 나누는 대립적인 재단에 입각해 인간이 자각적으로 추구하는 모든 가치 활동을 포괄한다 하겠습니다.

그녀의 텍스트로 되돌아가보죠. 그녀는 이원적 혹은 양극적 관점에 따라 연속적으로 사물과 현상을 바라보고 다채로운 의미의 놀이를 통해 문화마당을 펼쳐내고 있습니다. 그녀의 의식 속에 자리 잡은 미(美)·슬픔, 활짝 핀 꽃, 가을의 단풍, 죽음·어둠·사랑·젊음·승진·부

(富)·행복은 추(醜)·기쁨, 피지 못한 꽃, 겨울의 삭막한 모습, 삶·빛·고독·늙음·탈락·가난·불행 등과 암묵적 대립구도를 형성하고, 후자들은 의미 세계에서 전자들의 그림자 역할을 하고 있습니다. 여기서 가장 중요한 대립 쌍은 삶과 죽음이라 하겠죠. 세상의 모든 종교는 이 대립 쌍에 대한 자각이 없었다면 나타나지 않았을 것입니다. 과거의 모든 문명이 종교문명이었음을 상기할 필요가 있습니다. 삶과 죽음은 모두 존재(있음)와 무(없음)의 자연현상이지만 죽음만은 인류가 적응하지 못한 가장 큰 비극이 되었습니다. 죽음은 다른 모든 대립적 구도를 통한 의미 활동 자체를 무화시켜 유한성 속에 가두어버리는 절대적 힘을 행사합니다. 그것은 인간이 가장 물리치고 싶고 가장 극복하고 싶은 대상입니다. 하지만 의미를 추구하는 인간만이 자신이 없음(무)에서 출현해 없음(무)으로 돌아가는 존재이며, 언젠가 죽어야 한다는 운명을 아는 유일한 동물입니다. 그러기에 죽음은 삶과 함께 의미를 고차원적으로 추구하게 만들면서 고등한 문화를 탄생시켜 왔던 것입니다.

그렇다면 문화는 비극을 전제하고 있습니다. 그것은 자연의 변화라는 생성소멸의 차이 현상을 비극적으로 의식하는 데서 출발하기 때문입니다. 자연의 변화하는 물리적 사태가 인간의 의식을 만나 갈등과 긴장의 관계로 변모되는 지점에서 의미가 솟아오르면서 문화가 탄생합니다. 그 지점은 물질적 운동의 차원이 탈(脫)물질적 차원을 획득하는 순간에 나타납니다. 그것은 부정과 긍정에 대한 최초의 추상적 관념이 솟구치는 경이롭고 신비로운 장소이자, 원하는 대상에 대한 원초적 소외의식이 출몰하는 불가사의한 틈새입니다. 그러니까 문화는

자연에 의식이 틈입하여 대립적 관계를 강제하는 시점에서 의미의 놀이와 함께 출현합니다. 의미라는 '사건'이 발생하는 곳은 자연과 문화의 경계지점인 거죠. 그 중심점에 삶(생성)과 죽음(소멸)이 자리 잡고 있다면 죽음이 빠져버린 문화는 저급한 차원에 속한다 할 것입니다. 목숨을 걸었을 때 모든 의미의 드라마가 가장 격조 있는 문화활동으로 다가온다는 점을 고려할 때 죽음의 역할은 역설적으로 절대적이 되고 있습니다.

프랑스의 기호학자 롤랑 바르트는 '패러다임'이라는 용어로 의미의 창조와 추구를 설명합니다. 흔히 패러다임이란 말은 토마스 쿤이 《과학혁명의 구조》에서 사용한 후 "어떤 한 시대 사람들의 견해나 사고를 지배하고 있는 이론적 틀이나 개념의 집합체"란 의미로 일반화되어 여러 분야에서 사용되고 있죠. 그것은 프랑스 구조주의 4인방(레비스트로스·라캉·바르트·푸코) 가운데 하나로 지목되는 미셸 푸코의 '에피스테메' (espistémè: 한 시대의 지적 하부구조, 예컨대 19세기에는 역사를 통해 모든 것을 바라보려는 지적인 풍토가 풍미하였으므로 역사를 이 시대의 에피스테메라 한다)나 사회학자 피에르 부르디외의 '아비투스'(habitus: 학습되는 이전 가능한 지속적인 사회적 성향들 전체이자 구조, 예컨대 유교는 우리 사회의 아비투스이다)와 접근되는 것입니다. 그러나 원래 그것은 언어학에서 "발화 연쇄에서 같은 지점에서 상호 대체 가능한 사항들의 집합"을 말합니다. 쉽게 말하면, '나는 과일 가운데 사과를 좋아한다.'라는 문장이 있다 합시다. 이때 사과는 배·귤·복숭아·감·메론 등 온갖 것들로 대체 가능합니다. 이렇게 상호 대체할 수 있는 것들의 집합을 패러다임이라 합니다. 이때 과일들은 상호 차이를 통해 선택의 갈등을 일으키는 요소들입니다.

바르트는 여기서 한걸음 더 나아가 패러다임을 중립과 관련시켜 정의하고 있습니다. 그는 《중립》이라는 강의 노트에서 "중립을 패러다임을 좌절시키는 것"으로 규정하면서 "패러다임을 좌절시키는 모든 것을 중립"이라 부릅니다. 물론 여기서 중립은 어느 쪽도 선택하거나 편들지 않는 태도를 말합니다. 그러면서 바르트는 패러다임을 의미를 생성시키는 "잠재적 두 항 사이의 대립"으로 규정합니다. 내 앞에 흰 것과 검은 것이 있을 때 이 둘은 갈등을 일으키며 어느 한쪽을 선택하도록 부추김으로써 의미를 낳게 하죠. 이때 둘은 패러다임을 구성합니다. 바르트는 이렇게 말합니다. "의미는 갈등(하나를 선택하고 다른 하나를 배제함)에 기초하며, 모든 갈등은 의미를 창조한다. 하나를 선택하고 다른 하나를 배제하는 것, 이것은 언제나 의미를 추종하고, 의미를 생산하며, 그것을 소비하도록 제시한다." 그러니까 아름다움과 추함은 갈등을 낳으면서 의미를 생성시키는 패러다임입니다. 아름다움만 있으면 갈등도 없고 의미도 없는 것이죠. 이렇게 볼 때 삶과 죽음은 가장 강력한 패러다임을 구성한다 하겠습니다.

그렇다면 패러다임을 구성하는 부정적인 측면들이 없다면, 다시 말해 맨 앞에 나온 그녀의 텍스트에서 어두운 반대쪽의 그림자로 작용하는 관념들과 정서가 없다면 의미의 창조나 추구, 곧 문화는 불가능하겠죠. 그래서 문화는 비극적 차원에 속합니다. 불행을 모르고 행복을 좇을 수 없기 때문입니다. 의미와 문화의 공간에서 인간으로 사는 대가로 지불해야 하는 것이 죽음의 고통이고 불행의 아픔입니다. 니체의 표현을 빌리면 이를 운명애(amor fati)라 말할 수 있을 것입니다. 비극은 의미 및 문화와 3각 트로이카를 형성해 인류의 역사를 전진시

켜 왔다 할 수 있겠죠.

2) 예술: 의미의 놀이와 비극의 초월

'예술은 문화의 꽃이고, 정점이며 초월이다'라고 말할 수 있습니다. 이제 이와 같은 규정을 명확히 하기 위해 문화와 예술의 관계를 생각해보겠습니다. 물론 예술도 의미를 추구한다는 점에서 문화에 속합니다. 이는 작품의 감상자나 독자가 항상 그것의 의미에 우선적인 관심을 표명한다는 점을 상기할 때 쉽게 이해되는 것입니다. 그렇다면 그것 역시 앞에서 언급되었던, 의미의 생성 조건, 곧 삶의 부정적 측면들을 벗어날 수 없기 때문에 비극을 담아내는 문화와 다르지 않다고 할 수 있지 않을까요? 언뜻 생각하면 그렇게 판단할 수 있습니다. 이런 판단을 뒤집기 위해 예술에 대한 고전적·원론적 견해를 검토할 필요가 있습니다. 예술은 미(美)를 떠나서 존재할 수 없으며, 그것만의 특수한 미적 세계를 창조하는 것으로 인식되고 있습니다. 이때 미, 곧 아름다움이란 무엇일까요? 그것은 균형과 조화를 통해 특별한 정서적 즐거움과 만족을 주는 것을 말합니다. 예술이 흐뭇한 감성적 기쁨과 흡족한 느낌을 주는 미를 담아내는 창조적 활동이라면, 설령 작품이 어떤 비극을 형상화하고 있다 할지라도 이 불행은 궁극적으로 작품이 주는 심미적 쾌락 속에 용해된다는 것이 아니겠습니까? 그러니까 예술의 규정은 이미 비극의 초월을 함축하고 있는 셈입니다.

이러한 관념은 음악에서 가장 확실하게 구현된다 할 것입니다. 그것은 눈에 보이는 그 어떠한 가슴 아픈 현실도 악보와 소리로 추상화시

켜 조화롭게 표현함으로 심미적 위안을 주기 때문이죠. 악에 휩싸인 세상과 투쟁하는 선의 사자(使者)를 그리는 작품이라 하더라도 그 속에 표현된 선악은 추상적 조화 속에 앙상블을 이루어 청중으로 하여금 선악 자체를 넘어선 미의 초월적 피안에 빠져들게 만듭니다. 설령 음악을 통해 죽음의 유혹을 느낀다 할지라도, 그 유혹은 죽음조차도 매혹적 미로 표현되었기 때문일 것입니다. 음악의 재능은 모든 예술 장르들 가운데 가장 빨리 나타납니다. 많은 경우 음악적 천재는 엄마의 뱃속에서부터 이미 음악에 입문하기 시작합니다. 세상에 나오지도 않은 태아가 선악을 어떻게 알며, 현실의 빛과 어둠을 알 턱이 있겠습니까? 그는 다만 인생의 시련과 영광을 어울림으로 노래하는 아름다운 선율에 빠져들 뿐입니다. 그래서 삶의 불협화음을 가장 싫어하는 예술가가 음악가가 아닐까 합니다. 음악 속에 푹 빠져 살면 선악에 대한 현실 감각이 없이 살아갈 가능성이 많을 수도 있겠죠. 또 현실의 부조리에도 둔감할 수 있고 자신의 비리에 대해서도 대수롭지 않게 생각할 수 있는 개연성도 높을 수 있습니다. 폭력배들이 판치는 뒷골목 유흥가까지 음악은 그 음지에서 벌어지는 온갖 추악한 행태들을 보듬어 안고 미의 초월적 세계를 들려줍니다. 또 그들도 삶의 애환을 담아내는 노래들을 즐겨 부르면서 잠시 자신들의 어두운 사각지대를 벗어납니다. 따라서 음악의 미는 그 어떤 다른 장르의 미보다 무차별적으로 인간을 사로잡는 힘이 있다 할 것입니다. 음악은 행복과 즐거움을 주는 데 있어서 회화나 문학보다 훨씬 강력한 수단을 지니고 있죠.

뿐만 아니라 음악은 예술이 현실을 모방한다는 재현의 예술관을 부인하게 해주는 가장 대표적인 장르입니다. 콩나물 대가리 같은 악보

와 소리로 추상화된 음악은 현실의 이미지와는 아무런 직접적 관련이 없습니다. 사실 회화나 문학에서도 재현의 예술관이 파괴된 지 오래되었습니다. 이 점은 뒤에 가서 다시 다루겠습니다.

하지만 뭉크의 〈절규〉가 표현하는 '죽음의 미학' 앞에서 일반 관중은 과연 어떤 미를 발견할 수 있을까요? 작품은 인간의 무의식에 묻혀 있는 공포, 다시 말해 죽음 혹은 운명에 대한 공포를 독특한 구도와 색채로 표현해 그것을 정화시켜주거나 덜어주기 때문에 정서적 만족을 주고, 따라서 뭉크적인 미를 구현해내고 있다고 말할 수 있을 것입니다. 그렇게 해서 그것은 비극을 넘어서고 있다고 정리될 수도 있을 것입니다. 이 해석에서 무의식을 빼버리면 아리스토텔레스의 카타르시스 이론이 나타나고, 무의식을 다시 집어넣으면 프로이트 정신분석이론이 나타납니다. 하지만 보통의 관객이 이 그림을 볼 때, 끔찍한 전율이 아니라 아름다움을 느껴 작품을 집에다 걸어놓고 싶은 충동이 일어날까요? 아마 그렇게 되기는 쉽지 않을 것입니다. 그렇다면 예술에 대한 고전적 규정에 함축된, 비극의 초월은 상식적인 입장에서 보면 금방 와 닿지 않는 관념이라 할 것입니다.

오늘날 예술의 아름다움이 무엇인지에 대해 많은 문제가 제기되고 있음은 주지의 사실입니다. 사실 애초에 서양에서 미학이 아름다움에 관한 관념을 중심으로 성립되다보니 이런 혼란이 야기되었던 것입니다. 서양미술사에서 이상화된 아름다움 중심의 예술은 고대 그리스로마시대, 그리고 르네상스에서부터 마네의 올랭피아 이전까지만 해당됩니다. 나머지 중세나 마네 이후, 그리고 다른 문명권들에서는 그런 예술은 존재하지 않습니다. 인류 역사에서 그것은 작은 일부에 지나지

않는데, 그것을 중심으로 미학 이론이 성립되다보니 모든 예술 작품에 미학이라는 딱지가 붙기 시작했던 것이라 할 수 있지요. 따라서 아무 작품에나 미학이라는 수식어를 붙이는 것은 문제가 있다 하겠죠.

어쨌거나 현실에선 별의별 작품이 '미학'이라는 명칭을 달고 난무하고 있으니 예술의 미가 혼란에 빠져 있다고 해도 과언이 아닙니다. 그 어떤 것이든 예술이라는 틀에 들어가기만 하면 미학이라는 이름을 부여받아 새롭게 탄생됩니다. 그러니 예술은 진정 '검은 상자'와 같다 할 것입니다. 입구와 출구는 있지만 그 내적 구조와 기능은 신비에 싸여 있어 투입과 산출의 메커니즘이 알려지지 않은 그 마법의 상자 말입니다. 신성하고 영원한 절대의 미학으로부터 숭고의 미학, 균형의 미학, 절제의 미학, 조화의 미학, 행복의 미학, 사랑의 미학, 탄생의 미학 등 온갖 긍정적 미학들과 카오스의 미학, 죽음의 미학, 불행의 미학 폭력의 미학, 증오의 미학, 공포의 미학, 어둠의 미학 등 갖가지 부정적 미학을 거쳐 쓰레기의 미학, 악취의 미학, 구더기의 미학, 시궁창의 미학, 똥의 미학까지 그 어떤 혐오물의 미학도 이 검은 상자로부터 나올 수 있지 않겠습니까? 눈곱의 미학, 코딱지의 미학은 왜 안 된단 말입니까? 사물·개념·현상 등 존재하는 것은 모두 예술, 곧 마법의 상자 속에 들어가 미학이라는 수사적 명칭을 받고 나올 수 있게 된 겁니다. 이쯤 되면 세상에는 버릴 게 하나도 없으며, 모든 게 평등하고 분별이 사라지는 종교적 경지로 예술이 비상한다고 해야 할 판입니다. 이처럼 위기에 처한 예술과 미학의 문제가 너무도 복잡하고 난마처럼 얽혀 있다 보니 넬슨 굿맨은 예술에서 가장 중요한 문제는 "예술이란 무엇인가?"가 아니라 "예술은 언제 존재하는가?"이다, 라고까지 말하고

있습니다. 그러니까 어떤 사물이 일상의 도구성과 유용성을 벗어나 예술이라는 틀에 들어갈 때, 혹은 예술 행위의 대상이 될 때 그것은 예술이 된다는 것입니다. 마르셀 뒤샹이 변기를 작품으로 전시장에 전시하자 변기가 예술작품이 되듯이 말입니다. 쓰레기를 예술이라는 틀에 집어넣고 관객 앞에서 상징기호로 작용하게 하면 예술이 될 수 있습니다. 하지만 아무리 훌륭한 작품이라 하더라도 그것이 바람막이로 사용된다면 이미 그것은 예술이 아닌 것이죠. 여기서 예술이 상징기호라는 것은 예컨대 수학이 명확하고 일의적인 상징기호로 되어 있는 것과는 다릅니다. 예술에서 상징기호는 크게 볼 때 항상 양면성을 전제하기 때문에 해석의 다양성과 모호성을 낳게 되어 있습니다. 예컨대 어둠이 무지와 공포를 상징할 수도 있고 아늑한 휴식과 배태를 표상할 수도 있듯이, 사람의 마음과 상황에 따라 사물은 두 개, 나아가 여러 개의 얼굴을 드러냅니다.

다시 예술의 초월성으로 되돌아가보죠. 예술작품이 그 어떤 부정적 미학을 탄생시킨다 할지라도 그것은 인간의 내면에 잠재되어 있는 거부적 요소들을 드러내 정화시켜주기 때문에 결국 정서적 만족을 준다면, 예술이 비극 혹은 불행을 초월하게 해준다는 논리는 여전히 유효하다 할 것입니다. 하지만 예술이라는 마법의 상자 안에 들어간 쓰레기가 과연 감성적 쾌락을 담보해주는지는 여전히 미지수입니다. 그 쓰레기가 예술의 틀 안에서 현실의 쓰레기와는 다른 상징작용을 하고 있지만, 그것은 아름다움 중심의 미학과는 관련이 없기 때문입니다. 따라서 예술이 삶의 암울한 모습들, 곧 운명을 넘어서게 해준다는 주장을 다른 각도에서 검토하는 것이 필요하다 하겠습니다.

152

우선 맨 처음에 도입한 '나'라는 그녀의 텍스트로 되돌아가봅시다. 이 텍스트는 두 가지 각도에서 고찰할 수 있습니다. 하나는 문화의 차원이고 다른 하나는 예술의 차원입니다. 위에서 필자가 그녀의 의미 활동에 대해 전개한 내용은 전자의 차원, 곧 비극과 불행이 살아 숨 쉬는 차원입니다. 이런 차원이 성립하기 위해서는 이 텍스트가 실제 존재하는 그녀의 현실을 있는 그대로 기록한 글이어야 한다는 조건이 충족되어야 합니다. 즉 그녀는 필자가 아는 어떤 여인이고 그녀는 이 글을 자신의 일기로 적어놓았는데 이것을 필자에게 보여주었습니다. 그러니까 텍스트는 사실과 부합하고 현실에서 일어난 그대로, 그녀 개인의 의미-문화 현상의 행로를 단편적으로 나타내고 있는 것입니다.

그러나 이 텍스트가 어떤 문학작품에서 발췌해 인용한 것이라면 일단 그것은 예술의 차원으로 넘어갑니다. 이 작품의 작가는 그것을 현실에 대한 직접 혹은 간접경험을 바탕으로 상상력을 발휘해 집필했을 것입니다. 실제로 그가 텍스트와 비슷한 내용을 체험했다고 가정해봅시다. 그렇다면 그는 삶의 아픔과 고통이라는 불행을 느끼면서 기쁨과 즐거움이라는 행복의 의미를 추구했을 것입니다. 하지만 그가 이러한 삶의 명암을 소재로 작품을 쓸 때 그는 이미 그 빛과 어둠을 자신의 손아귀에 넣고 마음대로 요리할 수 있게 됩니다. 그는 비극적 운명조차도 나름대로 지배하면서 작품을 써 나갈 수 있습니다. 그가 그 속에 참혹한 이야기를 담아낸다 해도 그것은 이미 그의 의식적 통제를 받고 있으며 그의 창조적 방향에 따라 잘려지고 변모되며 조합되고 배열되는 것이죠. 그것은 이미 현실의 것이 아니라 변모된 것입니다.

그것은 창조의 순간에 정복되고 있기 때문입니다. 작가는 존재하는 모든 사물과 현상을 자신의 예술관에 따라 소유하면서 자신의 문학적 비전 속에 용해하여 하나의 세계를 주조해낼 수 있습니다. 따라서 그는 비극을 초월해 의미의 놀이를 하고 있다고 말할 수 있습니다. 그는 현실에서는 결코 피할 수 없는 죽음의 숙명조차도 자신의 창작 의도에 따라 장악할 수 있습니다. 작중 인물의 생사여탈권을 쥐고 있으니까요.

문예 담당 기자들은 가끔 어떤 드라마나 영화가 극적 반전이 약하다, 혹은 스릴과 서스펜스가 시원찮아 재미가 없다는 등의 비판을 합니다. 이때 그들은 작품을 놀이의 차원에서 바라보고 있는 것이죠. 작품 속에서 폭력이나 증오가 부각된다 해도 그것들은 놀이라는 전체 구도 속에 들어갈 뿐입니다. 사실 그것들은 현실에선 비극을 부르는 악의 수하들로 회피의 대상이거나 타파해야 할 적입니다. 그러나 그것들이 전혀 없는, 다시 말해 문제가 전혀 없는 평화와 사랑만이 계속되는 스토리를 가지고 드라마나 영화를 만들 수 있겠습니까? 애초의 평화가 깨지고 사랑을 배신하는 돌발적 사건이 벌어져 폭력과 증오가 도래하고 투쟁이 전개되는 과정의 결말에서 다시 어떤 상태로 되돌아가는 게 이야기의 일반적 구조입니다. 그러니까 작품이 재미있기 위해서는 폭력과 평화, 사랑과 증오의 패러다임이 반드시 극적으로 작동해야 합니다. 이들 패러다임은 의미의 놀이가 비극을 초월하는 재미의 차원에서 전개되기 위한 필연적 조건인 셈입니다.

작가는 인간을 파괴하려고 노리는 악마적 속성들을 창작 방향에 따라 지배하기 때문에 문화 차원의 비극을 초월할 수 있습니다. 관객도

놀이의 관점에서 그 속성들에 대해 촌평을 늘어놓음으로써 이미 비극을 넘어서고 있는 것입니다. 이렇게 볼 때 '예술은 문화의 꽃이요, 정점이며 초월이다'라는 규정이 제시될 수 있는 것이죠. 결국 종교를 빼면 예술은 운명의 극복과 초월의 지평을 열어주는 유일한 탈출구이기 때문에 인간에게 주어진 가장 고귀하고 신비한 선물이라 할 것입니다.

7. 프로메테우스 신화와 앙드레 말로의 소설《모멸의 시대》

프로메테우스 신화는 서양 예술에서 매우 중요한 위치를 차지합니다. 그것은 문학·회화·음악·조각 등 많은 장르에서 수없이 재창조되었습니다. 그만큼 그것은 서양적 인간상을 이해하는 데 핵심적인 담론을 담아내고 있다 하겠습니다. 따라서 이 신화를 현대적으로 재창조해낸 잉드레 말로의 《모멸의 시대*Le Temps du mépris*》(1935)에 대해 이야기하는 시간을 가져보겠습니다.[6]

이 소설은 《이방인》의 작가 알베르 카뮈가 소설가로 데뷔해 유명해지기 전인 1936년 23세의 나이로 알제리의 수도 알제에서 연극으로 각색해 공연한 작품이기도 합니다. 두 인물의 관계에 대해 잠깐 소개할까 합니다. 카뮈는 노벨문학상 수상에 선정되었다는 소식을 듣고 먼저 이렇게 반응을 나타냈습니다(1957). "내가 투표에 참여했더라

---

6   이하의 내용은 필자의 논문 〈A. 말로의 《모멸의 시대》와 프로메테우스 신화 – 소설의 상징시학을 중심으로〉, 《프랑스학연구》 제31권, 프랑스학회, 2005, p. 97-136을 기본으로 한 것임.

면 나는 앙드레 말로를 선택했을 것입니다. 그는 내 젊은 날의 스승이 었으며 그에 대한 저의 대단한 감탄과 우정은 지금도 변함이 없습니 다."[7] 두 인물은 열두 살 차이가 납니다. 카뮈는 1938년에 앙드레 말로 의《인간의 조건》(1933)을 모범적인 사례로 들어 "소설이란 이미지로 표현된 철학에 불과하다"[8]고 말함으로써 자신의 소설적 방향을 잡는 데 말로의 소설들에 깊은 영향을 받고 있음을 시사했습니다. 그는 나 중에《이방인》의 원고를 앙드레 말로에게 보내 단번에 세계적인 작가 로 등단하게 되지요. 그는 이 소설을 쓰는 데 있어서 말로의 첫 소설 《정복자》와 두 번째 소설《왕도로 가는 길》에서 부조리의 주제에 대 한 '심원한 감각'을 물려받았다고 하지요. 말로는 드골 정부에서 초대 문화부 장관으로 재직할 때인 1959년 말에 그 다음 시즌부터 카뮈를 파리의 아테네 극장 책임자로 임명할 생각이었습니다. 하지만 안타깝 게도 이듬해 1월에 카뮈가 교통사고로 세상을 떠나게 되죠. 이처럼 두 사람은 깊은 예술적 교감을 유지했습니다. 그럼《모멸의 시대》로 넘 어가보겠습니다.

1)《모멸의 시대》의 시대적 배경과 줄거리

이 소설은 히틀러의 나치즘이 독일에서 광기의 깃발을 휘날리면서

---

7 몽세프 케미리, 〈앙드레 말로의《모멸의 시대》에 대한 알베르 카뮈의 연극적 각색에 대 하여〉,《연극에서 재(再)글쓰기의 형태》, 2004년 6월, 엑상프로방스 학술대회. www. malraux.org/22.12.2009에서 재인용.

8 같은 책.

유럽에 검은 먹구름을 드리우기 시작하는 시대를 배경으로 합니다. 제2차 세계대전에서 독일 파시즘은 인간 깊숙이 웅크리고 있는 잔혹한 야수성을 극명하게 보여주게 됨으로써 전후에 '근본악'의 문제를 제기하게 만들었습니다. 철학서 《인간의 조건》(1958)으로 잘 알려진 한나 아렌트는 나치의 전체주의가 저지른 근본악, 그 무엇으로도 설명될 수 없었던 그 절대악에 대해 이야기합니다. 그녀는 인간이 자신의 행동을 '사유하지 않음'이 과학기술시대의 공포로 작용하고 있다고 말합니다. 인간은 어느 순간에 자신이 근본악을 저지르면서도 전혀 사유하지 않는 동물이 될 수 있다는 것이죠. 악이 아무 때고 평범하게 출몰할 수 있는 '평범성'이 인간 활동에 잠재되어 있다는 것입니다.

《모멸의 시대》는 이와 같은 근본악의 서막을 알리는 파시즘에 대항해 싸우다 게슈타포에 체포된 독일 지식인들, 예컨대 마네스 슈퍼버(Manès Sperber)나 빌리 브레델(Willy Bredel) 같은 작가들의 체험담을 소재로 하고 있지요. 앙드레 말로는 이들에게서 정보를 얻었습니다. 소설의 제목이 암시하고 있듯이, 주인공은 감방에서 강렬한 자살 유혹을 느낄 정도로 인간 이하의 말할 수 없는 고통과 고문, 곧 '모멸'을 겪습니다. 이처럼 소설가는 나치즘과 싸우는 예술가 지식인을 주인공으로 설정하여 작품을 창조합니다. 하지만 그는 이 작품을 나치즘과의 투쟁을 그리는 단순한 리얼리즘적 소설로 집필한 게 아닙니다. 그는 그 속에 프로메테우스 신화를 현대적으로 부활시켜 탐구하는 격조 높은 신화적 차원을 부여합니다.

프로메테우스 신화를 소재로 한 예술작품과 이 신화의 관계에 대해 한 가지 주목해둘 게 있습니다. 일반적으로 이 신화를 다룬 작품들의

제목에는 프로메테우스라는 이름이 들어있지만, 앙드레 말로의 《모멸의 시대》는 그렇지 않다는 것입니다. 따라서 이 소설은 제목에 이 신화적 영웅의 이름이 표기되지 않은 유일한 작품이 아닐까 합니다. 독자 스스로 이 신화 구조를 도출하게 하는 해석의 놀이가 내장되어 있는 셈입니다.

소설은 전체가 여덟 개의 장으로 구성되어 있습니다. 하지만 이것들을 세 개의 부로 재구성할 수 있습니다. 스토리를 중심으로 분절하면, 제1장에서 제5장까지가 제1부, 제6장이 단독으로 제2부, 그리고 제7장과 제8장이 제3부를 이룹니다. 가장 긴 제1부에서는 히틀러의 비밀경찰 게슈타포에 의해 체포된 주인공 카스너가 집단수용소 감옥의 암흑 속에서 9일 동안 운명과 투쟁하는 내용을 담아내고 있습니다. 그는 빛이 완전히 차단되어 시간의 흐름을 전혀 알 수 없는 감방에서 고문을 당하면서 짐승 같은 취급을 받습니다. 하지만 그는 자살 유혹을 극복하면서 다양한 자신의 예술적·지적 역량을 동원하여 비극적 인간 조건에 저항하는 반항적 지성의 전형을 보여줍니다. 제1부 마지막 5장에서는 동료 한 명이 체포되어 자신이 카스너라고 자백하고 처형당함으로써 주인공은 석방됩니다. 제2부에서는 석방된 카스너가 비행기를 타고 프라하로 돌아가는 과정을 그립니다. 그가 하늘에서 폭풍우를 만나 우주적 힘과 싸우는 또 다른 원초적 투쟁이 펼쳐지죠. 제3부에서 카스너는 프라하에서 '되찾은 대지'의 풍요로운 삶에 취하고 가족과 다시 만납니다. 그는 대지, 곧 지상에서 인간의 자유, 의식 그리고 존엄성을 위한 투쟁의 의지를 민중 속에서 재확인합니다.

소설은 실용적 차원에서 보면, 전체적인 얼개는 이상과 같이 대략

3단계의 형태로 되어 있습니다. 하지만 세부적으로는 작품이 시학적 장치인 암시를 통해 완벽하게 코드화되어 있습니다. 그러니까《모멸의 시대》는 겉으로는 파시즘의 현실 고발과 그에 따른 인간 비극과의 투쟁을 육화시키고 있지만, 심층적으로는 프로메테우스 신화를 현대적으로 '정복' '변모' '부활'시키면서 '탐구'하는 형이상학적 소설인 거죠. 말로의 여타 전문가들은 이와 같은 신화구조에 다가가지 못함으로써 이 작품을 부정적으로 평가했습니다. 그들은 특히 소설은 두 가지 측면에서 불균형을 이루기 때문에 실패작이라고 규정했습니다. 하나는 파시즘의 위협을 폭로하고 이 와 싸우는 내용이고, 다른 하나는 이른바 '파스칼적 인간 조건'이라는 운명을 그려내는 시적 풍경입니다. 파스칼의《팡세》를 보면, 인간이 무한한 시공간 속에 구원의 메시지도 없이 감옥 같은 세계에 갇혀 죽음을 기다려야 하는 운명이 묘사되어 있지요. 소설에서 이 파스칼적 인간 조건은 부분적으로는 맞지만, 전체적으로는 맞지 않는 해석입니다. 왜냐하면 뒤에 보겠지만, 신에 대한 주인공의 관념은 기독교의 사랑의 신에서 그리스신화의 폭군의 신인 제우스로 이동하기 때문입니다. 따라서 파스칼이 말하는 기독교적인 인간 조건은 일부에 지나지 않고 제우스가 강제하는 신화적인 인간 조건이 전체적인 틀입니다. 이처럼 정치-역사의 실용적 차원과 인간 조건의 형이상학적 차원 사이의 불균형 때문에 소설이 실패했다고 프랑스 평단은 주장했습니다. 앙드레 말로 자신도 할 수 없이 이 작품을 '졸작'이라고 자평하고 말았습니다. 하지만 그가 수정, 삭제 보완하면서 공들인 노력을 생각하면 그에게 이런 평가는 많은 아쉬움을 남겼을 것입니다.

이 소설에 대한 부정적 평가를 내린 평론가들과 연구자들은 작품에 내재된 신화구조를 제대로 읽어내지 못했습니다. 따라서 그들이 내린 '실패작'이라는 평가는 재검토되어야 한다는 것이 저의 생각입니다. 그리하여 《모멸의 시대》의 문학사적 위치도 재고되어 한다고 보는 거죠. 작품에는 의미적 불연속성을 표출하는 대목들이 여기저기 배치되어 있습니다. 예컨대 극도로 압축된 난해한 문장이 나오다가 전혀 다른 내용의 문장이 이어지는 경우 두 문장 사이에 불연속성이 나타납니다. 독자는 소설의 전체적 의미망을 통해 문제의 난해한 문장을 해독해내야 합니다. 마치 어려운 시와 같은 것이죠. 예를 하나 들어보죠.

2) 불연속적 문장의 예시

상황을 보면, 주인공 카스너는 빛 한 줄기 들어오지 않는 감방의 '절대적인 밤'의 어둠과 운명의 시련을 음악의 상상을 통해 극복하고자 합니다. 여기서 등장하는 게 특히 '바흐와 베토벤'입니다. 두 음악가를 비교해보면, 바흐는 독실한 기독교 신자로서 신의 절대적인 사랑을 노래하는 종교 음악을 많이 작곡했습니다. 반면에 베토벤은 타계하기 4년 전에 작곡한 〈장엄미사〉 정도를 빼면 종교 음악을 거의 남기지 않았습니다. 그는 이 작품이 나오기 전까지 무신론자였다고 하며 부패한 종교에 대해 반감을 가졌던 것으로 전해집니다. 따라서 바흐와 베토벤의 음악은 대립적 관계를 형성하고 있습니다. 소설에서는 두 예술가가 동시에 언급되더니 곧바로 설명은 생략된 채 상상의 음악을 통한 이미지들이 전개됩니다. 먼저 바흐의 곡으로 유추되는 종교 음

악이 기독교의 신을 통해 운명을 극복하라는 유혹의 손길을 카스너에게 내밉니다. 그러다가 이런 유혹의 외침과 상반되는 또 다른 목소리-이미지가 다음과 같이 의미적 불연속을 드러내며 갑자기 나타납니다.

> "음악이 주는 그 격정은 언제나 사랑의 부름이다. 그런데 카스너가 걷기를 멈춘 이후로 광기가 고통 속에서 사지 속에 매복하고 있듯이 기다리고 있었다. 그는 자신과 함께 감옥 속에 던져진 독수리의 악몽에 사로잡힌 바 있었다. 그 독수리는 그의 눈에 시선을 고정한 채 탐욕스럽게 갈망하면서, 곡괭이 같은 뾰족한 부리로 찍을 때마다 그의 살점들을 뜯어내고 있었다. 그 짐승은 온통 어둠의 검은 피로 부풀어 터질 듯한 모습으로 몇 시간 전부터 접근하곤 했다. 그러나 음악은 보다 강했다. 그것은 카스너를 사로잡고 있었다. 그는 그것을 더 이상 지배하지 못했다."⁹

이 인용문에서 핵심은 바흐 음악이 전하는 '사랑의 부름'과 '독수리'의 공격이 나타내는 충돌입니다. 이 두 요소가 심층적으로 엮어내는 의미적 관계가 설명되지 않음으로써 불연속성을 표출하고 있습니다. 여기서 독자는 카스너가 베토벤의 〈프로메테우스의 창조물〉 작품 43으로부터 독수리의 이미지로 이동하고 있음을 유추해내야 합니다. 프로메테우스의 간을 파먹는 독수리를 떠올려야 하죠. 따라서 이와 같은 유추 작업을 통해 독자는 사랑의 신인 기독교 신과 폭군의 신인 제우스가

---

9 앙드레 말로, 《말로 전집》, 갈리마르, 플레야드 총서, 1989.

카스너의 의식 속에서 교차하고 있음을 읽어내야 합니다.

소설가는 바흐와 베토벤의 언급을 통해 신의 이미지를 양분시켜 놓고 카스너가 그 둘 사이에서 갈등하고 있는 모습을 그려내고 있는 것일까요? 그러나 인용문의 마지막에서 보듯이 그는 일단 바흐의 음악 쪽으로 기울고 있습니다. 소설에서 바흐와 기독교 신, 베토벤과 (프로메테우스 및 독수리와 관련된) 제우스 신, 그리고 이들의 유기적 관계는 결코 직접적으로 제시되지 않습니다. 독자가 여러 암시 장치들을 풀어내 불연속적 문장들을 해독해냈을 때 비로소 이 관계가 드러납니다. 이 인용문은 일차적으로 《모멸의 시대》가 프로메테우스 신화와 연관되어 있음을 드러내줍니다. 하지만 이것만으로는 작품 전체가 이 신화의 구조를 뼈대로 하여 창조되었다고 말할 수 없습니다. 다른 많은 신화적 요소가 내재되어 있습니다.

3) 서방 기독교 신에서 동방 정교의 신-제우스로의 이동

작품에서 바흐의 〈교향곡〉 혹은 칸타타 제4번으로 추정되는 성가를 통해 나타나는 이미지들은 보면, 기독교의 사랑의 신은 일시적으로 제우스신과 그의 폭군적 이미지를 물리칩니다. 그러나 결국 카스너의 의식 속에서 기독교의 위안은 패배로 인식되면서 거부되고, 베토벤을 통해 암시된 프로메테우스적인 인간 조건이 다시 나타나면서 독수리가 재등장합니다. 카스너는 독수리의 공격에 사로잡히는 프로메테우스가 되지요. 여기서 러시아의 부패한 동방 정교의 노래가 나타나면서 이 정교의 교회와 성직자들이 독수리의 형상과 결합되어 반프로메

테우스적 전선을 형성합니다. 물론 이것은 주인공이 참여했던 러시아 혁명 당시의 교회가 부패해 척결 대상이었음을 상기시키고 있습니다. 예문을 볼까요.

> "그들(정교의 사제들)은 몇 시간 전부터 감옥 속에 감돌고 있는 (……) 시편을 분노에 찬 증오로 부르면서 다가온다. 무언가가 밤 속에 지나간다. 날개를 펴고 맴돌고 있는 새의 그림자 같은 모습의 개가 멀리 짖어대는 소리이다."

러시아 정교의 증오에 찬 사제들이 시편을 부르며 다가오는데, 짖어대는 개가 지나가면서 새-독수리의 공격이 임박했음을 알리고 있습니다. 성직자들은 제우스가 보낸 독수리와 같은 존재가 되고 있는 것이죠. 이 은유는 동방 정교의 신 '판토크라토르(우주의 전능한 지배자를 의미함)'가 제우스와 동일시되고 있음을 드러내줍니다. 부패한 러시아 정교의 신은 이미 기독교의 사랑의 신이 아니라 폭군의 신이 되어 제우스가 되고 있습니다. 이런 유추를 뒷받침하는 게 정교 사제들의 시체 묘사입니다.

> "검은 땅 위에 쓰러진 몸뚱이들은 날개가 뽑힌 채 거대한 부리를 지닌 흰색의 커다란 독수리를 그려내고 있다."

이렇게 하여 카스너가 상상력을 통해 펼치는 음악의 이미지 속에서 동방 정교의 신은 제우스와 동일시되고, 프로메테우스가 된 카스너는

폭군 제우스에 저항하는 투쟁을 펼쳐나가게 됩니다. 결국은 제우스와 파시즘은 한 덩어리가 되어 이 신화적 영웅에 운명적인 시련을 강제하는 적이 됩니다. 파시즘의 감방이 프로메테우스가 쇠사슬에 묶인 '거대한 돌', 곧 바위와 동일시되고 있음은 이러한 읽기를 자연스럽게 해줍니다.

동료 하나가 체포되어 자신이 카스너라고 자백하고 처형됨에 따라 석방된 주인공은 조종사만 딸린 작은 비행기를 타고 프라하로 갑니다. 그들은 도중에 폭풍을 만나 우주적 자연력과 생사를 거는 투쟁을 펼쳐냅니다. 제2부에 해당하는 이 부분은 앙드레 말로가 1934년에 조종사 및 정비사와 함께 작은 비행기를 타고 고대 예멘의 전설적인 시바 여왕의 수도를 찾아 떠난 '고고학적' 모험을 소재로 하고 있습니다. 이들 일행은 사막을 비행하다가 수도였으리라 추정된 지역을 발견하고는 몇몇 유적, 오아시스, 거주지를 카메라에 담았습니다. 그리고는 시바 여왕의 수도를 발견했다는 전보를 파리의 일간지 《랭트랑시장L'Intransigeant》에 보내기까지 했습니다. 뿐만 아니라 성서 속의 솔로몬 왕과 시바 여왕의 후손임을 자처했던 에티오피아의 마지막 황제 하일레 셀라시에 1세는 이 소식을 접하자, 앙드레 말로 일행을 황궁으로 초대까지 합니다. 물론 나중에 이 발견이 진짜가 아닌 것으로 판명나기는 했습니다. 어쨌거나 이 모험은 《인간의 조건》(1933)으로 공쿠르 상을 수상한 그의 영광에 힘입어 유럽과 미국까지 떠들썩하게 했던 해프닝이었습니다. 셀라시에 황제의 접대를 받은 후 일행은 파리로 귀국길에 올랐는데, 알제리 상공에서 폭풍을 만나 사투를 벌이게 됩니다. 결국 그들은 폭풍을 뚫고 무사히 파리로 돌아옵니다. 《모멸의

시대》의 제2부는 바로 이 경험을 소재로 하여 집필되었습니다.

그런데 평단의 비평가들은 이 제2부가 나치즘과 직접적인 관련이 없다는 점을 들어 별 필요 없는 형이상학적인 사유의 이미지화라고 평가 절하했습니다. 소설가는 작품에서 '우주적 격분'이라는 표현까지 써 자연의 힘을 의인화하고 있습니다. 그런 그가 이 폭풍과의 투쟁을 카스너의 석방과 귀환의 중간 단계로 설정하여 집필한 것은 어떤 필연적인 동기가 작동했기 때문일 것입니다. 제가 해석한 바에 따르면, 그것은 바로 프로메테우스 신화를 현대적으로 재창조하는 것이죠. 그는 자신의 예술관에 따라 이 신화를 탐구 정복하고 부활 변모시킨 것입니다. 특히 아이스킬로스의 프로메테우스 3부작 가운데 유일하게 남아 있는 제1부 《결박된 프로메테우스》의 마지막을 읽어보면 제2부 《석방된 프로메테우스》가 폭풍 속에서 전개되리라는 유추가 도출됩니다. 이 그리스 작가의 작품에서 신화의 3중적 구조는 중간에 폭풍과의 싸움이 들어있을 거리는 추정을 헤볼 수 있는 것이죠. 앙드레 말로는 아이스킬로스의 잃어버린 제2부와 3부를 자신의 상상력에 따라 현대적으로 되살려냈다고 봅니다. 자 이제 폭풍우와 싸우는 한 대목을 봅시다.

"갑자기 카스너는 자신들이 중력을 벗어나더니 다중세계 어딘가에 정지되어 구름에 달라붙은 채 원초적인 투쟁을 벌이고 있는 것 같았다. (……) 사방의 어둠 속에서 (……) 거대한 구름은 그 자체만의 법칙에 따라 이동하며 부딪쳐 왔다. 구름과 싸우는 작은 비행기 기체는 꼼짝 못하고 삐걱거리는 소리를 비현실적으로 내더니, 이내 그 소리는 오랜 적대적 힘의 원초적 음성에 뒤덮이고 말았다. 폭풍우가 몰아쳤다. (……)

그들은 우박이 쏟아지는 구름 한 가운데 있었다."

여기서 폭풍이 몰아치는 소리가 '오랜 적대적 힘의 원초적 음성'으로 묘사되고 있음은 중요합니다. 그것은 제우스의 분노한 음성인 번개-천둥이 들리더니 폭풍우가 몰아친다는 신화적 내용에 대한 암시를 담아내고 있기 때문이죠. 카스너와 조종사는 "종말론적인 끝없는 안개가 우박의 파열하는 소리로 잔인하게 생명력을 유지하며 펼쳐지고 있는 가운데 숨이 막힌 채, 천에 구멍을 내듯 돌풍을 뚫고 급강하하여" 마침내 평원을 발견하지요. 그렇게 하여 카스너는 저 멀리 지평선에 나타나는 "프라하의 불빛"을 향하여 나아갑니다. 그가 이 '불'의 도시에 도착하여 드러내는 사유와 행동은 아이스킬로스의 3부작 가운데 잃어버린 제3부 《불의 운반자 프로메테우스》에 대응한다 하겠습니다. 제우스가 가하는 독수리의 시련과 폭풍을 이겨낸 카스너에게 도심의 인간적 풍경은 마치 현실이 아닌 듯 너무도 경이롭고도 신비한 모습으로 다가와 그는 '인류애에 도취'됩니다. 그가 길가에 늘어선 집들과 가게들을 바라보는 시선을 볼까요.

"커튼 뒤에서 한 여인이 조심스럽게 다림질에 열중하고 있었다. 대지라고 불리는 이 이상한 곳에는 와이셔츠, 란제리 그리고 다리미가 있었다……. 또한 손, 모든 것을 만들 수 있는 손이 있었다(그는 장갑이 놓인 진열창 앞을 지나가고 있었다). 그의 주변에 있는 것 가운데 손으로 붙잡을 수 없거나 창조되지 않은 것은 아무것도 없었다. 대지는 손들로 가득했다. (……) 그는 이 넥타이들, 이 가방들, 이 사탕들, 이 정육점들, 이 장갑들

을 아직도 제대로 알아보지 못하고 있었다. (……) 또 과일가게도 있었다. 오, 대지의 저 모든 숨결로 가득한 기막힌 과일들이여! (……) 그는 인류애에 취해 있었다."

사람들은 우리가 살고 있는 이 지구라는 대지가 얼마나 풍요롭고 소중한 신비로운 세계인지를 재발견하기 위해 극한상황의 모험을 하러 떠나는 경우가 있지요. 생사가 걸린 지옥 같은 고난을 겪고 살아남아 돌아왔을 때, 일상사의 단순하고 사소한 것들까지도 뭉클한 감동의 빛깔을 띠면서 다가옵니다. 죽음의 심연을 스친 경험을 통해 카스너는 삶의 신비가 드러나는 프라하의 정경을 온몸으로 맞이하고 있습니다. 프로메테우스가 된 그는 이러한 문화를 창조해온 인류를 위협하는 파시즘에 대항해 민중의 선봉에 서서 다시 투쟁의 길로 나아가게 됩니다.

4) 프로메테우스 신화의 신화소들과《모멸의 시대》

하나의 작품을 어떤 신화의 구조로 해석해내기 위해선 이 신화를 구조화시키는 신화소들을 알아야 합니다. 신화소라는 말은 문화인류학자 레비스트로스가 최초로 사용했는데, 신화 속에서 이야기되는 여러 관계들로 나타나며 문구나 문장으로 표현됩니다. 프로메테우스 신화에서 도출해보면 쉽게 이해될 수 있습니다. 다음과 같이 열 개 정도의 신화소를 뽑아낼 수 있습니다.

1. 프로메테우스는 불을 훔쳐 학문과 문화 예술을 인류에게 전수한다.

2. 프로메테우스는 벌을 받아 거대한 바위에 묶인다.

3. 프로메테우스는 독수리에 의해 간을 파 먹힌다.

4. 제우스에게 계속 복종하지 않고 반항한다.

5. 프로메테우스는 미래를 내다보는 선견지명이 있다.

6. 카이론이 프로메테우스 대신 형벌을 받아 프로메테우스는 풀려난다.

7. 제우스는 징벌의 수단으로 번개·천둥을 동반한 폭풍을 사용하기도 한다.

8. 프로메테우스는 불멸화된다.

9. 프로메테우스 신화는 '의식의 도래', 곧 '인간의 출현'을 나타낸다.

10. 제우스는 인류를 파멸시키기 위해 9일 동안 밤낮으로 비를 내려 홍수를 일으킨다.

1. 프로메테우스는 불을 훔쳐 학문과 문화 예술을 인류에게 전수한다.

《모멸의 시대》에서 이 신화의 첫 번째 신화소는 카스너가 작가 혁명가로서 감방에서 전개하는 다양한 회상적·상상적 활동을 통해 드러납니다. '인류의 은인'인 프로메테우스가 훔친 불은 지성과 지식을 상징함을 상기할 필요가 있습니다. 카스너는 체포되어 투옥되기 전에 혁명가이자 작가인 지성인이었습니다. 그는 민중의 지도자로서 그들을 무지와 어둠과 억압에서 해방시키는 계몽적 활동을 통해 프로메테우스 같은 모습을 드러낸 것이죠. 그는 이러한 과거 경험을 회상하면

서 감방에서 상상의 창조적 활동을 통해 자신의 의식을 방어하고 지키기 위한 노력을 전개합니다. 요컨대 그는 지성·저항·예술이라는 3중적인 프로메테우스적인 능력을 통해 운명과 싸웁니다. 앞서 보았듯이, 프로메테우스가 인류에게 전해준 불은 나중에 카스너가 석방되어 비행기를 타고 프라하에 접근할 때, 멀리 나타나는 이 도시의 '불빛'을 통해서도 상징적으로 나타납니다.

2. 프로메테우스는 벌을 받아 거대한 바위에 묶인다.

두 번째 신화소는 감방이 '거대한 돌', 곧 바위로 표현되어 나타납니다.

> "눈꺼풀을 조인 채 이제 가슴을 움켜잡은 두 손에서 가벼운 열기를 느끼면서 카스너는 기다렸다. 사방에는 오직 거대한 돌과 다른 밤, 죽어버린 밤만이 있었다."

이 인용문은 프로메테우스가 된 카스너가 독수리의 공격에 사로잡히는 모습을 암시적으로 드러내고 있습니다. 간이 파 먹히는 고통을 막으려는 듯 두 손으로 가슴을 움켜쥐고 있는 거죠. 아이스킬로스의 《결박당한 프로메테우스》에서도 프로메테우스는 자신을 감옥에 갇힌 신세로 표현하고 있지요.[10]

3. 프로메테우스는 독수리에 의해 간을 파 먹힌다.

세 번째 독수리와 관련된 신화소는 이미 많이 다루어졌으니 네 번

---

10 아이스킬로스, 조우현 외 옮김, 《희랍비극》, 현암사, 1992.

째로 넘어가 볼까요.

4. 제우스에게 계속 복종하지 않고 반항한다.

《결박당한 프로메테우스》를 보면, 이 신화적 영웅은 제우스가 어떤 혼인으로 인해 권좌에서 쫓겨나리라는 비밀을 간직하고 있지만 사자(使者) 헤르메스의 협박에도 이 비밀을 털어놓지 않습니다. 소설에서 카스너는 자신의 신분과 비밀을 털어놓지 않음으로써 나치즘에 대항해 싸우는 동료들과 공산당을 보호하면서 저항합니다.

5. 프로메테우스는 미래를 내다보는 선견지명이 있다.

다섯 번째 신화소는 프로메테우스의 어원 자체가 '선견지명이 있는 자'라는 의미에서 비롯됩니다. 그는 자신이 결국 바위에 묶인 쇠사슬에서 풀려날 것이라는 것을 알고 있습니다. 소설에서 카스너의 예언적 측면은 자신이 감옥에서 탈주하여 아내와 만나는 몽상을 하는데 이것이 그대로 실현됩니다. 뿐만 아니라 그가 프라하로 돌아가면서 만날 폭풍에 대한 예감도 '그의 눈 속에서 나타나는 예언가의 이 풍경'이라는 표현을 통해 나타납니다.

6. 카이론이 프로메테우스 대신 형벌을 받아 프로메테우스는 풀려난다.

여섯 번째 신화소를 구성하는, 대리 형벌을 통한 석방은 쉽게 도출됩니다. 주인공은 그의 동료 하나가 체포되어 자신이 카스너라고 자백해 처형당함으로써 석방되기 때문이죠.

7. 제우스는 징벌의 수단으로 번개·천둥을 동반한 폭풍을 사용하기도 한다.

일곱 번째 신화소는 카스너가 비행기를 타고 프라하로 가는 도중

에 만나는 '폭풍'의 '우주적 격분'이라는 표현 속에 잘 암시되어 나타납니다.

8. 프로메테우스는 불멸화된다.

여덟 번째 신화소는 프로메테우스가 '불멸의 눈'을 가진 자라는 데서도 잘 드러나 있습니다. 카스너의 불멸성은 그가 프라하로 돌아와 아내 안나와 만나는 장면에서 신격화됨으로써 이루어집니다.

> "하나의 신이 막 탄생했다는 것을 인간들에게 믿게 만드는 순간들 가운데 하나가 이 집을 휘감고 있었다. (……) 그는 눈을 다시 떴고, 자신이 눈의 영원성, (……) 죽은 자들이 아니라 산 자들의 영원성을 붙들고 있는 것 같았다."

카스너의 이와 같은 신격화된 불멸성은 '산 자들의 영원성'이 의미하듯이 세대의 영속성을 통한 인류의 영원성으로 구현되는 것이지요.

9. 프로메테우스 신화는 '의식의 도래', 곧 '인간의 출현'을 나타낸다.

아홉 번째 신화소인 '의식의 도래'는 소설에서 카스너가, 제우스가 일으킨 폭풍과의 싸움에서 승리하면서 드러내는 다음과 같은 사유에 담겨 있습니다.

> "인간의 자유란 무엇인가, 자신의 숙명에 대한 의식이자 그것의 조직화가 아니라면? (……) 이 지상에 는 아마 단순히 의식이 있을 것이다."

물론 이 대목 말고도 의식에 대한 언급이 다른 곳에서도 나타남으로

써 의식은 프로메테우스 신화와 연결되어 있습니다. 이 인용문에서 의식은 숙명으로 표현된, 인간의 비극적 조건에 대한 의식을 말합니다.

10. 제우스는 인류를 파멸시키기 위해 9일 동안 밤낮으로 비를 내려 홍수를 일으킨다.

열 번째 신화소는 소설에서 다소 독특하게 암시되어 나타납니다. 카스너가 9일 동안 감옥에 갇혀 있었다는 사실이 이 신화소를 상기시키기 때문이죠. 이런 열 개의 신화소 이외에도 프메테우스는 인간의 대지에 대해 각별한 애착을 지녔는데, 이 점은 카스너가 제우스의 '폭풍'을 뚫고 '대지로 회귀'하여 프라하의 도시 풍경 앞에서 '인류애에 취하는' 장면에 잘 나타나 있습니다.

이상과 같이 《모멸의 시대》는 프로메테우스 신화를 뼈대로 창조되었습니다. 사실 이런 신화적 해석은 작품 속에 흩어져 있는 정교한 암시적 장치들에 대한 심충적인 정교한 분석을 통해서만 이루어질 수 있습니다. 소설에서 프로메테우스라는 이름은 단 한 번도 직접적으로 나타나지 않기 때문이죠.

5) 《모멸의 시대》와 아이스킬로스의 《결박된 프로메테우스》

아이스킬로스 연구자들에 따르면, 그는 통상적으로 3부작으로 작품을 썼다 합니다. 따라서 《결박된 프로메테우스》는 3부작 가운데 제1부이고, 제2부는 《석방된 프로메테우스》이며, 제3부는 《불의 운반자 프로메테우스》라는 제목으로 씌어졌다는 게 일반적인 설입니다. 그러나 또 다른 주장에 따르면 제3부와 제1부의 순서가 뒤바뀌었을 가능성도

배제되지 않고 있습니다. 그러니까 프로메테우스가 인간에게 불을 전수한 내용을 담은 게 제1부이고, 그가 징벌을 받는 상황이 제2부를 구성하며 프로메테우스가 석방된 후를 다루는 게 제3부라는 것이죠. 앙드레 말로는《모멸의 시대》를 집필할 때 일반적 설에 따라 영감을 얻었다고 생각됩니다. 현재 유일하게 남아 있는 제1부《결박된 프로메테우스》를 보면, 마지막 장면에서 프로메테우스가 사자(使者) 헤르메스의 회유를 받아들이지 않자 '천둥 번개가 섞인 폭풍우가 몰아치는' 묘사가 나옵니다. 이를 고려할 때, 제2부에서는 프로메테우스가 석방되기 이전에 폭풍과 싸우는 모습이 그려졌을 가능성이 큽니다.

그런데《모멸의 시대》에서 카스너는 석방된 이후에 폭풍과 싸우게 됩니다. 따라서 앙드레 말로는 자신의 소설에서 아이스킬로스의 작품을 다소 변형시키고 있다고 말할 수 있습니다. 더구나 말로는 소설의 '서문'에서 그리스 비극과 아이스킬로스를 언급함으로써 이런 해석을 뒷받침하고 있습니다. 이 언급이 나오는 맥락은 다르지만 언급 자체는 하나의 깊은 암시로 작용하고 있습니다. 물론 말로는 프로메테우스 신화를 다룬 다른 많은 작품들도 참고했을 것이지만 아이스킬로스의 작품은 가장 중요한 참고 작품이라 할 것입니다.

《모멸의 시대》에서 카스너는 프로메테우스 신화와 관련해 이런 사유를 드러냅니다.

> "카스너는 인간이 감옥들에도 불구하고, 잔인성에도 불구하고 인간이 되는 데 성공했고, 아마 존엄성이 고통에 대항할 수 있으리라 막연히 생각했다."

괴테는 〈프로메테우스〉라는 시에서 제우스에게 "엉겅퀴 머리를 자르는/어린아이와 같이/그대의 힘을 시험해보라"고 외치고 있습니다. 제우스의 잔인성은 인간의 양면성 가운데 악마적 요소가 외면화되어 신격화된 것입니다. 살점을 찍어 파먹는 독수리는 이를 나타내는 포괄적 상징물이지요. 《모멸의 시대》에도 감옥에서 "인간들이 어린아이들의 지칠 줄 모르는 잔인성을 드러내면서 다른 인간들을 희망 없는 단말마에 이를 때까지 고문한다"라는 문장이 나옵니다. 이렇게 신들처럼 인간 역시 악의 얼굴을 드러냅니다. 하지만 인간은 이런 잔인성에도 불구하고 이와 같은 비극을 의식하고 이것과 투쟁하는 존엄한 존재가 되는 데 성공했습니다. 이것이 프로메테우스가 의미하는 '인간의 도래'입니다. 그러니까 인간은 어둠의 악과 끊임없이 싸우면서 빛의 선을 추구하지 않을 수 없는 숙명을 자각한 셈이죠.

우리는 어떤 악이 발생했을 때, 그것을 일으킨 개인이나 집단의 문제로 한정해서 생각하는 경향이 있습니다. 그렇게 하여 희생양을 찾아내 덮어버리거나 망각의 심연 속으로 묻어버리는 거죠. 별로 좋지 않은 사유 방식이지요. 인간 자체의 문제로 항상 바라보는 시선이 중요하다고 봅니다. 제2차 세계대전에서 홀로코스트의 광기로 인류를 경악케 했던 나치즘을 독일인의 민족성에서 찾는다든가 하는 식의 발상은 바람직하지 않다는 겁니다. 마찬가지로 우리 한국에 대한 일본의 침략이나 현재의 태도를 일본인의 민족성 운운하며 비판하는 것도 좋은 방법이 아닌 거죠.

독일은 칸트라는 뛰어난 계몽주의 철학자를 배출하여 이성에 토대한 최고의 도덕철학을 인류에게 선물한 나라이기도 합니다. '하늘에는

반짝이는 별, 내 마음엔 도덕률'이라 읊었던 칸트를 모르는 국민이 없는 이 철학의 나라가 현대사에서 가장 악랄한 잔인성을 극명하게 보여주었다는 사실 자체가 얼마나 아이러니컬합니까? 계몽철학자들과 그 이후의 진보주의자들은 인간의 모든 악과 불행이 사라진 지상의 파라다이스의 도래를 낙관했습니다. 하지만 이미 제1차 세계대전에서 이러한 장밋빛 미래는 빗나가기 시작했습니다. 하지만 이 재앙만으로는 서양에 경고를 주는 데 한계가 있었던 거죠. 이 전쟁 직후 1918년에 나온 독일 역사철학자 슈펭글러의 《서양의 몰락》이 준 충격에도 불구하고 유럽이 정신을 차리지 못하자, 결국은 역사의 신은 파시즘을 통한 2차 세계대전이라는 극단의 처방을 했다 말할 수도 있을지 모르겠습니다.

하지만 칸트가 별빛으로 수놓은 도덕적 이상론을 내세울 때, 프랑스에는 나중에 사디즘이라는 말이 유포되게 만든 장본인인 사드 후작이 등장합니다. 사드는 공포의 기학적인 근본악을 자연이 준 합법적인 것으로 주장하지요. 두 사람은 대척점에 있습니다. 하지만 사드는 20세기 와서야 조명을 받아 빛을 발하기 시작합니다. 자연은 인간 안에 천사와 금수를 새겨놓았지요. 이성철학이나 계몽철학이 등장하기 전에는 이 금수를 다스린 게 종교였습니다. 그런데 천사와 금수가 늘 함께한다는 것을 이 철학들은 인정하고 싶지 않았습니다. 종교적인 죄의식을 대체한 이성을 너무 신뢰한 탓이지요. 금수의 에너지를 조금이라도 방심해 승화시키지 못하면 악의 화신이 되어 파괴의 얼굴을 드러냅니다. 조그만 싸움에서 시작한 것이 살인의 재앙을 몰고 올 수 있음을 직시해야 하는 거죠. 이것이 인간의 진정한 모습이라 할 것입니다.

프로이트 이후 최대의 정신분석학자인 자크 라캉이 칸트와 사드를 나란히 놓고 설명한 것은 잘 알려져 있습니다. 그래서 근대 이후로 설정된 인간 개념, 즉 이성의 횃불을 높이 쳐든 인간은 주체적으로 모든 것을 해결해낼 수 있다는 관념은 설 자리를 잃고 맙니다. 니체가 '신은 죽었다'고 말했을 때, 신을 살해한 자는 바로 이 근대적 인간입니다. 하지만 20세기에 와서 이 인간 역시 신의 죽음에 이어 죽고 말았지요. 프랑스 철학자 미셸 푸코가 《말과 사물》(1966)에서 '신의 살해자'로서 이 '인간의 죽음'을 선언했습니다. 하지만 제가 전공한 앙드레 말로는 그보다 거의 반세기 전에 《서양의 유혹》(1926)이라는 철학적 에세이에서 이렇게 외쳤습니다. 서구인들에게 "절대적 현실은 신이었고, 그 다음에는 인간이었다. 그러나 신에 이어서 인간은 죽었다."

　우리가 위에서 보았듯이, 괴테의 시 〈프로메테우스〉나 앙드레 말로의 《모멸의 시대》에서 악은 '어린아이들'과 연결되어 있습니다. 선악의 구분이 모호한 시절의 어린아이는 악에 대한 별 의식 없이 아주 순수하게 잔인함을 드러낼 수 있지요. 정신분석학에서도 악의 근원을 어린 시절에 설정하고 있습니다. 자크 라캉은 생후 6개월에서 18개월 사이의 '거울단계'를 이야기하고 있습니다. 몸을 가누지 못하는 어린아이가 거울에 비친 자신의 완전한 모습을 보는 데 이것을 이상적 자아라고 합니다. 아이는 이 이상적 자아를 자신의 흐물거리는 분열된 육체와 동일시하여 착각합니다. 이러한 동일시는 나와 어머니, 나와 타자 혹은 대상이 동일하다고 착각하고 상상하는 데서도 나타나지요. 그래서 예컨대 그가 다른 아이를 때려 울면 자기가 맞은 것처럼 같이 웁니다. 나와 타자를 구분하지 못하고 한 덩어리로 생각하는 거죠.

'나'와 다른 타자를 파괴하여 없애버리고, 차이를 제거하여 하나가 되고 싶은 공격적 충동이 여기에서 비롯합니다. 이 영역을 라캉은 상상계라 부릅니다. 이 상상계는 아이가 아버지의 법과 언어의 영역인 상징계로 진입하면서 무의식 속에 억압됩니다. 하지만 그것은 문화 활동을 통해 지속적으로 극복되지 못하면, 언제라도 어떤 계기에 의해 튀어나와 악으로 돌변할 수 있는 가공할 위험이 있습니다. 여기다가 참고적으로 라캉은 돌아갈 수 없는 어머니의 자궁속이나 완전한 휴식을 가져다주는 죽음을 실재계라고 하지요. 지극히 간단히 거칠게 설명한 이 세 가지 영역을 라캉의 3계라고 합니다.

거울단계의 어린아이는 자신의 잔인성을 자각하지 못합니다. 자신이 저지르는 악을 악으로 의식하지 못하는 동물적 차원에 있다 할 것입니다. 법과 언어를 통한 통제가 시작될 때 비로소 아이는 구별하기 시작합니다. 동물로부터 인간으로의 진화는 바로 이와 같은 구별 의식의 출현을 함축하고 있다 하겠죠. 프로메테우스 신화를 보면, 그가 인간에게 불을 주어 지식과 문화를 전수하기 전에 인간은 이미 만들어져 있었습니다. 하지만 그 때 인간은 '의식'이 결여된 채 어둠 속에서 동물처럼 살고 있었습니다. 인간이지만 진정한 인간이 되지 못한 단계를 상징하는 내용이라 하겠죠. 중세에는 어린애는 인간 취급을 하지 않았다고 합니다. 어린애의 야수 같은 순수한 잔혹함이 무의식의 심층에서 유동하고 있음을 자각하는 진정한 인간의 도래는 프로메테우스가 그에게 문화, 곧 법과 언어를 주어 구제한 순간에 이루어진 것이라 하겠죠.

그렇다면 상상계 속에 웅크린 악마적·자연적 속성과 상징계 속에

서 그것을 승화시키는 인간적·문화적 속성은 영원히 평행선을 그으며 함께 가야 하는 숙명을 지니고 있다고 하겠습니다. 상상계가 없다면 상징계도 존재할 수 없으며 선악의 패러다임적인 드라마도 펼쳐질 수 없는 것이죠. 금기의 율법과 위반의 행위 사이에서 아슬아슬한 줄타기를 해야 하는 인간에게 열려진 문화적 지평은 불안정하여 신기루처럼 날아가기 쉽습니다. 하지만 그는 추락의 위험을 무릅쓰고 끊임없이 그 지평을 향해 전진해야 합니다.

서양에서 제1·2차 세계대전을 겪고 난 후 인간에 대한 각성이 많이 이루어졌습니다. 인간은 참으로 위험한 존재라는 사실을 새롭게 인식한 것이죠. 앞으로 유럽에서 악이 창궐하는 참혹한 전쟁만은 막아야하겠다는 절실한 염원을 담아 유럽 공동체를 향한 정치적 움직임이 시작되었지요. 지금의 EU는 그런 오랜 과정을 거쳐 탄생된 것입니다. 하지만 자유의 천국이 도래해 그 어떠한 구속도 완전히 사라진 세상이 왔을 때는 자유라는 개념 자체가 위협받을 수 있습니다. 자유는 구속의 상대적 개념이니까요. 마찬가지로 악과 불행이 완전히 사라지는 이상사회가 건설된다면 선과 행복이 지속될 수 있을까요? 이 딜레마를 어떻게 해결할 수 있을까요? 바로 여기서 역사와 기억의 중요성이 부각된다고 봅니다. 인류의 기억 속에 새겨진 피의 역사를 끊임없이 되새기면서 현재의 평화와 안락을 받쳐주는 전쟁과 고통의 그림자를 떠올리는 것입니다. 이로부터 역사 교육의 중요성이 비롯된다 하겠죠. 현실에서 전개되어야 할 선악의 게임에서 악의 축의 역할을 역사에서 끌어오는 것입니다. 이때 예술의 역할은 중요해질 수 있습니다. 예술은 통제된 선악과 행불행의 놀이입니다. 그것은 한편으로 현실적

평화를 지탱해주는 폭력을 주기적으로 환기시켜 인간의 야수성을 덜어내고 정화시킬 수 있습니다. 다른 한편으로는 그것은 대립적인 가치들의 긴장과 갈등을 놀이의 차원에서 초월하게 해주어 인간 조건을 극복하게 해주는 유일한 출구입니다.

제4장

은폐된 양극적 관계: 기독교의 원동력

"오, 여호아여, 당신께서 정의로웠기에 우리 유대인은 역동적 역사를 창조해올 수 있었습니다. 당신께서 무한한 사랑만을 베푸셨다면, 우리는 불모의 겨울과 생명의 봄, 사막과 오 아시스로 점철된 위대한 민족혼을 드러낼 수 없었을 것입니다."

"오, 천년의 세월이여, 당신께서 주신 십자가의 저 무한한 사랑에서 출발한 그 기나긴 속죄의 세월이 끝났습니다. 이제야 우리는 에덴의 자유를 회복해 당신의 왕국을 건설하게 되었습니다. 당신께 이 아름다운 고딕 성당을 바칩니다. 재림하소서."

〈유대교와 기독교에 대한 어느 단상〉에서

1. 정의의 신과 사랑의 신

유대민족만큼 역사와 신화를 뒤범벅으로 만들어놓은 민족도 없을 것입니다. 어디서부터가 역사이고 어디서부터가 신화인지 제대로 구분해 역사를 따로 정립할 수 없는 지경에 있는 게 구약성서입니다. 그래서 오늘날 우리나라 기독교 신자들과는 달리, 이스라엘인조차도 구약의 내용을 액면 그대로 믿지 않습니다. 그만큼 그것은 주변의 여타 문명들에서 다양한 신화들을 차용·각색하여 유대민족의 역사를 장대한 드라마로 채색시켜 놓았지요.

유대교의 신은 전쟁의 신, 질투의 신, 증오의 신 등 다양하게 규정되기도 합니다. 그러나 유대인의 민족신인 구약성서의 신은 '정의의 신'으로 인식되기도 합니다. 언약과 율법에 토대한 위반-징벌과 속죄-보상이 웅대하게 반복되면서 신의 정의가 역사 속에 현현된다고 해석되기 때문입니다. 사실 어떤 의미에서 보면, 위반과 징벌이 없다면 영화 〈십계〉에서 모세가 이집트 탈출을 위해 유대민족을 이끌고 홍해를 건너는 스펙터클한 기적은 펼쳐질 수 없습니다.[1] 위반이 없는 금기나 율법은 존재할 수 없고 존재할 필요도 없습니다. 어떻게 보면 위반하라고 그것들을 만들어놓은 것입니다. 애당초 위반이 불가능하고 존재할 수 없다면, 규범 자체가 필요치 않으니까요. 계율은 위반과 존중의 놀이를 통해 문화의 명암적인 역동성을 보장해줍니다. 이 놀이의 주재자이자 심판자인 신이 죄악도 선행도 모두 사랑으로 대한다면 도덕적 긴장을 통한 의미 생성이 전개될 수 없다 하겠죠. 약속 위반에 대해 분노하고 증오하면서 단죄하는 신이 있기에 빛과 어둠의 역사가 기다리고 있는 것이라 하겠습니다.

그런데 흔히 기독교의 신은 '사랑의 신'으로 규정됩니다. 그 증거가 당신께서 독생자이신 예수 그리스도를 보내 온 인류의 죄악을 대신 씻어냈다는 것이죠. 이것을 대속(代贖)이라 합니다. 하느님의 의지에 따른 역사관인 기독교 섭리사관의 3원적 역사 전개에 따르면, 그리스

---

[1] 구약의 출애굽기에 나오는 모세와 이집트 탈출이 역사적 사실이 아니고 신화로 포장된 작은 민족적 사건에 지나지 않는다는 설이 유력하게 제기되고 있다고 합니다(예컨대 민희식 저, 《성서의 뿌리-오리엔트 문명과 구약성서》 제12장 참고). 그러나 여기서는 이런 문제는 다루지 않겠습니다.

도는 인류 역사의 중심점입니다. 그리스도의 수난은 한편으로 천지창조(원죄)로 거슬러 올라가고, 다른 한편으로 최후의 심판(영원한 구원)이라는 시간의 종말로 이어집니다. 이와 같은 3단계적인 일직선적 역사의 중심에 그리스도의 '대사건'이 위치합니다. 그리스도는 하느님의 무한한 사랑에 따라 수난과 부활을 통해 묵시록을 선구적으로 체험하면서 요한으로 하여금 〈묵시록〉을 남기게 했다 할 것입니다. 물론 예수가 묵시록적 종말론을 폈다는 주장은 특히 〈도마 복음〉의 발견으로 설득력을 잃고 있으며, 기독교가 정착되는 과정에서 교회의 지배력과 결속력을 확립하기 위한 수단으로 구상되었다는 게 새로운 시각입니다. 그보다 예수는 '지금 여기서'의 구원을 설파하는 지혜 담론을 펼친 구세주였다는 것이죠.

하지만 제도화된 기독교의 성서와 신학은 서구 역사의 틀을 오랫동안 결정지어 왔다는 점에서 역사적 현실로서 인정하지 않으면 안 됩니다. 따라서 그 뿌리가 구약의 묵시문학으로 거슬러 올라가는 〈묵시록〉을 일단 기독교의 핵심 교리에 포함시켜 이야기를 전개하겠습니다.

어쨌거나 유대교의 정의의 신은 기독교에서 '사랑의 신'으로 변모된다고 할 수 있습니다. 이를 부정적으로 지적한 대표적 인물을 하나만 든다면, 니체를 들 수 있습니다. 아버지가 목사인 독실한 개신교 가정에서 성장한 이 철학자는 《반(反)그리스도》라는 제목의 책까지 집필했는데, 정의의 신과 사랑의 신을 접목시킨 것을 서양 문명이 저지른 커다란 '죄악'이라고까지 규정했습니다. 그러니까 그는 유대교의 신과 기독교의 신은 양립될 수 없다고 보았던 것이죠.

제가 두 종교 사이에 중요하다고 생각하는 차이를 하나만 들어보겠

습니다. 유대교에서는 인간이 신에 대해 저지른 죄악은 회개하면 신이 용서해줄 수 있지만, 인간이 인간한테 저지를 죄악은 피해자가 가해자의 속죄를 받아 그를 용서해줄 때에만 신도 용서해줄 수 있다는 것입니다. 그 어느 누구도, 창조주이신 야훼조차도 피해자를 대신해서 가해자를 용서해줄 수 없습니다. 그만큼 인간들 사이의 문제는 인간들이 먼저 해결하라는 정의와 자유(선택)의 의지를 인간에게 주고 있다고 할 것입니다. 반면에 기독교에서는 그 어떤 죄악이든 가해자가 피해자의 용서를 받지 못했다 할지라도 회개만 하면 하느님이 용서해주는 것으로 되어 있습니다. 여기에 제2차 세계대전 때 저질러진 홀로코스트의 문제가 안고 있는 심각성이 자리하고 있다고 합니다. 형언할 수 없는 고통 속에서 희생된 그 많은 유대인들이 가해자들을 용서할 틈도 없이 죽어갔는데, 가해자 기독교도들은 하느님의 이름으로 용서받았다고 생각하면서 죄악을 '망각' 속에 묻으려 한다는 것입니다. 하지만 기독교의 그리스도는 인간에게 '원수를 사랑하라'라는 명령을 내렸기에 가해자가 회개하면 용서해줄 수 있다는 것은 당연한 논리입니다. 이처럼 한 하느님에 대한 두 해석 사이의 갭을 메울 수 없기에 홀로코스트의 문제는 유대민족과 가해자들 사이에 영원한 숙제로 남아 있을지도 모릅니다(미카엘 드 생 쉐롱, 《엠마누엘 레비나스와의 대담》).

정의의 신과 사랑의 신의 이런 차이만을 감안하면 두 신은 양립불가능할지도 모릅니다. 그러나 신은 '무한자'입니다. 인간의 한계를 무한히 넘어서기에 신은 경우에 따라 정의의 신이 될 수도 있고 사랑의 신도 얼마든지 될 수 있으니까요. 뿐만 아니라 기독교의 사랑의 신은 결국 정의의 신으로 되돌아간다 할 것입니다. 왜냐하면 〈묵시록〉에 예

언된 최후의 심판을 통해 인간을 죄과의 유무에 따라 상벌을 내리실 것이기 때문입니다. 다만 정의의 신으로서의 하느님은 그리스도의 수난 이후부터 최후의 종말까지 징벌을 유보하고 있는 셈이죠. 이 기간에 신은 메시아를 통해 사랑의 당근을 주어 회개를 유도하고 지켜보겠다는 것입니다. 단테가 《신곡》에서 웅혼하게 상상한 천국과 지옥의 영원한 갈림길은 그 어떤 정의의 실현보다도 도덕적 긴장을 기독교도에게 심어주고 있습니다. 요컨대 하느님의 무한한 사랑은 정의의 행사를 일정 기간 동안 유보한 것이라 할 것입니다.

자, 이제 기독교의 섭리사관에 따라 알파에서 오메가로 가는 역사의 여정 안에서, 다시 말해 천지창조로부터 그리스도의 수난을 거쳐 최후의 종말까지 역사의 3원적 흐름이라는 큰 줄기 내에서 어떻게 서양은 빛과 어둠의 상생적 관계를 역설적으로 활용해 역동적 역사를 전개해왔는지 검토해봅시다.

2. 아담 신화와 루소

그리스 신화와는 달리, 기독교의 성서에서 신은 주지하다시피 선악을 넘어선 존재로 규정되지 않고 정의와 사랑을 실천하는 신으로 나타납니다. 〈창세기〉의 아담 신화에서 우리의 비극적 인간 조건을 정당화시키는 원죄의 문제는 인간의 자유문제와 연결되어 있다고 말해지죠. 하느님은 아담과 이브에게 선악과(善惡果)를 따먹어서는 절대로 안 된다는 금기사항을 정해놓고 이 최초의 커플과 계약을 맺고 있습니다.

금기는 어기도록 하기 위해 존재하기 때문에 그것에는 따먹으라는 의미를 암암리에 내포하고 있다 할 것입니다. 그래야 의미 생성의 역사가 가동되기 때문이죠.

우선 생각해보죠. 아담과 이브가 살고 있는 에덴의 낙원이 낙원이라는 것을 그들은 어떻게 알 수 있겠습니까? 자신들이 살고 있는 낙원 이외는 아무것도 보지 못한 상황에서 그들이 낙원이라는 의미를 인식할 수 없음은 너무도 자명합니다. 낙원은 낙원 아닌 것을 목격했을 때 차이를 통해서 그 존재가 인식될 수 있습니다. 성경에서 낙원의 반대는 '음부(陰府)' 곧 스올(Sheol)이나 하데스(Hades)라 합니다. 음부는 무덤이나 죽음을 의미하기도 하며, 암흑같이 어두운 심연으로 악인들이 형벌을 받아 머무는 곳입니다. 우물 안 개구리는 자신이 우물 안에 있는지 모르죠. 아담과 이브는 불행을 겪은 적이 없기 때문에 행복에 대한 개념도 없을 것이며, 행복을 추구하기 위한 의미적·방향적 삶도 펼칠 수 없고 펼칠 필요도 없습니다. 그들은 어쩌면 막연한 만족 상태에 있다 할 것입니다. 만족이라는 것도 불만족과의 상관적 개념이고 보면, 불만족을 경험해보지 않았으니 그들은 만족에 대한 의식도 가질 수 없을 것입니다. 그들은 또한 삶이 무엇인지도 모른다 할 것입니다. 삶을 인식하는 데 필요한 죽음과 고통을 모르는데 어떻게 삶을 알 수 있겠습니까. 그들은 다만 그들을 둘러싸고 있는 환경 및 동식물과의 차이를 통해 자신들의 존재를 인식하고 있을 것입니다. 그들은 선/악, 행복/불행, 기쁨/슬픔, 사랑/증오, 삶/죽음 등 이원적인 세계를 겪은 적이 없기에 거의 동물이나 어린아이와 같은 의식 수준에 있다 할 것입니다. 요즈음에 와서 서양에서뿐 아니라 우리나라에서 왕처럼 대

접받는 어린아이는 역사가인 필립 아리에스에 따르면 사실, 중세에는 "영혼도 얼굴도 없는 허약하고 하찮은 것으로 간주되었으며 한참 후에야 인간으로 존중되었습니다."(파스칼 브뤼크네르, 《순진함의 유혹》) 그러니까 아담과 이브는 지식, 곧 앎의 차원에서는 거의 맹인의 상태에 있다 할 것입니다.

낭만주의의 선구자로서 한 시대를 풍미하면서 치열한 삶을 살았던 장 자크 루소가 꿈꾸었던 자연 상태의 이상향, 에덴과 접근되는 그 이상향은 이미 현실의 어둠에 대한 인식을 전제로 하고 있습니다. 사회적 현실의 불행과 괴로움에서 해방된 원초적·신화적 몽상의 세계를 떠받치고 있는 것은 바로 이 불행과 괴로움입니다. 그렇기 때문에 루소는 말년에 쓴 미완성 작품 《고독한 산책자의 몽상》에서도 노자·장자 같이 자연을 예찬하면서 끊임없이 자신을 추적하는 인간 사회의 타락과 억압을 환기시키고 있습니다. 제네바의 레만 호보다 '더 원시적이고 낭만적인' 빈 호수 안에 있는 에덴 같은 생 피에르 섬을 중심으로 펼쳐지는 그의 몽상적 풍경은 이런 이원적 관계가 없으면 아름다움을 드러낼 수 없습니다. 이미 동경(憧憬)의 섬은 악취 나는 인간 세계와의 상호적 관계 속에서만 의미를 띠고 나타납니다.

> "모티에에서 돌 세례[2]를 받은 후 내가 피난해온 곳이 이 섬이다. 나는
> 이 섬에서의 체류를 매우 매혹적이라 생각했고 내 기분에 맞는 삶을 영

---

[2] 루소가 《사회계약론》과 《에밀》을 출간하자, 종교계와 철학계의 비판이 잇따랐고 그에 대한 체포령이 내려졌으며, 고향인 모티에에서도 루소에 대한 반감이 고조되었습니다. 이 표현은 1765년 9월 6일 그가 자신의 고향집에 있을 때 돌들이 날아들었던 사건을 환기하고 있습니다.

위했기 때문에 내 여생을 이곳에서 마감하기로 결심했다. (……) 사람들은 나를 이 섬에 채 두 달도 놓아두지 않았지만 (……) 영원히 살았어도 한순간도 권태를 느끼지 않았을 것이다. (……) 사람들이 이와 같은 고립된 체류(지) 속에 나를 남겨두는 게 최상이라고 생각했으면 하는 희망, 그 희망은 내가 지난날의 삶과는 달리 보다 조용하게 여생을 마감할 수 있다는 기대를 주었다."

이 인용문을 보면, 자연의 순수한 섬은 루소를 박해하고 위협하는 인간 사회, 다시 말해 상징적 사건처럼 돌 세례를 퍼부음으로써 고향 모티에마저 그를 적대시했던 사회적 공간과 대척점에 있습니다. 외부와 차단된 고립된 섬이라는 행복의 낙원과 이곳에서의 고요한 삶은 이 반항적 철학자가 되돌아가고 싶지 않은 부패한 세계와 지난날의 고단한 삶과 대비됨으로써만이 의미작용을 하고 있습니다. 그렇기 때문에 섬에서 그가 자신의 감정을 자연과 합일시키면서 느꼈던 황홀감은 섬 바깥의 육지에서 겪었던 불행과 교차하고 하고 있습니다.

"삶의 쾌락에서 사람들이 만나는 불완전하고, 빈곤한 상대적 행복이 아니라, 채워야 할 필요가 있는 그 어떠한 공허도 영혼 속에 남기지 않는 완벽하고 충만한 행복(……)의 상태, 이것이 바로 내가 생 피에르 섬에서, 혹은 물길 따라 흘러가도록 놓아둔 배 안에 누워서, 혹은 물결치는 호숫가에 앉아서, 혹은 조약돌 위로 살랑거리는 냇물이나 아름다운 강가에서 고독한 몽상에 잠겨 자주 경험했던 상태이다.(……)"

"그러나 이런 일(몽상하는 일)은 세상의 나머지와 분리되고 자연적으로 한정된 비옥하고 고독한 섬에서 보다 완벽하고 보다 즐겁게 이루어졌다는 것을 인정해야 한다. (……) 모든 것이 내가 이 아름다운 체류지에서 누렸던 명상적인 고독한 삶을 소중하게 만드는 데 기여했다. 왜 이런 삶이 다시 올 수 없단 말인가? 왜 (……) 나에게 온갖 불행을 상기시키는 육지의 사람을 하나도 만나지 않은 채 이 소중한 섬으로 가 내 여생을 마칠 수 없단 말인가? 그들은 참으로 여러 해 전부터 나에게 이런 불행을 모아 퍼붓는 데 즐거워하고 있는데 말이다."

루소가 낙원의 눈부신 섬, 곧 '순백'의 자연에서 느끼는 완벽한 행복은 섬 바깥의 문명 세계에서 경험하는 불행이 있었기에 인식론적 가치를 지니고 있습니다. 그러니까 섬에서 빛의 황홀감을 느끼는 루소라는 자아는 고통의 늪이라는 어두운 사회를 만들어놓은 타자가 있음으로써만 의미가 있는 것입니다. 역설적으로 말해, 악이 사라진 원초적 신화를 꿈꾸는 그의 자아는 불행의 씨앗인 타자에게 빚을 지고 있는 셈이죠. 이게 '의식'을 지닌 인간의 부조리한 조건입니다. 그는 이 불행을 떠나 섬으로 도피해 생활해보니 '이보다 더 행복할 수는 없다'는 절대적 만족감을 얻고 있습니다. 자연 안에서는 인간이 본래 선하고 행복했다는 그의 반문명적 주장은 이런 사회적 불행감에서 출발해서 자연 속에서 발견한 자족적인 안락감을 함축한다 할 것입니다. 그러니까 출발점에 현실의 비극이 자리 잡고 있고 이 비극을 벗어나게 해주는 고립된 자연적인 행복한 삶이 나중에 온 것입니다. 그런데 그는 이것의 순서를 뒤집어 원래 자연 속에는 인간이 행복했는데, 사회

가 인간을 불행하게 만들었다고 주장하고 있는 셈이죠.

환경 때문에 인간이 악하고 불행하게 되었다는 주장은 최근에 과학을 통해서도 부정되고 있습니다. 앞서 보았듯이, 과학적 연구에 따르면 인간은 사악한 유전자를 타고났다는 것입니다.(바버라 오클리,《나쁜 유전자》) 그러나 '왜' 이런 유전자를 타고났는지에 대해선 언급이 없습니다. 그러니까 이런 종류의 연구는 악이 '어떻게' 저질러지는지 그 메커니즘을 뇌의 유전자 연구를 통해 밝히고 있지만, 그것이 '왜' 있어야만 하고 저질러져야만 하는지 근본적 이유에 대해선 입을 다물고 있습니다. 이 '왜'에 대한 대답은 아직까지는 철학과 종교의 영역에서 찾아질 수밖에 없다 할 것입니다.

루소는 자신이 꿈꾸는 '자연으로 돌아가라'라는 이상이 원래 존재하는 게 아니라 그가 비판하는 사회제도나 문화가 관념적으로 탄생시킨 것이라는 점을 역시 '은폐'한 것일까요? 인간이《고독한 산책자의 몽상》에서 묘사되는 그런 에덴의 섬에서만 살았을 때, 다시 말해 불행·시련·고난·고통을 한 번도 겪지 않았을 때 어떻게 행복과 즐거움이 무엇인지 알 수 있겠습니까? 그런 반문화, 반문명 상태에서 사는 인간은 아담과 이브처럼 분별심이 없는 만족 상태 그 이상도 그 이하도 아닐 것입니다.

아담과 이브로 되돌아가보죠. 이들에게 이와 같은 '순진무구한' 혹은 '순결한' 상태, 혹은 어린 아이와 같은 만족 상태를 넘어서도록 의식과 지식을 가져다 준 게 선악과라 할 것입니다. 그래서 선악과를 '지식의 나무'라고도 합니다. 그들은 선악과를 따먹음으로써 '눈이 밝아지게' 됩니다. 그들은 오늘날의 우리처럼 운명에 대한 '의식'을 지닌

존재로 새롭게 탄생하면서 피안의 에덴으로부터 추방되고, 강력한 의미를 생성시키는 역사가 시작되며, 에덴은 낙원으로서의 참된 인식론적 가치를 지니기 시작합니다. 이 최초 커플이 지식의 나무를 통한 의식에의 눈뜸은 앞서 언급했듯이, 그리스 신화로 말하면 인간에게 불을 가져다 준 프로메테우스를 통한 '의식의 도래'에 해당하고 불교로 말하면, 색수상행식(色受想行識)의 오온(五蘊) 가운데 '식(識)'의 도래에 해당한다 할 것입니다.

그런데 여기서 그들로 하여금 말씀의 금기를 깨트리도록 유혹하는 자는 뱀으로 상징된 악마입니다. 사실 기독교에서 하느님과 악마의 관계는 애매모호하게 설정되어 있습니다. 물론 악마를 상징하는 뱀은 피조물로 되어 있습니다. 하느님은 6일 동안 창조를 했는데 매번 "보시기에 좋았다"고 합니다. 이 말에는 '놀이'와 미(美)의 의미가 담겨 있다 할 것입니다. 그리고 피조물들 속에는 사탄(뱀)과 인간이 함께 들어 있습니다. 따라서 하느님의 창조적 구도(構圖) 속에는 인간과 사탄이 펼쳐낼 역사적 놀이마당이 이미 예견되어 있었다 할 것입니다.

전능한 존재인 하느님이 왜 악마를 창조해 에덴동산 속에 배치해놓은 것일까요? 왜 하느님은 애초에 악의 본성을 인간 안에 직접 넣어두지 않고 바깥에 위치시킨 것일까요? 이것은 불안하고 허약한 자유를 지닌 인간의 죄를 어느 정도 면책시켜주는 장치가 아닐까요? 그러나 하느님이 주재하는 섭리의 역사, 타락(墮落)에서 구원으로의 의미 있는 역사적 여정이 시작되기 위해선 반드시 악의 존재가 필요하다 할 것입니다. 그러니까 인류 문명사가 출범되기 위한 조건으로서 악이 전제되고, 이를 가동시킨 게 아담과 이브입니다. 에덴에서 이들이

어린 아이처럼 분별력이 없이 살았던 상태에서는 악은 기독교 철학자 폴 리쾨르가 《악의 상징》에서 말한 대로 '필연적인 것만은 아니다' 할 것입니다. 하지만 이런 미숙아 상태를 벗어나고 에덴을 '탈출'하기 위해선, 또 하느님이 강제한 제한된 자유를 무한한 자유로 바꾸기 위해선 인간은 계명을 깨는 위반을 저질러야 합니다. 그래서 악은 '역사적'이 됩니다. 이렇게 하여 하느님은 악마와 선악과를 통해 인간으로 하여금 문화와 의미 생성의 역사적 놀이를 가능하게 만들었다 할 것입니다. 이런 측면은 정신분석학의 관점에서 선악을 접근한 프로이트가 《문명 속의 불만》에서 언급한 말을 상기시킵니다. "인간을 '행복'하게 하려는 의도는 '창조'의 계획 속에 포함되어 있지 않다." 이때부터 속죄를 위해 비극적으로 나타난 시간은 역설적으로, 속죄를 통해 인간을 성숙시키는 창조적 백터로 작용합니다. 악이 침투한 아담과 이브는 긴장과 갈등 속에서 하나의 거대한 역사적 사이클 가동시키게 되는 것이죠. 아담의 타락 신화는 사실이 아니라, 현실에서 유대 민족이 반복하는 역사적 과정, 즉 율법(계명)에서 위반을 거쳐 추방되는 과정을 시원에다 원형으로 담아놓은 상징적 사건입니다.

　최후의 심판에서 인간이 구원 받는 상태는 아담의 에덴으로 복귀하는 게 전혀 아님을 상기할 필요가 있습니다. 그 때 인간은 기나긴 역사의 명암이 점철된 그 치열한 여정을 겪고 구원 받은 존재이며, 어린아이 같은 아담과는 차원이 전혀 다른 성숙된 존재입니다. 또 에덴에는 없었던 천국과 지옥으로 양분된 세계는 이 유배된 지상에서 펼쳐진 선악의 이분법을 그대로 유지하고 있음도 잊어서는 안 될 것입니다. 아담 신화를 통해 가동된 역사가 잘못된 것이고 문명은 아담이 타락

한 결과물이라면, 최후의 심판에서 구원 받은 자는 아담의 에덴 상태로 되돌아가야 마땅할 것입니다. 그러나 성서에 그렇지 않게 예언된 것을 보면 아담 신화는 인간이 선/악의 고도한 내적 투쟁을 통해 문화적·의미적 생성의 놀이를 전개하도록 하느님이 계획한 구도 속에 편입된다 할 것입니다.

3. 어느 동양학자의 착각

우리 시대의 튀는 동양철학자 김용옥은 중앙일보의 일요판 중앙선데이에 연재된 〈도올의 도마복음 이야기〉 2008년 11월 26일자 글, "구원을 얻었다 하자! 과연 너는 무엇을 할 것인가?"에서 어둠과 빛의 문제에 대해 무언가 착각을 하고 있는 것 같습니다. 그는 '지상의 어둠과 이원론적으로 대비되는 구원의 빛을 얻었을 때 빛뿐인 세계에서 어떻게 하자는 것인가?'라는 의미심장한 질문을 하면서 도마를 인용해 이렇게 주장합니다.

> "인간이 어둠의 세상에 있다는 사실만 강조하고 그 사실에 대하여 대비적으로 '빛'을 이야기하는 것은 일종의 공갈이나 협박의 한 형태에 불과하다. 빛을 보라! 어둠의 동굴 속에선 물론 빛 한 줄기만으로도 그 가치는 엄청난 것일 수 있다. 그러나 인간은 동굴 속에서 사는 것이 아니라 빛 속에서, 세상 속에서 산다. 그때 빛이란 너무도 흔한 것이다. 영생을 얻으리라. 생명을 얻으리라는 것은 일종의 클리쉐(cliché: 진부한 문

구)에 불과하다. 도마의 문제의식은 '빛을 발견하리라' '빛을 얻으리라' 가 아니다. '빛 속에 네가 일상적으로 거하게 되었을 때 과연 무엇을 할 것이냐?' 정말 충격적인 말이다. 도마의 비판은 동일한 문명권의 한 사유체계인 불교에도 그대로 적용된다. '일체개고(一切皆苦)'만을 강조하고, 거기에 대한 반사적 효과로서 멸집(滅執)의 해탈을 운운하는 것, 그 자체가 일종의 기만이나 협박일 수 있다."

도마에 의존한 김용옥의 논지는 인간이 구원 받아 어둠이 없는 빛의 세계, 곧 불행이 없는 세계에서만 산다면 그 지겹고 권태로운 삶을 어떻게 하자는 거냐?라는 의미가 담겨 있습니다. 어둠으로 치부된 현실과 대립된 그런 세계가 구원의 세계라면 그런 것은 필요 없으며 그것을 위해 설교하는 것은 '공갈'이고 '협박'이라는 것입니다. 우리가 살고 있는 지상에는 잠시나마 위안이 될 수 있는 덧없는 행복한 면면들이 있기는 합니다. 하지만 이를 위해 지불해야 할 불행이 사라지지 않고 있으며, 언젠가는 늙고 병들어 죽어야 하는 것은 인간의 숙명입니다. 또 인간 자신이 긍정적인 것과 부정적인 것의 상관적 체험 관계 속에서 살아야만 의미 있는 삶을 살 수 있다는 비극을 직시해야 합니다.

그러나 기독교의 구원은 이런 관계를 폐기하는 게 아니라는 점을 잊어서는 안 됩니다. 천국에 들어가는 것은 과거의 이승의 삶을 전제로 해서 가기 때문에 이승에 대한 기억을 그대로 간직하고 가는 것이죠. 따라서 이 기억에 따라 이 지상에서 겪었던 고난과 불행의 환기가 낙원의 새로운 삶을 음지에서 지탱해주는 중요한 요소로 등장합니다. 이런 논리는 서구인들이 현재의 풍요로운 낙원 같은 삶을 유지하면서

끊임없이 과거의 아픔과 고통, 특히 1·2차 세계대전의 악몽을 환기하면서 서양에서 그 어떤 명분이든 전쟁만은 안 된다고 경계하는 이치나 마찬가지입니다. 여기서 역사와 기억의 중요성은 아무리 강조해도 지나치지 않습니다. 그러니까 과거의 기억은 천국의 행복을 참다운 행복으로 인식하고 느끼게 해주는 없어서는 안 되는 불가결한 장치인 셈입니다. 뿐만 아니라 위에서 잠깐 언급했듯이, 성서의 최후의 심판에서 천국과 대비되는 지옥이 설정되고 있다는 점은, 구원의 영원한 빛 속에서 살면서도 지옥의 어둠을 바라보면서 창조적이고 의미 있는 삶을 계속할 수 있다는 것을 함축합니다. 부자는 가난한 자를 바라보면서 자신이 부자라는 점을 확인하고 의미와 방향을 창출해나가는 것과 마찬가지 이치입니다. 그러니까 최후의 심판이 끝나도 생성계 내에서 선/악의 관계를 통한 놀이가 계속된다는 데 기독교의 특징이 있는 것입니다. 지상에서 저지른 죄의 대가로 지옥의 영벌을 받은 자들이 있기에 천국에서 지복을 누리는 자들이 의미를 찾을 수 있는 것입니다. 천국만 있다면 천국 자체의 의미가 소멸 될 수 있기 때문이죠. 이렇게 볼 때, 빛만 있는 곳에서 무엇을 어떻게 할 것이냐? 라는 질문은 의미가 없습니다.

다른 한편으로 불교의 주장, 곧 '일체개고만을 강조하면서' 멸집(집착을 끊어버림)을 통해 해탈해야 한다는 것 역시 '기만'이나 '협박'일 수 있다는 도올의 발상 역시 무언가를 망각한 것 같습니다. 동양 사상 전문가로서 해박한 지식을 지닌 그가 민중과 노예의 종교인 기독교와는 반대로 불교가 귀족과 엘리트의 종교라는 사실을 모를 리 있겠습니까—예수는 마구간에서 태어났고 싯다르타는 왕자로 궁전에서 태

어났습니다. 불교의 수많은 경전과 교리의 궁극 목적은 해탈인데, 이 해탈은 기독교의 구원과는 차원이 다른 것입니다. 기독교가 빛과 어둠의 이원적 상관관계를 초월하지 않고 생성계 내에 머물고자 한다면, 부파불교 혹은 근본 불교는 생성계 자체를 초월하고자 합니다. 다시 말해 하느님이 우주를 창조하시기 전의 상태, 절대 상태로 회귀하고자 합니다. 기독교적으로 말하면, 창세기 이전에도 하느님은 존재했을 테니까, 이 절대 상태 역시 무(無)규정적인 하느님을 지칭할 수밖에 없습니다. 그러니까 생성계 이전의 하느님으로 회귀하고자 하는 게 불교이고, 생성계 내에서 하느님한테 구원받고자 하는 게 기독교인 것이죠. 달리 말하면 기독교는 '말씀'의 세계에 머물고자 합니다. 성서의 〈창세기〉를 보면 태초에 창조를 위한 하느님의 말씀이 있습니다. 이 말씀, 곧 로고스는 아담과 이브, 선악과, 뱀 등이 엮어내는 관계 구조의 창출입니다. 반면에 불교는 이 관계 구조를 넘어서, 의미를 낳는 패러다임을 넘어서 말씀 이전의 침묵의 세계로 돌아가고자 합니다. 따라서 이 둘은 동전의 양면을 구성합니다. 바로 이 때문에 불교도와 기독교도는 싸울 필요가 전혀 없는 것입니다. 생성계 이전의 하느님, 부정신학적(否定神學的)으로 말하면 인간의 제한된 인식으로는 규정이 불가능한 그 초월적 존재로 되돌아가고자 하는데, 왜 야단이냐? 라는 것이죠. 특히 개신교도들은 이 점을 잘 알고 불교도들에 대한 적대적 감정을 불식시켜야 할 것입니다.

　그렇다면 왜 불교는 생성계 이전의 상태로 가고자 하는가? 일체개고라는 말, 즉 모든 게 고통이라는 표현의 깊은 의미를 되새겨보아야 합니다. 의식을 가진 인간의 행복은 불행을 통해서만 인식되고 느껴

질 수 있기 때문에, 행복 속에 이미 불행이 들어와 있습니다. 행복만 있으면 행복이 무엇인지 알 수 없기 때문에 행복을 행복으로 만들어 주는 게 불행이며, 행복 자체가 불행을 함축하고 있는 것입니다. 따라서 행복도 불행을 전제로 하니 모든 게 고통인 것입니다. 행복과 불행의 인식론적 놀이를 하기 위해선 누군가 고통 받는 존재가 있어야 하고 있을 수밖에 없습니다. 기독교의 지옥은 영벌을 받은 중생이 구원에 대한 일말의 희망도 없이 영원히 갇혀 있어야 하는 곳임을 상기합시다. 물론 불교는 무량한 자비를 통해 이들 마저도 구제되어야 할 대상으로 보지만 말입니다. 인류의 누군가가 불행하지 않으면 안 되는 이 숙명, 하느님이 창조한 이후의 이 생성계에서는 벗어날 수 없는 이 숙명을 불교의 해탈은 열반을 통해 넘어서고자 합니다. 이 해탈은 생성계의 이원적인 놀이 자체를 넘어서는 것입니다.

　그것은 지상에서 고통 속에 살고 있는 민중이 소망하기에는 너무도 먼 피안이라 하겠죠. 물론 예외가 있겠지만, 이 사바세계에서 온갖 영화와 권력과 부를 누린 지배 엘리트 계급만이 욕망의 정상을 정복했기에 그런 해탈을 꿈꿀 수 있을 것입니다. 그래서 불교는 평등을 주장하지만 귀족 종교이며 이 점을 뒷받침하는 게 싯다르타가 왕자로 태어났다는 것입니다. 기독교와 반대로 불교가 못 사는 나라에 들어가지 못하고, 국민 전체가 일정한 생활수준에 오른 유럽의 잘 사는 나라에 파고들고 있음은 이와 무관하지 않습니다. 권력도 싫고, 부(富)도 싫으며, 명예도 싫증 난 상태에서 모든 것이 시시하게 보여 무덤덤해져야 집착에서 벗어날 수 있을 진대, 일반 대중과 서민이 어떻게 그게 단번에 가능하겠습니까. 많은 윤회를 거쳐야 도달할 것입니다.

여기서 〈누가복음〉(17: 20)에서 예수님이 천국은 어디에 있는지 질문을 받고 대답한 것을 잠시 생각해봅시다. 왜냐하면 이 구절이 불교에서 말하는 마음과 접근되어서 자주 언급되기 때문입니다. "하느님의 나라가 오는 것을 눈으로 볼 수 없다. 또 '보아라, 여기 있다' 혹은 '저기 있다'고 말할 수 없다. 하느님의 나라는 너희 가운데 있다." 흔히 '너희 가운데 있다'는 '너의 마음속에 있다'로 해석됩니다. 그리하여 천국은 따로 존재하는 게 아니라 우리의 구원 받은 마음에 이미 존재하고 있다고 이 표현이 이해되어 불교의 해탈한 마음(일체유심조一切唯心造 — 모든 것은 오로지 마음이 지어내는 것이다—를 상기합시다)과 나란히 놓이는 경우가 많습니다. 〈묵시록〉을 통한 기독교의 구원은 생성계 내에서 최후의 심판을 통해 천국과 지옥이 갈라지면서 나타나고 불교의 구원은 이런 생성계 차원을 넘어서 간다는 데 문제가 있습니다. 둘 다 하느님 곁으로 간다 해도 그 상태는 전혀 다른 것입니다. 따라서 두 구원이 똑같은 마음의 상태라고 해서는 안 될 것입니다. 타락에서부터 그리스도의 수난을 거쳐 최후의 심판까지 섭리의 역사를 고려할 때, 성경의 구절은 이렇게 해석되어야 하리라고 봅니다. 즉 천국은 유배지인 이승에서 눈으로 볼 수 있는 그런 세계가 아니라 전혀 예기치 않은 낙원인바, 신도는 끊임없이 마음을 갈고 닦으면서 선(善)을 부지런히 행하면 최후의 심판 이후에 오는 이 낙원이 이미 예정되어 있는 것이나 마찬가지니, "하느님의 나라는 네 마음속에 있다"는 것입니다. 하느님은 동일한 하느님이라 할 수 있지만 기독교와 불교의 구원을 접근시키는 데는 이처럼 일정한 한계가 있다고 봅니다. 여기서 내세 중심적 구원보다 현세 중심적 구원을 강조하는 〈도마복음〉이나 대승불교를 끌어

들이면 문제가 복잡해지니 이 두 경전의 관점은 제외하겠습니다.

요컨대 생사의 고통이 엮어내는 의미적 세계에 다시 돌아오지 않고 창조 이전의 하느님 세계에 절대적 휴식 상태로 머무는 것, 그게 바로 궁극적 해탈입니다. "해탈을 해서 무엇 하겠다는 거냐?"와 같은 도올의 질문은 나올 필요가 없는 것입니다. 나중에 불교의 관계론은 별도로 다룰 기회가 있을 것이니 여기서는 이 정도로 하겠습니다.

4. 양극적 패러다임과 영화 〈패션 오브 크라이스트〉

다시 기독교의 역동적 역사로 되돌아가보죠. 어둠에 대한 기독교의 강조는 역설적으로 빛과 어둠의 패러다임을 통해 의미를 강력하게 생성시키는 기제로 작동했습니다. 롤랑 바르트의 '패러다임'이란 말을 다시 상기합시다. 아름다움과 추함은 갈등을 낳으면서 의미를 생성시키는 패러다임입니다. 아름다움만 있으면 갈등도 없고 의미도 없는 것이죠. 그래서 아름다운 여자는 추한 여자한테 빚을 지고 있는 것입니다. 아름다운 여자여, 추한 여자에게 겸손하고 감사하라.

기독교에서 빛과 어둠은 양극적인 패러다임을 형성해 강력한 갈등 구조 속에서 의미를 생성하도록 해줍니다. 기독교는 악·불행·고통을 배제하고자 하지만, 역설적으로 오히려 이것들이 있음으로써 이상향, 곧 구원을 향한 금욕의 전진이 가능한 것입니다. 그것들이 소멸하는 순간 이 전진 자체가 불가능하고 역동의 시간적 역사는 전개될 수 없습니다. 그렇기 때문에 어둠의 강조는 내적 긴장과 투쟁을 통해 속죄

의 강도를 높이고, 고행적인 삶을 통해 빛으로 가도록 끊임없이 고무 시킵니다. 그러니까 어둠을 배제하려는 빛의 노래는 배제되는 어둠을 통해서만 의미를 지닐 수 있기에 이 어둠은 오히려 지속적으로 환기될 수밖에 없습니다. 이게 우매한 신도들을 장악하기 위해 이용되는 경우가 많았고, 지금도 이용되는 사례가 많지만 말입니다. 아담 신화에서 선과 악의 투쟁이 가동된 순간부터 악은 끊임없이 선의 동반자로 짝을 이루면서 역사 창조의 한 축을 이루고 있습니다. 영화 〈패션 오브 크라이스트The Passion of the Christ〉에서 보듯이, 그리스도가 수난이라는 최고의 드라마를 통해 인류의 죄를 근원에서 완전히 씻어주기 위해서는 인간이 저지를 수 있는 가장 잔혹한 심연의 악을 드러내야 합니다. 그리스도는 절대선을 구현해야 하고 절대선은 절대악을 전제로 합니다. 따라서 드라마는 이런 양극적 패러다임의 구도 속에서 전개되지 않을 수 없습니다. 예수 그리스도를 독생자로 보내신 게 하느님의 뜻이라면, 절대선 대(對) 절대악의 구도도 하느님의 섭리 속에 자연스럽게 자리 잡을 수밖에 없을 것입니다. 그럼 모든 게 하느님의 뜻이라면 예수를 배신한 가롯 유다의 행동 역시 이런 구도 내에서 해석될 수 있을까요?

여기서 아담 신화에서부터 등장한 악마의 역할을 다시 생각해봅시다. 이 신화에서 악마는 인간 안에 이미 들어와 있는 게 아니라 바깥에 배치되어 있습니다. 따라서 악에 대한 인간의 책임 한계가 암묵적으로 설정되어 있다는 해석이 가능하지요. 그러니까 정의의 신은 정의의 '놀이' 자체가 가능하게 하기 위한 장치로서 악마를 등장시키지만, 이 악마가 바깥에서 유혹하도록 함으로써 인간을 용서해줄 수 있

는 여지를 남겨놓고 있다는 것입니다. 악마는 누가 배치해놓은 것입니까? 아담 신화에서 그 주체는 분명 하느님입니다. 유다의 배반에도 악마의 유혹이 등장합니다.

"예수께서 (……) '정말 잘 들어 두어라 너희 가운데 나를 팔아넘길 사람이 하나 있다' 하고 내놓고 말씀하셨다. (……) 예수께서는 '내가 빵을 적셔줄 사람이 바로 그 사람이다' 하셨다. 그리고는 빵을 적셔서 (……) 유다에게 주셨다. 유다가 그 빵을 받아믹자마자 사탄이 그에게 들어갔다. 그때 예수께서는 유다에게 '네 할 일을 어서 하여라.' 하고 이르셨다."(《요한복음》 13 : 24-28).

여기서도 분명 사탄이 유다의 바깥에서 내부로 들어가고 있습니다. 하느님이 주재하는 정의의 역사 속에서 그리스도의 수난은 중심점입니다. 그것이 구현되기 위해서는 누군가 예수를 배신하여 파는 비극적 존재가 있어야 합니다. 그 역할을 제자인 유다가 맡고 있어 드라마를 극한적 상황으로 몰고 가고 있습니다. '왜 제자 아니고는 안 된단 말입니까?'라는 의문이 들 수 있죠. 제자의 심복 같은 자들도 있고 얼마든지 다른 배반자를 만들어낼 수 있습니다. 특히 유다는 새로운 해석들이 많이 나오면서 예수의 제자들 가운데 가장 신임이 두터웠고 머리도 제일 총명했던 것으로 간주되기도 합니다. 유다가 기적을 행할 수 있는 초인적 능력을 지닌 예수를 이용해 권력을 잡겠다는 생각이 빗나가자 배신했다는 등의 통속적인 해석은 이 드라마의 거룩한 성격을 전적으로 왜곡한다고 볼 수 있을 것입니다.

다른 사람도 아닌 유다 같은 제자가 절대선을 구현하러 온 스승 예수를 배반하는 것은 엄청난 상징적 의미가 담겨 있다고 봅니다. 그것은 풀어내야 할 하나의 '해석학적 코드(약호)'입니다. 그것은 독생자이신 그리스도가 강림한 목적, 즉 제자들을 포함한 인류의 절대악을 구제해야 한다는 것과 은밀한 의미작용을 하고 있습니다. 인간이 악마의 꾐에 빠져 저지를 수 있는 절대악의 한 모습은 바로 그리스도 자신의 직계 '애제자'가 구세주를 배신하는 행위인 것입니다. 구세계를 폐기하고 새로운 세계를 여는 신화적 사건, 인간의 인식을 넘어선 이 초월적 드라마에서 절대악은 두 개의 축으로 구축되어 있습니다. 그 하나가 유다의 배반인 것이죠. 다른 하나는 예수를 잔인하게 고문하여 십자가에 못 박는 로마 병사들입니다. 이들 역시 절대악의 화신으로 등장해야 합니다. 그래야만이 예수는 절대선을 통해 인류의 죄를 근본에서 잘라낼 수 있기 때문입니다. 미셸 푸코는 그의 명저 《광기의 역사》에서 "십자가의 광기"는 전락한 인간의 조건, 다시 말해 "신이 인간으로 화신하신 가운데 동의한 더할 나위 없는 저속한 인간성"을 나타낸다고 말하고 있습니다. 여기서 광기란 말은 인간의 이해를 넘어선다는 의미입니다. 사도 바울에게 십자가의 광기는 인간의 지혜로선 이해할 수 없는, 신의 지혜가 숨쉬는 '신의 광기'처럼 계시되어 나타납니다. 이런 광기를 통해 그리스도는 인간의 심연에 자리 잡고 있는 극한적 야수성이 표출되도록 하여 이것을 다 받아들여 씻어내고자 한 것이죠.

〈패션 오브 크라이스트〉를 감독한 멜 깁슨은 이 점을 인식하고 있었는지 모르지만 병사들의 잔인한 모습을 유감없이 보여주고 있습니다.

당시 영화가 국내에 개봉되어 상영되었을 때, 많은 관람객은 너무 끔찍해 볼 수가 없을 정도였다고 말했습니다. 그러나 그럴 수밖에 없는 이런 깊은 신성한 의미를 이해해야 합니다. 로마 병사들 역시 악마에 홀려야 했고 홀릴 수밖에 없었다 할 것입니다. 그런데 그리스도는 이렇게 기도합니다. "아버지 저 사람들을 용서하여 주십시오! 그들은 자기가 하고 있는 일이 무엇인지 모르고 있나이다."(〈누가복음〉, 23: 34) 그리스도가 이 수난에서 최고선을 구현하기 위해선 자신들이 악마에 홀려 야수 같은 악행을 통해 절대악의 화신이 되어야 한다는 것을 로마 병사들이 알 턱이 없습니다. 이 무지한 하급병사들이 하느님의 거룩한 역사적 구도를 어떻게 알 수 있겠습니까. 당연히 이들은 자신이 무엇을 하고 있는지 모르기 때문에 일정 부분 면책되어야 하지 않을까요?

그렇다면 유다는 자신이 무엇을 하고 있는지 알았을까요? 하느님의 구도를 알고 있던 자는 예수 한 분뿐입니다. 더욱이 유다는 아담과 이브처럼 바깥으로부터 온 악마, 하느님이 가치 창조라는 역동적 의미 생성을 위해 바깥에 설치해놓은 그 악마의 유혹에 넘어간 것입니다. 그렇다면 유다 역시 어느 정도 면책되어야 하는 것일까요? 그는 회개하지 않고 자살한 것으로 되어 있지만, 이 자살의 진정한 의미는 어쩌면 그가 이런 구도에 생각이 미치자 회개할 필요에 회의를 느끼면서 앎의 한계와 정신적 혼란에 부딪쳐 절망한 것을 의미하지 않을까요?

결국 수난의 드라마에서 유다와 로마 병사들은 그리스도의 절대선과 대립되는 인류의 절대악을 체현하는 역할을 담당하고 있다 할 것입니다. 그러니까 그들은 우리 모두를 대변하는 상징적 인물들인 셈

입니다. 그렇다면 그들 역시 하느님이 그리스도의 대속을 통해 우리를 용서하듯이 용서받을 대상에 포함되지 않을까요? 특히 정의의 신이 무한한 사랑의 신으로 임재하신 '대사건'이 예수의 수난이고 보면, 이 사건에서 신의 계획된 구도에 따라 인류를 대변한 악의 화신들은 그렇게 용서받을 수 있지 않을까요? 하느님이 결정하실 일입니다. 빅토르 위고의 《레미제라블》에서 미리엘 신부가 장발장을 대하듯이, 성자(聖者)는 악인을 절대 단죄하지 않고 감싸 안는 법이죠. 성자를 영광스럽게 하는 조건이 악과 불행이기 때문입니다.

여기서 우리는 고 김수환 추기경이 생전에 느꼈을지도 모를 역설을 생각해볼 수 있습니다. 사실, 성직자로서 그는 지상에서 해야 할 일을 당연히 한다는 입장이었을 것입니다. 그래서 자신이 '과분한 사랑'을 받았다고 느꼈을 것입니다. 또 이 땅에 어루만져 주어야 할 불행하고 고통 받는 자들이 있기에 자신의 빛나는 성직과 영광이 있다는 것을 깨닫고 있었을지 모릅니다. 그러니까 그는 오히려 자신의 영예가 그들로부터 온다고 생각할 수도 있었을 것입니다. 그러기에 고난 속에서 추기경이 내민 손길을 붙잡은 자들이 그에게 보냈던 존경만큼이나 그는 그들에게 마음의 빚을 지고 있었을지 모를 일입니다.

5. 금욕의 세월과 은폐

이제 그리스도의 수난 이후를 보겠습니다. 예수의 십자가 양편에서는 두 도둑이 십자가를 지고 함께 처형당했습니다. 하나는 속죄한 도둑

이고 다른 하나는 속죄하지 않은 도둑입니다. 예수의 십자가가 한편으로는 대속(代贖)을 위한 고통스러운 '교수대의 십자가'이고, 다른 한편으로는 원죄의 숙명에 종지부를 찍는 '영광의 십자가'이듯이, 두 도둑은 양편으로 갈라져 제각기 지옥의 고통과 천국의 기쁨이 예정되어 있습니다. 역시 양면성이 부각되고 있습니다. 하느님이 예수 그리스도를 통해 인류의 죄를 씻어내는 무한한 사랑을 베풀었지만, 자유를 둘러싼 상황은 아담 신화에서처럼 역시 불안합니다. 또 대속이 기독교도를 원죄 이전의 아담의 상태로 회귀하게 해준 것도 아닙니다. 그는 유배된 이 지상에 있으면서 낙원에의 구원 약속을 받은 것이지 구원된 게 아닙니다.

그는 구원의 그날까지 예수의 재림을 기다리면서 대립되는 것들의 이원적 구도 속에서 내적인 첨예한 갈등을 극복해 나가야 합니다. 그는 자연의 아름다움조차 찬양해서는 안 됩니다. 로마 시대 이후 서양의 중세에서 오랫동안 자연은 유배된 지상에 속했기 때문 찬미의 대상이 될 수 없었습니다. 그렇기 때문에 이미 4세기부터 미학적으로 자연 풍경을 예찬한 동양철학이나 회화 같은 세계는 존재할 수 없었습니다. 중세의 기독교는 자연 풍경이 아니라 정신의 풍경을 중시했던 것입니다. 정신의 풍경은 바로 이원적 관계에서 한쪽을 배제하고 다른 한쪽을 선택하는 것입니다. 이미 우리는 여기서 플라톤의 영향을 느낄 수 있습니다. 그에게 현실은 이데아의 그림자에 불과하기 때문에 평가 절하되었음을 상기하면 이해가 됩니다.

기독교도는 끊임없이 기웃거리는 사탄의 유혹과 어둠을 물리치는 금욕의 세월을 견뎌내야 최후의 그날에 승리의 월계관을 쓸 수 있는

것입니다. 이와 같은 세월은 콘스탄티누스 1세가 정치적 이해득실을 고려해 밀라노칙령(313년)을 통해 기독교를 공식 인정한 이후 약 천여 년 동안 지속됩니다. 다시 말해 기독교도가 진정으로 원죄에서 해방되는 존재로 나타나기 위해서는 천 년의 세월을 기다려야 하는 거죠. 그 기간 동안 지배한 사상이 플라톤의 영향을 받은 아우구스티누스(성 어거스틴)의 사상입니다. 신자는 지상의 삶을 부정하고, 이곳에 추락되어 육체 속에 갇힌 영혼을 구제하기 위해 최후의 심판을 끊임없이 상기하면서 공동체를 통한 개인의 구원을 추구해야 합니다. 이 과정을 통해 나타난 예술이 로마네스크 양식의 예술입니다. 이 양식으로 명명된 중세 교회에 들어가면, 우선 분위기가 엄숙하고 무겁습니다. 지상의 어둠을 강조하기 위해 예수의 고통 받는 수난상, 〈묵시록〉의 최후의 심판과 지옥 등이 조각 작품들로 형상화되어 있습니다.

이런 시대적 상황 속에서 중세 기독교는 흔히 '암흑시대'로 규정되지만, 전혀 다르게 해석될 수 있습니다. 중세가 대립 관계의 양극적 패러다임을 통해 서양문명의 새로운 도약을 어떻게 준비했는지 살펴보기로 하죠.

우선 기독교는 목적론적 역사관을 드러내고 있습니다. 거시적으로 볼 때, 이 일직선적 역사관은 역사를 원죄에서 그리스도의 수난을 거쳐 최후의 심판까지 3단계적으로 구획하여 구원의 목표를 향해 강력한 드라이브를 걸고 있습니다. 그러니까 역사 자체가 목표 지향적이며 이 목표를 향해 선택과 에너지의 집중이 이루어지는 것입니다. 그것도 선/악의 양극적 패러다임을 토대로 강력한 도덕적 무장을 요구하고 있습니다.

대부분의 종교와는 달리, 기독교는 윤회설을 인정하지 않고 있습니다. 이는 신도들의 도덕적 무장을 위해서는 불가피한 선택이었을 것입니다. 설령 윤회가 진리라 해도 그것은 도덕적 해이를 낳을 수 있는 '위험한' 진리인 것입니다. 이번 생에서 저지른 악과 범죄가 다음 생을 결정짓기는 하지만, 다음 생 자체가 사회적 신분의 추락이나 불행의 강화로 나타날 뿐이라면, 도덕적 해이를 막기에는 역부족이라 할 것입니다. 더구나 거의 모든 인간에게 다음 생 자체는 전생(前生)처럼 알 수가 없어 인식론적으로 단절되어 있습니다. 그러니까 기회는 이번 생 딱 한 번뿐이어야 하고 한 번뿐인 거죠. 이번에 저지른 죄악을 다음 생에서 속죄할 수 있다는 생각 자체를 근절시켜버려야 하는 것입니다. 지금의 인생이 단 한 번뿐인 유일한 삶이고, 이 유일한 삶을 놓치면 영원한 지옥불에 떨어지는 것입니다. 니체의 '영원 회귀' 같은 것은 없는 것이죠. 그러니 단단히 각오하고 악과 비리와의 싸움에서 절대로 경계를 늦추어서는 안 되는 겁니다. 끊임없이 회개하고, 절제하며 금욕하면서 구원의 그날이 오기를 기다려야 하는 것이죠.

　이 회개와 시련이 끝나는 역사의 종말이 오는 순간, 영원한 파라다이스가 열리는 것입니다. 이런 기독교의 섭리사관, 목적론적 역사관에 맥이 닿아 있는 게 헤겔의 역사관이고 마르크스의 역사관입니다. 후자의 역사관 둘 다 발전사관으로서 역사의 종말을 내다보며 낙원을 꿈꾸고 있으니까요. 19세기는 '역사의 세기'라 불릴 만큼 역사의 주도권을 잡는 민족들의 경쟁을 고취했던 세기였습니다. 어느 면에선 그 연장선상에 있는 게 역사가 인간의 운명이 되어버린 1·2차 세계대전입니다. 지금도 역사를 이끌어가는 선두 주자를 놓고 국가들 사이에

경쟁이 벌어지고 있는 측면이 있지요. 앞으로 역사의 축이 극동으로 이동할 것이라는 전망까지 나오고 있긴 하지만, 이처럼 은밀하게 작동하는 역사관에는 오지 않는 유토피아를 향해 '조금만 더 조금만 더 하면서' 개인과 국민의 희생을 강요하는 지배층의 전략이 숨어 있는 측면이 없지 않다 할 것입니다. 이제 서양인들은 이런 전략에 더 이상 속지 않으려 하고 있습니다.

한때 서양에서 이런 목적론적 역사관들이 비판되고 해체되긴 했지만, 생에 대한 서양인의 근본적 태도에는 이런 목적론적 역사와 결합된 끊임없는 참회와 금욕적 노동에 대한 관념이 자리 잡고 있습니다. 롤랑 바르트는 프랑스의 최고 석학들만을 모신 개방대학인 콜레주 드 프랑스에서 행한 한 강의에서 동양의 어떤 선시(禪詩) 한 구절을 이렇게 인용합니다. "아무것도 하지 않고 평온하게 앉아 있으니/봄이 오고 풀은 저절로 자라는구나." 그런 뒤 그는 다음과 같이 해설합니다. "'아무것도 하지 않고 평온하게 앉아 있으니'가 사실 의미하는 바는 과오의 세계 바깥에 완벽하게 위치한다는 것입니다. 아마 이것은 서양인에게는 불가능하다 할 것입니다. 과오가 없고 빚을 지지 않은 상태로 아무것도 하지 않고 있다는 것은 매우 어렵습니다. 우리한테는 우리가 시간을 갖고 있다는 것은 무언가 누군가의 덕분이라는 집요한 생각이 있습니다. 기독교인의 자세는 무릎을 꿇고 있습니다."(《중립》) 그는 우리 동양인한테는 없는 죄의식에 대한 관념이 서양인의 무의식 속에 뿌리 깊게 남아 있다고 보는 거죠.

요컨대 원죄라는 알파에서 궁극적 구원이라는 오메가로 가는 속죄와 성숙의 역사관이 서양을 도약시키는 준비를 한 셈입니다. 역설적

으로 말하면, 기독교도는 자신이 벗어나고 없애고자 했던 죄와 악—이것을 완곡어법으로 표현하면 시련과 고통입니다—이 있었기에 세계 정복의 미래를 위한 준비를 할 수 있었던 것입니다. 죄와 악은 갚아야 할 빚처럼 따라다니면서 생을 약동시키는 원동력의 한 축을 이루었다 할 것입니다. 시련과 고통이 있기에 의미가 있으며, 그것들을 인내해 내야 하기에 늘 하느님이 함께 하는 것이죠. 미국의 국가장애위원회 차관보를 지낸 강영우 씨는 '실명이 내 삶의 가장 큰 자산'이라고 말하면서 이렇게 회상했습니다. "실명을 한 뒤 시력을 달라고 매일 기도했어요. 그때 하느님이 내 기도에 응답해 시력을 주었다면 아마 내가 이렇게 성공하지 못했을 거예요. 시력을 잃은 게 내 인생에서 가장 큰 자산이 되었고, 그 때문에 성공했다고 생각해요."(중앙일보, 2006년 8월 2일자)

6. 성(性)의 억압과 문화

이런 연장선에서 인간의 가장 강력한 욕망인 번식욕과 결합된 성(性)의 억제가 고찰될 수 있습니다. 유럽의 왕들이 우리와는 달리 후궁제도를 두지 않았다는 사실을 상기할 필요가 있습니다. 기독교가 '남성적', '공격적' 종교이며, 여성성을 억압한 종교임은 주지의 사실입니다. 아담 신화에서부터 이브(여자)는 남자의 갈빗대를 뽑아 만들어졌고, 사탄의 유혹을 먼저 받은 것도 이브이죠. 기독교는 갈등 관계를 통해 의미를 낳는 욕망과 억압의 패러다임이 가장 잘 작동하는 종교였던

것입니다. 욕망을 억압하면 욕망은 더욱 강화되고, 욕망이 강화되면 위험해지니까 더욱 억압하게 되어 패러다임은 심화되고, 따라서 의미의 창출은 더욱 깊어집니다. 그렇게 하여 태어난 것이 《트리스탄과 이졸데》처럼 승화된 사랑을 주제로 한 중세 기사도 문학이며, 이런 연장선상에 있는 작품들이 예컨대 셰익스피어의 《로미오와 줄리엣》이고 괴테의 《젊은 베르테르의 슬픔》입니다. 우리 동양 문화권 같으면 "사내 녀석이 계집애 하나에 목을 매느냐?"라는 질타를 받았을 만한 자가 이들 작품 속의 남자들입니다. 그러니까 기독교는 지상에서의 성적 욕망을 부정적인 것으로 억압했지만, 바로 이 억압 때문에 오히려 승화된 정신적 사랑을 주제로 한 많은 예술 작품들이 탄생할 수 있었던 것입니다. 그럼, 중세 12세기에 켈트족 전설을 바탕으로 프랑스어로 최초로 씌어진 《트리스탄과 이졸데》를 검토해봅시다. 그 뒤, 이 작품의 수많은 번안 작품이 쏟아졌고 바그너의 악곡(오페라)에서 그 절정을 이루었으며 케빈 레이놀즈가 2006년 영화로 만들어 국내에도 소개된 바 있습니다. 판본마다 이야기가 조금씩 다르지만 대략적 줄거리를 보면 이렇습니다.

트리스탄은 지금의 프랑스 브르타뉴 지방의 르누아 왕국의 왕인 리발렌과 영국 콘월 왕국의 왕인 마크의 누이동생 블랑슈플뢰르 사이에서 태어난다. 그의 아버지는 그가 태어나기도 전에 전쟁에서 사망하고 어머니는 슬픔을 못 이겨 아이를 분만하자 역시 죽는다. 그래서 그의 이름은 '트리스트(triste: 슬픈)'라는 형용사와 연결되어 있다. 나라가 망한 뒤, 고아가 된 트리스탄은 아버지를 모셨던 재상 로할르와 기사(騎士)

고르브날에 의해 양육되고 교육을 받는다.

수려한 마스크를 지닌 그는 15세 되던 해에 바다 건너 콘월 왕국으로 가 왕인 삼촌 마크를 만나 다양한 재능을 보여줌으로써 환대를 받고 머물게 된다. 그런데 콘월 왕국은 바다 건너 큰 나라인 아일랜드 왕국에 매년 조공을 바쳐야 하게 되어 있다. 몇 년 후 트리스탄은 이런 관행을 없애기 위한 결단에 따라 아일랜드로 건너가 이 왕국 왕의 처남인 거인 모르홀트와 결투를 벌여 죽인다. 왜냐하면 이 거인과 싸워 이길 경우 조공을 면제해주겠다고 했기 때문이다. 그러나 그 역시 독이 묻은 검에 치명적인 부상을 입어 죽게 되어 있는데, 모르홀트가 죽어가면서 왕의 딸인 이졸데만이 독을 중화시킬 능력이 있다고 말한다. 이졸데는 트리스탄이 자신의 외삼촌을 죽인 줄도 모르고 그를 치유해준다. 치유되자, 그는 콘월 왕국으로 되돌아간다.

마크 왕은 자신의 조카인 트리스탄이 왕위를 계승하기를 희망하지만, 신하들은 직계가 계승해야 한다며 결혼할 것을 주장한다. 왕은 어느 날 새 한 마리가 떨어뜨리고 간 금발 머리카락의 여주인을 찾아내면 이 여자와 결혼하겠다고 선포한다. 트리스탄은 이 머리카락이 이졸데의 것임을 알아보고 자신이 아일랜드로 떠나겠다고 제안한다. 아일랜드에 도착하자, 그는 이 나라를 괴롭히는 무서운 용과 싸워 죽인다. 이 나라 왕은 이 괴물을 없애는 자에게 자신의 딸 이졸데를 주겠다고 약속해놓은 참이다. 그렇게 하여 트리스탄은 이졸데를 배필로 맞이할 수 있는 권리를 얻지만 자신이 온 목적을 이야기하고 권리를 삼촌에게 양도한다. 하지만 그 역시 두 번째로 부상을 입고 이졸데에 의해 치유 받는다. 이때 이졸데는 그의 검이 외삼촌 모르홀트의 머릿속에서 발견된 파편

조각과 일치한다는 것을 알고 복수할 생각을 하나 결국 단념하고 그를 용서한다. 아일랜드의 왕은 자기 딸이 마크와 결혼하는 것을 허락하고 트리스탄과 이졸데를 배에 태워 콘월 왕국으로 보낸다. 그리하여 두 왕국의 화해가 이루어지지만, 이졸데는 트리스탄이 자신한테 별 관심을 보이지 않는 데 대해 다소 원망스러움을 느낀다.

이졸데의 어머니 왕비는 딸이 결혼 첫날 밤 신랑인 마크와 나누어 마시도록 병에다 사랑의 미약을 준비해 이졸데의 시녀 브랑지앵에게 주어 놓았다. 이 미약을 마신 연인은 결코 떨어질 수 없는 숙명적 사랑을 하게 되고 헤어짐은 견딜 수 없게 되어 있다. 그런데 항해 도중 트리스탄과 이졸데는 목이 마른 나머지 이 미약을 실수로 마시게 된다. 그 효과는 즉각적이어서 둘은 배에서 저항할 수 없는 사랑에 빠지게 된다.

그럼에도 불구하고 콘월 왕국의 궁정에 도착하자 이졸데는 왕과 결혼하지만, 신혼의 첫날 밤 침실에 자기 대신에 시녀인 브랑지앵을 들여보낸다. 두 연인은 남몰래 계속 사랑을 나누다가 발각되어 화형 선고를 받는다. 트리스탄은 화형장에 가는 도중 탈출한 뒤, 문둥병자에게 넘겨진 이졸데를 구해 숲속으로 피신한다. 그렇게 3년의 세월이 흐르는 동안 두 연인은 비참한 생활을 하고 미약의 마법은 약해지게 된다. 왕은 오랫동안 그들을 찾고 있던 중, 어느 날 그들을 발견했다는 보고를 받고 숲속에 있는 그들의 오두막 거처에 당도한다. 그 둘은 아주 순결하게 잠을 자고 있는데, 둘 사이에는 트리스탄의 검이 꽂혀 있다. 왕은 이 검이 그들이 순결하다는 징표라고 생각해 그들의 순수한 감정을 존중한다. 그는 꽂힌 검을 자신의 검으로 바꿔놓고 이졸데의 손가락에 자신의 반지를 끼워준 다음, 장갑으로 햇볕을 막아준다. 잠에서 깨어나자,

이졸데는 왕의 행동에 감동되고 왕이 자신들을 용서했다고 생각한다. 이졸데는 왕 곁으로 돌아가고 트리스탄은 브르타뉴 지방으로 유배를 떠난다.

트리스탄은 이곳에서 오엘 공작의 어여쁜 딸로서 금발의 이졸데를 닮은 흰손의 이졸데와 결혼하고 그녀의 오빠 카에르딘과 우정을 맺는다. 그러나 그는 자신의 아내에게는 별 관심을 보이지 않고 온갖 방법을 동원해 금발의 이졸데들 다시 만나고자 한다. 그는 자신이 사랑하는 그녀가 있는 곳으로 찾아가 나병환자·속죄자·광인 등으로 변장해 구걸하면서 잠시 동안이라도 그녀를 만나곤 한다.

브르타뉴에 돌아온 뒤, 어느 날 그는 원정을 나갔다가 심각한 부상을 입는다. 그는 이 부상을 낫게 해줄 사람은 금발의 이졸데뿐이라고 호소한다. 카에르딘은 이 호소를 받아들여 금발의 이졸데를 데리러 콘월 왕국으로 떠난다. 카에르딘이 그녀와 함께 올 경우, 배는 흰 돛을 달고 오고 홀로 올 경우는 검은 돛을 달고 온다는 약속이 두 남자 사이에 되어 있다. 그런데 저 멀리 흰 돛의 배가 나타날 때, 트리스탄이 그의 아내 흰 손의 이졸데에게 돛의 색깔을 묻자, 그녀는 질투와 화를 못 이겨 검은 돛이라고 말한다. 트리스탄은 절망하여 숨을 거두고, 폭풍 때문에 한발 늦게 도착한 금발의 이졸데 역시 그의 시신을 붙들어 안은 채 운명을 같이 한다.

사랑의 미약에서부터 이 비극적 이야기의 전말을 전해들은 마크 왕은 바다를 직접 건너가 두 연인의 시신을 이송토록 하고, 제대로 장례를 치러 양지바른 곳에 고이 묻어주라고 지시한다. 두 무덤으로부터 두 그루 나무가 분리할 수 없게 얽힌 채 자라났다 한다.

이 이야기에서 사랑의 미약은 남녀 관계에 엄격한 도덕적 잣대를 들이대는 중세 기독교 사회에서 불륜 아닌 불륜에 면죄부를 주는 중요한 문학적·상상적 장치입니다. 뿐만 아니라 이졸데는 트리스탄과 사랑에 빠지기 전에는 왕과 아직 결혼한 상태가 아닙니다. 만약 그녀가 왕과 결혼한 이후에 두 연인 사이에 정념의 광풍이 몰아쳤다면, 저자는 시대 분위기 상으로 볼 때 사랑의 미약을 개입시킬 수도 없었을 것이고, 그런 은밀한 관계는 그냥 불륜이 되어 작품 자체가 탄생되지 않았을 것입니다. 그러니까 사랑의 숙명을 담보하는 미약이 마법적 역할을 수행할 수 있는 여지는 그렇게 넓은 게 아닌 거죠. 그것은 에로스의 화살을 맞은 두 청춘 남녀가 처한 궁지를 벗어나게 해주는 탈출구일 뿐입니다.

사실, 그들의 운명적 결합은 트리스탄이 최초로 부상을 입어 이졸데가 치유해줄 때 시작된다 할 것입니다. 왜냐하면 그가 나중에 그녀의 금발 머리칼을 기억하고 있다는 것은 치유 당시에 그녀가 그의 마음속에 이미 강력하게 각인되었다는 점을 함축하기 때문입니다. 물론 새가 갖다 놓은 금발 머리칼이 정확히 이졸데의 것이라는 사실을 트리스탄이 알아낸다는 것 자체가 어떤 신비스럽고 숙명적인 무언가를 드러냅니다. 그러나 기사도 정신 속에 살고 있는 그는 그녀의 각인된 모습을 무의식 속에 담아놓았을 것입니다. 이런 정도라면 그가 왕을 위해 금발 머리칼의 주인을 찾아 이졸데한테 가는 것도 그녀에 대한 그의 무의식적 끌림을 내포한다 할 것입니다. 다만 그는 초자아를 구성하는 기사도 정신과 도덕적 억압 때문에 이 무의식적 경향을 인식하지 못하고 있을 뿐이라 하겠죠. 그는 자신을 강렬하게 잡아당기는

그녀를 의식적으로 멀리하고자 합니다. 그렇기 때문에 그는 배에서 처음에 그녀에 대한 별 관심을 드러내지 않으며, 이로 인해 그녀는 그에 대해 원망 같은 것을 느낍니다. 그러니까 그녀 역시 그에 대한 은밀한 감정으로 흔들리고 있는 것이죠. 프로이트의 용어를 빌리면 이처럼 리비도와 결합된 자아와 초자아(기사도적·기독교적 정신)가 당기고 미는 인력과 척력의 긴장 속에서 결국 승리하는 쪽은 자아입니다. 그들이 도덕적 억제와 자제를 더 이상 참지 못하고 불꽃처럼 타오르는 주체할 수 없는 정념을 서로에게 해방시킬 때, 미약이라는 마법적 장치가 등장해 그들을 죄의식으로부터 구제해주고 있는 것입니다. 더욱이 다른 판본을 보면 배에서 두 연인이 미약을 마시게 되는 것도 이졸데와 시녀 브랑지앵의 공모에 의한 것으로 되어 있습니다. 그럼 기사인 트리스탄이 세 번째로 부상을 입어 생사의 기로에서 이졸데를 기다리는 모습을 보죠.

금발의 이졸데는 자신의 불행을 자주 탄식한다. 배를 탄 일행은 해안가에 도달하고자 한다. 그러나 도달할 수 없다. 트리스탄은 기다리다 괴로워 미칠 것 같고 지쳐 있다. 자주 그는 탄식하면서 이졸데를 그리워한다. 그만큼 그는 그녀가 보고 싶은 것이다. 그의 두 눈은 눈물을 흘리고, 그의 몸은 뒤틀린다. 그는 타오르는 욕망으로 죽을 지경이다. 이런 불안과 고통의 상황에서 그의 아내인 흰 손의 이졸데가 불충한 속임수를 계획하면서 그에게 다가온다. 그녀는 말한다.
"여보, 카에르딘이 오고 있어요. 바다에서 그의 배가 힘들게 전진해 오는 것을 보았어요. 하지만 그 배를 매우 잘 알기 때문에 알아볼 수 있었

어요. 당신의 마음을 위로해줄 수 있는 소식을 가져왔으면 좋으련만!"

트리스탄은 이 말에 소스라친다. 그는 이졸데에게 말한다.

"여보, 배가 틀림없어요? 그렇다면 돛이 무슨 색인지 말해줘요."

이졸데는 대답한다.

"돛은 완전히 검은 색인 게 틀림없어요. 돛을 매우 높이 올렸더라고요. 바람이 불지 않아서요."

이 말에 트리스탄은 결코 겪어본 적이 없고 앞으로도 겪지 못할 그런 극심한 아픔을 느낀다. 그는 벽을 향해 돌아서 말한다.

"주여, 이졸데와 나를 구해주소서. 이졸데, 당신이 나한테 오고자 하지 않으니, 당신에 대한 사랑을 위해 나는 죽지 않을 수 없어요. 난 더 이상 삶을 지탱할 수 없어요. 내 사랑 이졸데, 난 당신을 위해 죽습니다. 당신은 내 사랑의 번민이 가엽지 않군요. 하지만 내가 죽으면 당신은 괴로워할 것입니다. 내 사랑 이졸데, 당신이 나의 죽음에 대해 가엽게 생각하리라는 것을 아니 크나큰 위로가 됩니다."

그는 "내 사랑 이졸데!" 라고 세 번 말하고 숨을 거둔다.

그러자 기사들, 동료들이 집 전체를 울음바다로 만든다.

이렇게 트리스탄은 상사병에 걸려 죽습니다. 여기서 트리스탄의 나이가 정확히 몇인지는 알 수 없습니다. 그가 많은 공적을 세우고 여러 우여곡절을 겪었으니 최소한 30세는 되었다고 추측할 수 있습니다. 그리고 그가 이졸데를 만난 것은 20세 전쯤 되어 보입니다. 옛 애인을 처음 만난 지 10년의 세월이 흘렀고 결혼까지 했는데 그녀를 못 잊어 이처럼 눈물을 쏟다가 절망에 사로잡혀 죽어가는 남자가 일국의 왕자

였고 수많은 전투에서 수훈을 세운 그런 기사인 것입니다. 오, 숙명적 사랑의 위대함이여, 그대를 낳은 중세에 머리를 숙이노라. 그처럼 용감하고 핸섬하며 남자다운 30대의 귀족 젊은이가 한 여인 때문에 생을 마감하는 저 결단을 그 시대에 그 어떤 다른 문화에서 볼 수 있으리오! 그는 정신적 사랑의 욕망을 달성할 수 없어 죽어감으로써 이런 작품이 가능하게 만들어주었던 것입니다. 트리스탄의 삼촌이자 왕인 마크의 여자관계도 보아야 합니다. 일국의 왕이 결혼도 안 하고 왕위를 트리스탄에게 물려주고자 했지 않습니까. 12세기에 우리나라는 후궁 제도와 첩 제도가 있던 고려시대로서 이자겸 같은 자는 자신의 딸 둘을 인종에 바쳤던 시대입니다.

하지만 문제가 단순히 섹스적 욕망이라 한다면 이렇게 죽어갈 필요가 있겠습니까? 트리스탄은 결혼도 했는데 말입니다. 사실, 정신적 사랑도 그 기원점으로 거슬러 올라가면 원초적 섹스 본능으로 귀결됩니다. 그러나 이것을 억압하다 보니까 그것의 에너지가 전환되어 정신적 사랑으로 변모되는 것이죠. 《트리스탄과 이졸데》가 씌어진 시대가 12세기이니까 기독교 초기의 금욕적 정신은 다소 이완되었다 할 것입니다. 내세에서 현세로 다소간 중심축이 이동되는 토마스 아퀴나스의 신학이 나올 때까지 중세를 지배했다고 할 내세 중심적 신학을 구축한 아우구스티누스(성 어거스틴)는 《고백록》에서 이렇게 말하고 있습니다. "나는 여자관계만은 그 어떤 것보다 피해야 한다고 결심했다. 나는 여자의 애무만큼, 육체의 접촉만큼 남자의 정신을 더 비하시키는 것은 없다고 믿는다. 이 육체적 접촉이 없다면 사람들은 아내를 가질 수 없다." 이처럼 육체적 사랑을 평가 절하해놓고, 여자에 대한 남자의

관심을 제도적으로 옭아매면 트리스탄과 같은 인물이 탄생하지 않을 수 없을 것입니다. 이 작품이 중세에 폭발적 인기를 얻고 많은 나라에서 번안 작품이 나왔으니 시대 분위기를 짐작할 만하지 않나요.

기호학자 움베르토 에코는 《장미의 이름》에서 아리스토텔레스의 《시학》이 제1부 〈비극론〉과 제2부 〈희극론〉으로 구성된 것으로 가정했습니다. 여기서 그는 제1부만 남고 제2부가 사라진 사건을 중세의 유명한 수도원에 설정하여 그것을 둘러싸고 벌어지는 연쇄살인을 추적하는 탐정 소설적 내용을 펼쳐냅니다. 기독교의 엄숙한 진리 앞에서 웃어서는 안 된다는 시대적 상황이 이 〈희극론〉을 불에 타 사라지게 했다는 상상적 시나리오가 씌어진 것입니다. 그러니까 그것이 사라진 사건은 당시까지 중세를 누르고 있던 무거운 금욕적 분위기를 함축하고 있는 셈입니다. 사실, 비극은 비극 자체를 위한 게 아니라 행복과 희극을 위한 것이며 희극이 있기에 비극이 존재할 테지만, 웃음에 대한 경계는 이런 원리 자체를 은폐한 채 억제를 강요하고 있습니다.

그러나 그런 와중에서도 사건의 수사를 맡은 윌리엄 수도사의 젊은 제자 아드소는 한밤중에 먹을 것을 얻기 위해 수도원에 몰래 잠입한 익명의 마을 처녀한테 넋이 빠져 환상에 젖은 채 정신없이 에로스의 유혹에 빠져듭니다. 이것이 인간의 보다 원초적 모습이라 할 것이비다. 그는 어두워 제대로 보이지도 않는 처녀가 궁지를 벗어나기 위해 요부처럼 전개한 여체의 마법에 단숨에 넘어가 한 동안 그 밤을 잊지 못하고 헤맵니다. 성직을 목표로 하는 수도사도 이처럼 하룻밤 사이에 내공이 무너지는 판국에, 속세의 왕궁에 사는 트리스탄 같은 귀족 기사는 자신의 내면 안에 끓고 있는 원초적 본능을 승화시킨다는 게

얼마나 어렵겠습니까. 어쨌거나 정신적 승화로 포장된 이 본능은 언제라도 폭발할 가능성을 안고 긴장의 파고를 넘고 있다 할 것입니다.

오늘날 서양에서 성의 해방이 일반화되어 있다 보니까 아주 오래전부터 서양인들이 그것을 누리고 있을 것이라고 독자는 착각해서는 안 됩니다. 그들이 성을 본격적으로 해방시키는 계기가 된 것은 1968년 5월 파리에서 일어난 학생운동이었습니다. 종교개혁과 퓨리터니즘으로 거슬러 올라가는 부르주아 자본주의는 생산성 향상을 위해 노동자들의 성생활까지 철저하게 통제함으로써 이들 불쌍한 프롤레타리아는 가정 내에서 성욕마저도 마음대로 발산할 수 없었습니다. 그리하여 학생운동, 좌파 운동 그리고 성 해방 운동은 일정한 단계까지 함께 진행되었던 것입니다.(장 클로드 기유보, 《쾌락의 횡포》)

프랑스 유학중 얼마 동안은 여름에 해수욕장에 갈 때마다 고개를 잘 들지 못했던 기억이 떠오릅니다. 여자들이 늘씬한 몸매를 뽐내며 젖가슴을 드러내놓고 자유로이 활보하는 모습을 20대 말에 처음 보았을 때는 벼락을 맞은 듯 정신이 아찔해 몽롱해지는 기분이었지요. 그러나 프랑스 남자들은 아무렇지도 않은 듯 고개를 빳빳하게 들고 그 아름다운 육체들을 감상하면서 지나갔습니다. 그렇게 그들은 여체에 익숙해지고 감각이 조금씩 무디어져 갔습니다.

가수 윤복희가 김포공항에 처음 미니스커트를 입고 나타났을 때 온 나라가 떠들썩했던 시절이 있었습니다. 하지만 지금은 어떤 여자가 단지 미니스커트 입었다고 해서 쳐다보는 자는 아무도 없을 것입니다. 이런 식으로 노출과 성의 자유가 가속화되다 보면, 웬만한 선정적 동작으로는 에로스의 감각을 되살려낼 수 없기 때문에 외설적 자극의

수위는 높아가고 급기야 역겨운 단계가 나타나면서 무감각과 무(無) 욕망을 야기하는 위험한 사태가 발생할 수 있습니다.

억압과 구속이 없는 해방된 욕망은 욕망으로서의 기능을 곧 상실 하고 욕망의 위기는 문화의 위기를 불러올 수 있습니다. 발정기 이외 에도 수시로 짝짓기를 하는 보노보(피그미침팬지)를 제외하면 인간만 이 발정기에서 해방되었다 합니다. 보노보는 평균 수명이 인간의 절 반 정도인 대략 35세라 합니다. 이놈은 하루에도 몇 번씩 성교를 하 며 암컷을 기준으로 평생 약 5,500번 성교를 하는데, 그 가운데 대략 3,000번은 첫 임신 전에 한다고 합니다. 이러니 오래 살 수가 있겠습 니까. 인간도 평균 5,000번 정도 성교를 할 수 있다고 합니다. 이 가운 데 3,000번이 첫 임신 전에 이루어진다면 어떻게 될까요? 생각만 해 도 끔찍하지 않습니까. 인간은 동물의 본능 차원과 무의미의 단계에 서 인간만의 의식 차원과 의미의 단계로 도약하면서, 발정기로부터의 해방을 문화적·제도적으로 통제하기 시작했을 것입니다. 발정기에 서 해방된 성은 가공할 폭발성을 지닌 위험한 잠재력을 지닌 채 시도 때도 없이 우리를 유혹합니다. 금지 자체가 금지되는 상황이 도래해, 엄청난 에너지를 실은 이 성욕을 통제하지 않고 아무 때나 발산하도 록 내버려둔다면 어떻게 되겠습니까?

에너지는 항상 총체적으로 움직입니다. 우리 내부의 다양한 욕망들 과 본능들은 에너지를 싣고 유동하고 있으며, 하나의 욕망이 다른 욕 망들을 지배하고 그것들의 에너지를 전환시키면서 매 순간 통일을 이 룩해 질서를 유지합니다. 인간은 이런 에너지 전환 능력을 갖추기 위 해 교육기간이 동물에 비해 훨씬 길지요. 동물은 대부분의 경우 길어

야 1, 2년이면 본능에 따라 스스로 생존하면서 살아갑니다. 그러나 그 나이에 인간은 겨우 걸음마 수준을 벗어나며 자연에의 적응 능력이 가장 낮습니다. 인간의 기관은 동물의 본능적·생물학적 기관과는 달리 의식에 따라 훨씬 더 다양한 기능들을 수행할 수 있는 일반적 가능태로 태어납니다. 입을 예로 들면, 동물의 경우 그것은 주로 먹이와 관련되어 있습니다. 그러나 인간의 경우 그것은 먹는 것과의 관련을 훨씬 뛰어넘어 의식이 지시하는 모든 문화적 활동을 수행할 수도 있습니다. 입은 어떤 공간에 '배치'되어 무엇을 '접속'하느냐에 따라 사랑이나 투쟁의 수단이 될 수 있을 뿐 아니라, 청중을 감동시키는 연설과 노래는 물론이고, 구필화가의 경우에서 보듯이, 그림까지 창조할 수 있게 해주는 도구가 될 수 있습니다. 이와 같이 인간의 기관은 즉각적인 본능적 반응의 수준을 넘어서 여러 가지 변용 가능성의 잠재태로 태어나기 때문에 성장이 느리고 둔하며 교육 기간은 길어집니다. 그래서 철학자 질 들뢰즈는 이런 인간의 신체를 '기관 없는 신체'라 규정했습니다. 이처럼 다양한 전환과 변용의 능력을 가진 게 인간이죠.

그러나 이런 능력이 제대로 발휘되지 않아 욕망들과 본능들의 위계질서가 세워지지 않으면 정신분열이 일어나 정신과 의사한테 달려가야 합니다. 공부에 매진할 때는 지적 욕망이 다른 모든 욕망들을 압도하며 이 욕망들이 지닌 에너지까지 소모하게 만듭니다. 그렇기 때문에 공부에 올인하고 나면, 성적 욕망의 에너지도 함께 소모되어 성욕 자체가 별로 일어나지 않는 것이다. 아무것도 하지 않는 건달들이 유달리 색을 밝히는 이유가 여기에 있습니다. 반대로 색에 빠지면, 에너지가 그쪽으로 소진되어 다른 일을 하는 데 어려움이 따릅니다.

오늘날 생식능력을 갖기 시작하는 10대부터 20대까지 일정한 도덕과 서구식 교육으로 통제되는 젊은이들이 사랑을 주제로 한 노래·영화·문학작품 등의 문화에 열광하는 이유는 바로 욕망의 억압에 있습니다. 대중 스타들은 이런 억압과 제도적 틀에 저항하고 싸우면서 스타가 되었지만, 역설적으로 그것들이 없으면 자신들을 추종하는 팬들을 확보할 수 없으니 자신들이 깨부수고자 했던 구속의 족쇄에 빚을 지고 있는 거죠. 따라서 이 족쇄와 이 속에 갇혀 있는 청소년들에게 엎드려 절을 해야 할 것입니다. 생각해보세요. 소년 소녀들이 몽정을 하고 월경을 하는 시기부터 성을 자유롭게 풀어놓고 남녀의 접촉에 아무런 제약을 가하지 않는다고 할 때, 그들이 그처럼 연애 문화와 연예인들에게 폭발적 관심을 보일 수 있겠습니까.

그러니까 청춘의 문화를 창조하게 해주는 원천적 힘이 바로 욕망의 억압인 것이죠. 욕망을 해방시켜 놓으면 욕망의 대상에 대한 관심 자체가 무디어지게 되어 있고, 문화의 위기가 오는 것입니다. 문화를 누릴 수 있기 위해선 억압의 대가를 지불해야 하는 것이죠. 상대적으로 볼 때, 구속과 억압이 강하면 강할수록 자유와 해방을 갈구하는 에너지는 강화됩니다. 구속이 없는 자유의 의미는 존재하지 않습니다. 따라서 성의 자유는 성의 구속에 빚지고 있는 것입니다. 유럽이 사디즘이란 용어를 낳게 만든 사드 같은 작가를 배출했거나 정신분석학이 발달한 것은 바로 기독교의 성적 억압이 있었기 때문이라 할 수 있습니다. 그러나 기독교는 성의 억압을 통해 문명적 차원에서 에너지를 축적하여 세계를 제패하는 준비를 한 셈입니다. 성의 자유와 구속이 엮어내는 강력한 패러다임은 내적 긴장을 수반한 고도의 문화적 놀이

와 의미를 창출하게 만드는 것입니다.

7. 자아의 확장과 타자

다음으로 기독교는 타자 배제의 논리를 은연중에 강하게 심어줌으로써 개인과 자아를 중시하는 문화를 이룩해냈습니다. 기독교의 구원 자체가 개별성을 띠고 있습니다. 여기서 아담 신화로 되돌아가보지요. 이 신화를 보면, 선악의 관계에서 선은 안에 존재하고 악(사탄)은 바깥에 존재하는 것으로 되어 있습니다. 그러니까 언제나 바깥이 문제입니다. 또 정신적인 풍경은 나의 내부에 있고 유배된 지상의 부정적인 자연 풍경은 나의 외부에 있습니다. 그러나 선악의 패러다임에서 안(선)이 작용하기 위해선 바깥(악)이 들어와야 합니다. 그런데 기독교도는 이 관계에서 바깥을 배척하고자 합니다. 마찬가지로 나와 타자, 곧 바깥에 있는 타자와의 관계에 있어서도 이런 현상이 벌어집니다. 기독교도는 바깥에 대항해 내면, 안쪽을 지키고 안쪽에 있는 영혼을 구제해야 합니다. 그렇기 때문에 나와 타자와의 관계는 갈등적인 측면을 부각시키고 있습니다. 타자는 늘 나의 외부에 있어 나의 동일성과 자아를 위협하는 존재로 다가올 수 있습니다. 그래서 루소의 경우처럼 사회와 문화가 인간을 타락시켰다는 논리가 나옵니다. 또 무신론자인 장 폴 사르트르의 "타자는 지옥이다"라는 끔찍한 표현도 거슬러 올라가면 기독교의 이런 개인적 구원과 관련이 있다 할 것입니다.

앙드레 말로는 동·서양의 문명 비평서 《서양의 유혹》에서 중국 청년 링이라는 인물을 통해 이렇게 말하고 있습니다. "제가 보기에 기독교는 개인이 자기 자신에 대해 지니는 의식을 형성시킨 모든 느낌이 비롯되는 유파 같습니다." 기독교에서 "개인적 영혼은 하느님과의 부자적(父子的) 관계로부터 영원한 가치를 부여받습니다."(루이 뒤몽, 《개인주의에 대한 에세이》) 이 종교에서 인간의 개별성은 절대적이고 보편적입니다. 키에르케고르의 '신 앞에 선 단독자'라는 표현은 이를 잘 웅변해 줍니다. 물론 중세 기독교 공동체에서 개인주의는 고딕식 예술의 시대가 도래할 때까지는 폭발적 잠재성을 띤 채 수면 아래 가라앉아 있었습니다. 그리하여 "개인은 은밀하게만 찬양되었습니다." 그러나 기독교의 신 자체가 인격화되어 역사를 주재하듯이, 개인의 인격과 자아를 중시하는 태도는 십자군전쟁 이후 고딕시대 때부터 중세와 봉건 제도의 해체가 가동됨에 따라 서서히 모습을 드러냅니다. 이에 따라 공동체를 통한 구원은 고독한 개인적 구원에 자리를 내주기 시작합니다. 그리하여 개인주의와 '자아 숭배'의 길은 교회 세력의 약화와 평행선을 그으며 같이 가게 됩니다. 이처럼 서양에서 개인과 자아의 가치는 기독교에 뿌리내리고 있습니다.

묘한 일이지만, 그리스도가 강림하고 신앙의 자유가 공포된 지 대략 천년의 세월이 지난 12~13세기가 되어서야 기독교도는 속죄의 세월을 마감하고 새로운 탄생을 하게 됩니다. 이 시대에 도래한 것이 '고딕적 인간'입니다. 다시 말하면 중세의 로마네스크양식과 대별되는 고딕양식이 태어나는 시점에서 고딕적 인간이 나타납니다. 마치 천년 세월의 속죄가 '천복년설' 혹은 '천년왕국설'을 현실화시키기라

도 한 것처럼 원죄에서 해방된 인간이 구현되는 것입니다. 로마네스크 양식의 예술과는 달리 고딕 예술은 "속죄가 끝났다는 감정, 그리스도의 승리 속에서 일체감을 통해 신이 물러났음"(앙드레 말로, 《초자연의 세계*Le Surnaturel*》)을 나타냅니다. 여기서 '신이 물러났음(l'effacement de l'Eternel)'이란 말은 신성불가침한 존재로서 우주의 지배자, 징벌을 가하는 전능한 존재로서 하느님의 모습이 지워졌다는 것을 말합니다. 고딕 성당은 그리스도가 마치 재림하여 통치하는 것과 같은 '사랑의 왕국'과 '신성화된 인간의 질서'를 표현해냅니다. 그 속에서 인간은 "신비에 의해 더 이상 자신을 박탈당하지 않고 정신적 무한 속에 잠기며"(같은 책) 운명의 무게로부터 벗어나 '지금 여기서' 자아를 실현하는 개인이 됩니다. 이 인간이 지닌 영혼이 오스발트 슈펭글러의 표현을 빌리자면 '파우스트적 영혼'입니다. 이 영혼은 물론 괴테의 《파우스트》와 관련되어 있으며, 고딕 성당의 뾰족한 탑처럼 무한한 자기실현을 향해 뻗어나가는 영혼을 함축하고 있습니다. 세계를 향해 한없이 뻗어나가는 기독교의 새로운 역사가 시작되는 시점에 바로 이 고딕적 영혼이 자리 잡고 있는 것이죠. 그러니까 고딕적 인간은 기독교 교리가 중시하는 개별적 영혼의 구제가 이루어진 지평에 서 있는 셈입니다. 이제 그 앞에는 새로운 세계가 자아실현의 무대로 다가오기 시작합니다. 고딕 예술과 고딕적 인간을 강력하게 뒷받침하는 사상이 아리스토텔레스의 철학을 이어받은 토마스 아퀴나스의 신학입니다.

괴테의 《파우스트》에서 악, 불행 그리고 시련은 이미 원죄의 차원을 벗어나 있습니다. 왜냐하면 작품의 도입부인 〈천상의 서곡〉에서 하느님이 악마 메피스토펠레스와 계약을 해 그를 당신의 사자로 파우스트

에게 내려 보내는 것은 원죄와는 아무런 관련이 없기 때문입니다. 그것은 파우스트가 자신의 영혼을 보다 높이 비약시키는 데 있어서 악마가 대립항의 역할을 하도록 하기 위한 것입니다. 악의 비극 축에 속하는 어둠·불안·고통·타락과 같은 장애물들이 없다면 주인공이 자신의 영혼과 자아를 성장시키고 확장시키면서 인류의 미래를 위한 빛나는 건축물을 향해 전진할 이유 자체가 사라지기 때문입니다.

악마의 매개를 통해 그가 저지르는 죄악 자체가 그를 전진시키는 동인으로 작용합니다. 그렇기 때문에 그가 마녀의 마법에 의해 젊어진 후 만난 청순한 그레트헨을 유혹하고 그녀를 악에 빠지게 했지만, 그레트헨은 작품의 마지막에서 신에게 그의 용서를 간구하는 것입니다. 그레트헨의 비극 자체가 신의 의지로부터 비롯되었다 할 수 있습니다. 왜냐하면 하느님은 파우스트의 영혼을 무한히 끌어올리기 위해 메피스토를 보냈고 메피스토는 하느님의 의도에 따라 파우스트를 회춘시킨 뒤 그레트헨을 유혹하도록 구도를 짰기 때문입니다. 그렇기 때문에 그레트헨과 파우스트는 똑같이 구원을 받게 되는 것입니다.

인간이 문화를 이룩하고 역사를 창조하는 활동은 빛과 어둠의 양극적 패러다임이 없으면 불가능하다는 것을 독일의 대문호 괴테는 꿰뚫은 것일까요? 《파우스트》에서 이 패러다임이 원죄적 관점에서 접근되지 않은 것은 중세의 고딕시대에 이미 원죄로부터 해방된 고딕적 영혼과 관련이 있다 할 것입니다. 패러다임의 한 축을 이루는 부정적인 것들이 나타나는 것은 이제 원죄 때문이 아니라, 인간이 무한한 삶의 가능성 속에서 끝없이 자아를 구현해나가는 데 있어서 필요한 조건이기 때문입니다. 작품에 대한 해설을 쓴 문예사가 프리츠 쉬트리

히는 악의 문제를 이렇게 정리했습니다.

> "본인은 괴테의 '파우스트'를 신(神)적인 세계 구상 안에 악마가 존재하고 있다는 신의 정당성을 의미하는 신정론(神正論)이라 명명하겠다. '파우스트'는 신의 창조 계획에 포함된 메피스토펠레스 원리의 의미와 필요성을 나타내고 있다. 모든 생성의 적(敵)이며 회춘(回春)의 적이고 또한 모든 노력의 적인 메피스토는 실제로는 영원한 회춘과 무한한 생성에 대한 영원한 자극제이다. 그는 '항상 악을 원하면서도 언제나 선을 행하는' 악마이다."(박환덕 옮김,《파우스트》)

여기서 신정론이라는 말은 신은 선한데 왜 인간 세상에 악이 존재하는지를 해명하는 이론입니다. 문제는 자아, 나아가 자아실현이 타자와의 관계 속에서만 의미를 지니는데 이 관계가 은폐되었다는 것입니다. 내 자아의 내면만을 중시하다보니 타자를 배제하려는 경향은 자연스럽게 표출될 수밖에 없습니다. 그러나 나의 존재는 타자가 없다면 규정 자체가 불가능합니다. 누군가 다른 사람들을 만나지 않고 칩거하면서 자신의 영혼을 가꾸는 고고한 삶을 살아간다고 해봅시다. 그가 생각하는 이상적인 인생 자체가 이미 외부에 있는 다른 사람들의 인생과 비교된 것이기에 이들의 인생이 없다면 그의 인생자체가 의미를 띨 수 없습니다. 고귀하고, 아름다우며, 순수하고 고요한 내 삶의 내면 풍경이 가치를 지니는 것은 타자가 드러내는 천하고, 추하며, 불순하고 소란스러운 삶의 바깥 풍경이 있기 때문입니다. 그러니까 후자는 전자를 의미 있게 해주는 데 있어서 없어서는 안 되

는 역할을 수행하고 있는 셈이죠. 어떤 자가 자신은 존귀하다고 생각하면서 누군가를 천박하다고 비난한다면, 이는 바로 이 천박함이 자신의 존귀함을 가치 있게 해준다는 사실, 다시 말해 자신이 이 타자에게 빚을 지고 있다는 사실을 망각한 것입니다. 이런 망각이 극에 달해 20세기에 들어와 타자의 억압과 배제가 타민족과 타문화 쪽으로 옮겨가 이들을 말살하는 극악무도한 범죄가 저질러졌습니다. 6백만 명의 유대인을 학살한 홀로코스트는 이를 상징적으로 나타내주고 있습니다. 그것도 기독교 자체의 뿌리인 유대교의 민족을 말입니다. 이런 끔찍한 비극이 있고서야 서양에서 타자에 대한 본격적인 철학적 성찰이 이루어져 '타자성의 철학'이 탄생하게 됩니다. 그 대표적 철학자가 타자의 얼굴에 나타난 고통에 대한 '나'의 무한 책임을 강조하는 유대인 철학자인 엠마누엘 레비나스입니다. 개신교도들이여, 기독교를 기독교답게 다르고 풍성하게 해주는 가장 큰 종교가 타자로서의 불교임을 인식할 때, 기독교도는 더욱 빛을 발하는 것임을 잊지 말지어다!

타자에 대한 인식론적 논리를 자각하지 못한 채 타자를 배제하고 자신의 자아만을 지키려 한다면, 이는 자신의 자아마저 안개 속에 가두어 부조리한 '유령'으로 만들고 말게 됩니다. 서양철학은 흔히 "나는 나이다"는 동일률을 강조하면서 자기 동일성을 주장하는 '동일자의 철학'이라고 말해집니다. 이런 논리는 플라톤 이후의 철학과 기독교 사상 속에 깊이 뿌리내리고 있습니다. 그러나 사실은 배제된 타자가 배제된 게 아니라 '은폐'되어 강력하게 작용했다 할 것입니다. 선과 악, 행복과 불행, 자아와 타자의 이분법적 구도에서 후자들이 없으

면 전자들 자체가 작동할 수 없기 때문입니다. 그러니까 그것들은 바깥으로 배제된 것 같지만 이미 안으로 들어와 은밀하게 서양 역사의 역동성을 보장해주었던 것입니다. 프랑스의 기독교 시인 폴 클로델(1868~1955)은 기독교의 장점 가운데 하나가 "우리에게 드라마를 가져다준다는 것이다."라고 말했습니다.

> "도덕적인 법칙도 지적인 법칙도 없는 세계, 모든 것이 허용되는 세계, 희망할 것도 잃을 것도 전혀 없는 세계, 악에 대한 처벌도 없고 선에 대한 보상도 없는 세계, 그런 세계에는 드라마가 없습니다. 왜냐하면 투쟁이 없기 때문입니다. 그리고 투쟁이 없는 것은 그럴 만한 가치가 있는 게 아무것도 없기 때문입니다."(폴 클로델의 강연, 〈종교와 시〉에서)

기독교는 선악과 같은 대립적인 것들의 갈등을 통해 삶을 의미 있게 만들면서 역사를 하나의 장대한 서사적 드라마로 펼쳐내기에 역동적인 종교라고 클로델은 피력하고 있습니다. 그 드라마의 중심점에 예수 그리스도의 수난이 자리 잡고 있습니다. 이것이 없으면 아무것도 설명되지 않습니다. 서양에서 종교적 위기는 항상 이 구세주의 원초적 정신을 되살리는 방향에서 그 해결책이 모색됩니다. 이에 대한 하나의 사례를 문학작품을 통해 살펴봅시다. 그것은 다름 아닌 제가 전공한 앙드레 말로의 《희망》(1937)이라는 소설입니다.

8. 기독교 교회의 탄생과 소설 《희망》

《희망》은 일반적으로 앙드레 말로의 대표작으로 알려진 《인간의 조건》(1933)과 쌍벽을 이루는 소설로 평가되고 있습니다. 책은 두껍고 전쟁을 소재로 하고 있으며 좀 난해한 부분도 많이 나옵니다. 요즈음 독자에게는 좀 부담이 가는 작품이다 보니 많이 읽히지는 않고 있습니다. 작품은 겉보기에는 1936년에서 일어난 스페인 내전을 소재로 한 르포르타주 혁명소설입니다. 하지만 그것은 심층에서 보면, 기독교 역사의 전개와 결합된 형이상학적 탐구소설입니다. 그리스문명과 함께 서양인의 살과 피가 된 기독교문명의 역사적 드라마가 소설을 관통하면서 혁명전쟁에 폭과 깊이에서 웅대한 스케일을 부여합니다. 이드라마는 살아 있는 전범적인 신화가 되어 작품 속에 변모되고 부활되어 재현됨으로써 인류의 위대한 정신적 유산의 하나인 기독교 비전에 대한 명상을 제공합니다.

소설가는 작품을 쓸 때, 각각의 편(扁)이나 부(部), 장(章)과 절(節)의 분할에 세심한 주의를 기울일 뿐 아니라 페이지의 양까지도 상징적 의미 구도에 따라 배분하는 경우가 있습니다. 앙드레 말로가 그런 작가입니다. 그의 소설들에서 특히 기하학적 건축술은 주목되는데, 《희망》은 특히 그렇습니다. 범우사에서 출간된 국내 번역본에는 원서의 목차를 제대로 살려내지 못하고 있습니다.[3] 소설은 전체가 세 개의 편으로 구성되어 있고 각 편마다 부와 장과 절이 점진적으로 축소되는

---

3   앙드레 말로, 이가형 옮김, 《희망》, 범우사, 1992(1991).

형태를 띠고 있습니다. 이러한 구도는 복잡성에서 단순성으로, 분할과 갈등에서 통일과 봉합으로 이동하는 소설 내용과 완벽하게 조화를 이룹니다. 그것은 새로운 탄생과 희망으로 가는 상승적 여정을 상징적으로 담아냅니다.

페이지의 양적 배분도 이러한 구도와 일치를 이룹니다. 제1편을 3이라 한다면, 제2편은 2이고 제3편은 1이 됩니다. 3 대 2 대 1의 이러한 배분을 세로로 세우면 삼각형과 같은 형태가 나타납니다. 삼각형은 바로 세워진 경우 그리스도의 신성을, 거꾸로 세워진 경우 그리스도의 인성을 상징합니다. 따라서 메시아인 그리스도를 구심점으로 해서 인간은 신과 하나 되어 신의 역사 전개에 능동적으로 동참하게 되는 것입니다. 이런 상징적 형태가 말해주듯이, 《희망》은 그리스도의 수난과 부활을 중심으로 펼쳐지는 기독교 역사를 떠나서는 제대로 해석해낼 수 없는 소설입니다. 이와 관련해 페이지의 배분에서 중요한 것이 소설의 중심점이 이 수난과 부활에 대응하도록 구도화되어 있다는 것입니다. 3 대 2 대 1의 중심점은 어디일까요? 바로 제1편이 끝나는 부분입니다. 앞으로 보겠지만, 바로 이 지점에서 소설의 전개는 그리스도의 대사건처럼 분수령을 맞이해 새롭게 펼쳐집니다.

《희망》에는 양극적 패러다임을 구성하면서 혁명과 역사를 전진시키는 두 개의 대립된 세력이 존재합니다. 하나는 반란 쿠데타를 일으킨 군부를 포함한 부패한 기득권층과 성직 권력자들로 구성된 우파 세력입니다. 이들이 악의 축을 담당합니다. 다른 하나는 이들에 맞서 싸우는 좌파세력으로 좌파 정부 내 공산주의자들과 무정부주의자들이 주축이 되어 있습니다. 이들은 선의 축을 담당하지요. 1936년 7월

에 프랑코 장군이 주도한 군부 쿠데타가 발발할 당시에 공화국 정권은 좌파에 넘어가 있었습니다. 이 정권에 불만을 품은 군부가 기득권층 및 사목 권력과 한통속이 되어 반란을 일으켜 스페인은 내전에 돌입하였습니다. 이 전쟁은 결국 1939년 3월에 군부의 승리로 끝나 프랑코의 독재체제가 등장하게 됩니다. 그러나 《희망》은 반란이 일어난 후 8개월만을 다루고 있으며 내전을 혁명의 차원에서 접근하고 있습니다.

이 소설은 가톨릭교회의 재탄생과 혁명군의 창설 과정을 한 덩어리로 결합해 이야기로 풀어내고 있습니다. 따라서 이와 같은 결합이 어떤 연결고리를 통해 이루어지는지 이해할 필요가 있습니다. 우선 기독교 쪽을 보면, 내전이 터질 당시에 스페인은 가톨릭국가로 국민의 98%가 가톨릭교도였습니다. 하지만 대다수 성직자들은 왕당파 및 우파와 결합해 부패가 극심했고 압제에 허덕이는 민초들의 불만은 극에 달했습니다. 중세 때처럼 '성직 매매'가 벌어졌으니 성직의 탈을 쓰고 자행되는 악폐가 이만저만이 아니었습니다. 따라서 위기에 처한 스페인 가톨릭교회의 개혁은 절실한 과제였습니다. 소설 속에 이 종교의 문제가 필연적으로 깊이 있게 녹아들 수밖에 없는 이유가 여기에 있습니다. 작품에서 이와 같은 교회의 재탄생은 결국 기독교의 원초적 정신의 회복을 통해 모색되는 방향으로 나아가게 됩니다.

다음으로 혁명군 창설의 과제를 짚어봅시다. 혁명전쟁에서 우파와 좌파가 선악의 패러다임을 구성하면서 대결하고 있지만, 양 진영의 군사력은 한쪽으로 많이 기울어 있습니다. 군부의 프랑코가 반란을 일으켰기 때문에 스페인 군대의 주력이 우파로 넘어갔기 때문이죠.

좌파에 남아 있는 정규군은 얼마 남아 있지 않은 것입니다. 좌파의 주축을 이루는 공산주의자들과 무정부주의자들은 대부분 민간인들이기 때문에, 공화국 정부는 민중의 대다수를 이루는 농민들과 노동자들을 규합해 혁명군을 창설해 가면서 싸워야 하는 숙제를 안고 있습니다. 이를 위해 구소련의 잘 훈련된 교관들이 파견되어 중요한 역할을 합니다. 또한 파시즘에 대항하는 공동전선을 펴기로 한 제3인터내셔널을 통해 외국의 많은 나라 의용군들이 도착해 좌파 편에서 일조합니다.

이처럼 교회의 재탄생과 혁명군의 창설 과정은 동전의 양면처럼 함께 갈 수밖에 없게 되어 있습니다. 역사적으로 볼 때 교회의 재탄생은 16-17세기의 개신교의 종교개혁과 가톨릭교의 대항 종교개혁을 떠올리게 합니다. 종교가 위기를 드러낼 때면 초심의 원초적 정신을 되찾아야 한다는 목소리가 힘을 얻게 됩니다. 16~17세기에 개신교의 태동과 움직임에 맞서 가톨릭교 자체도 자체적인 정화운동을 펼쳐냈습니다. 그렇게 기독교의 위기는 극복되었지만 20세기에 다시 찾아온 것입니다. 이와 같은 측면은 《희망》에서 16세기의 개혁적인 인물들이나 성인들이 자주 환기됨으로써 확인됩니다.

혁명을 통해 기독교의 원초적 정신을 되찾아야 한다면, 초창기 로마 교회가 성립할 당시의 시대적 상황과 신도들의 투쟁정신을 되새겨야 한다는 것은 당연하다 하겠습니다. 소설에서 환기되는 이러한 역사적 고난의 울림에 동참하기 위해서는 예수가 활동할 당시로까지 거슬러 올라가 인식론적 지평을 넓혀야 합니다. 지금의 이스라엘을 포함한 팔레스타인 지역은 로마제국의 지배하에 있었습니다. 이곳 백성들

은 기근, 세금, 강제사역 등에 시달리면서 극도로 허덕이는 압제적 상황에 있었습니다. 이런 극한적 상황에서는 항상 민중은 자신들을 구제해주는 메시아의 도래를 꿈꾸게 되지요. 특히 구약성서에는 미래의 언젠가 이와 같은 메시아가 올 것이라는 예언들이 나와 있습니다. 이같은 암울한 시대적 분위기 속에서 메시아니즘적인 종말론을 내세우는 신비주의와 급진주의를 포함한 여러 종파들이 활동하였습니다. 이는 어떤 문명권에서나 목격될 수 있는 보편적 현상이라 하겠습니다. 이러한 혼란스러운 국면이 새로운 지배적 종교와 교회를 태동시키는 시원에 자리 잡고 있었던 것입니다. 혼돈에서 창조로 가는 신화적 메커니즘이 작동하는 것이죠.

누가 이 상황을 종식시켰겠습니까? 바로 예수 그리스도이지요. 그는 자신이 진정한 메시아임을 드러내고 십자가의 수난을 통해 이와 같은 무정부주의적 카오스에 종지부를 찍습니다. 그리하여 새로운 역사적 전환점이 마련됩니다. 하지만 예수 자신은 종교를 세우지 않습니다. 십자가의 수난과 부활 이후로 사도들과 주교들이 교회를 조직화하게 됩니다. 이 과정에서 그들은 외적으로는 순교를 통해 로마의 권력과 싸우면서 박해를 극복해나갑니다. 내적으로는 그들은 교리상의 이질적인 다양한 주장들을 네 개의 복음서로 정리하고 이단들을 물리치는 것이죠. 이처럼 그들은 안팎으로 수많은 어려움과 장애물을 극복해냅니다. 가톨릭교회의 역사는 이를 입증해줍니다. 이러한 과정은 대략 2세기 초까지 계속되고 마침내 로마교회를 정점으로 하는 가톨릭교회가 탄생합니다. 바로 이때부터 주변의 모든 나라의 신도들은 로마교회의 권위를 따르게 되지요. 그렇게 하여 가톨릭교회는 고딕시

대의 성당이 드러내는 구원된 왕국을 향해 천년 세월의 금욕의 여정을 떠나게 됩니다.

위에서 저는 소설《희망》에는 우파에 맞서 싸우는 좌파의 주축이 공산주의자들과 무정부주의자들이라고 말했습니다. 이들은 좌파 내에서 협력 속에 갈등하는 두 개의 노선을 나타냅니다. 이들은 전체적으로 볼 때 가톨릭이지요. 이것은 당연합니다. 왜냐하면 스페인 국민의 거의 전체가 가톨릭교도이고 스페인이라는 국가는 이 종교와 문화를 육화시키는 공간이기 때문입니다. 철학자 질 들뢰즈의 용어를 빌리면, 이 나라는 기독교로 '영토화'된 지역입니다. 어떤 사상이나 종교가 한 국가에 스며들 때 그것들이 이곳을 사상적으로 혹은 종교적으로 '영토화한다'라고 말합니다. 소설은 마드리드와 바르셀로나를 양 날개로 하여 전개되기 시작합니다. 수도에는 공산주의자들이, 남쪽 항구 도시에서는 무정부주의자들이 반란군에 맞서 혁명의 불꽃을 지피는 활동을 개시하는 것이죠. 자정을 넘어선 밤에서 새벽까지가 배경으로 설정되어 밤에 배태된 막연한 '희망'이 여명과 함께 힘차게 기지개를 펴는 형국입니다.

구소련과 동구권 국가들이 무너져 내렸다고 해서 공산주의 이념 자체를 나쁘게 볼 필요는 전혀 없습니다. 그들의 파국은 인간성 자체가 공산주의 이상을 실현할 수 없는 한계를 지녔음을 보여준 것이라고 보아야 할 것입니다. 종교와 종교인, 예술과 예술가를 혼동해서는 안 되듯이, 공산주의와 공산당원을 혼동해서는 안 되지요. 《희망》의 시대적 배경인 1930년대만 해도 공산주의와 소련은 서양의 많은 지식인들과 예술가들의 이념적 좌표가 되었지만 이념의 이상 자체가 잘못된

것은 아닙니다.

두 노선인 무정부주의자들과 공산주의자들은 같은 편에서 싸우기는 하지만 이질적이어서 결국 양자의 화학적 융합은 불가능하게 됩니다. 우선 무정부주의자들의 입장에 대해 이야기해볼까요. 소설에서 그들은 신비주의자들이나 절대자유주의자들과 함께 세상의 묵시록적인 종말을 갈망하면서 모든 것을 단숨에 뒤엎어버리고 지금 여기서 신세계의 낙원을 꿈꾸는 급진주의자들입니다. 이런 입장은 종교적으로는 '천복년설'과 연관됩니다. 구약성서의 〈다니엘서〉까지 거슬러 올라가는 종말론과 천복년설은 신약성서에서는 요한의 〈묵시록〉에 구체화되어 나타납니다. 여러 해석이 있지만, 예수 그리스도가 최후의 심판 이전에 재림하여 천년의 왕국을 다스린다는 것이 이 설의 주요 내용입니다. 이것은 기독교 교회의 초창기에도 한때 유행했다고 하지요. 로마제국의 박해가 심했기 때문입니다. 이 천년왕국설은 서양에서는 민초들이 고난이 극심할 때마다 등장하고 새로운 시대나 혁명적인 사회변혁의 꿈과 자주 결합되어 나타납니다. 혁명에 휩싸인 스페인의 가톨릭 민중의 심중에 이러한 묵시록적 욕망이 꿈틀대고 있다는 것은 어쩌면 당연하다 하겠습니다. 그들은 그만큼 기득권의 착취와 압제에 시달리고 있으니까요. 이와 관련해 우리나라로 말하면 조선의 이씨 왕조의 멸망과 신세계의 도래를 예언한 《정감록》을 상기할 수 있습니다.

이러한 묵시록적 욕망이 무정부주의적 신비주의자들과 민중의 피 속에 강력하고 위험하게 작동하고 있음은 소설에서 가장 지적인 인물인 가르시아를 통해 이렇게 표현됩니다. "위험은 모든 인간이 자신 안

에 묵시록의 욕망을 지니고 있다는 것입니다." 천복년설을 언급하지 않더라도, 암울한 시대일수록 인간의 마음 속 깊은 곳에는 복마전 같은 이 고단한 비극적 삶이 단번에 청산되고 신천지의 행복한 낙원이 열렸으면 하는 열망이 타오르게 되지요. 스페인 민중의 대다수는 농부와 노동자이고 조직화된 무정부주의자들은 일부에 지나지 않습니다. 하지만 이들 모두는 묵시록적인 태도를 공유하고 있습니다. 그러니까 그들은 지금 당장 악을 심판하고 쓸어버린 후 선의 신세계가 열리기를 갈망하는 '형제애의 묵시록'을 폭발적으로 표출하고 있는 것입니다. 묵시록은 선악의 양극적 패러다임이 정점에서 펼쳐지는 대결의 장이자 심판의 시간이지요. 무정부주의자들은 혁명을 이런 차원에서 접근하면서 악을 응징하는 신의 사자(使者)들처럼 행동한다고 생각할 수 있습니다. 그래서 그들은 '죽어야 산다'는 부활의 신념을 안고서 죽음을 불사하는 결의에 찬 집단적 행동을 들불처럼 일으킬 수 있는 것이죠. 소설에서 혁명과 종교적 구원이 하나 됨을 함축하는 말은 이렇게 표현됩니다. "혁명은 다른 어떤 역할보다도 예전에 영원한 삶이 맡았던 역할을 하고 있다."

작품에서 무정부주의자들을 대변하며 먼저 등장하는 인물이 운수조합원인 엘 네구스입니다. 그는, 위선의 가면을 쓰고 악과 공모하는 '성직자들을 타도하라'고 외치지만 신지학(神智學)의 '접신론은 좋아한다'고 말합니다. 그는 이성적이고 합리적인 사유를 넘어선 신비적이고 직관적인 계시나 영감을 통해 신과 교감할 수 있다는 이 사상을 마음에 간직하고 있는 것이죠. 그와 비슷한 또 다른 무정부주의자로서 인쇄공이었던 푸춰(푸이그)라는 인물 또한 접신론을 언급하면서 독실

한 가톨릭신자인 히메네스 대령과 신학적 논쟁을 합니다. 그는 그리스도를 '유일하게 성공한 무정부주의자'로 간주합니다. 왜 그럴까요? 그리스도는 자신의 수난을 통해 '즉시 모든 것을 원하는' 묵시록을 선구적으로 체험하면서 최후의 묵시록을 예언한 무정부주의자로 간주되기 때문입니다. 예수는 부활을 통해 이것을 입증해주었다고 보는 겁니다.

하지만 히메네스는 이런 묵시록적인 태도와 신비주의적 접신론을 받아들이지 않고 이렇게 응대합니다. "신은 도둑의 주머니 속에 들어간 성합(聖盒)이 그렇듯이, 인간의 놀이에 개입하도록 만들어진 게 아니야." 도둑이 성체(그리스도의 몸을 상징하는 축성된 빵)를 모셔두는 그릇인 성합을 훔쳐간다고 해서 신의 은총을 받는 것이 아니듯이, 인간들이 자신들의 싸움에 신을 끌어들인다고 해서 신이 개입하는 하는 것은 아니라는 논지입니다. 그의 관점은 이신론적 관점을 상기시킵니다. 이신론(理神論)에 따르면 신은 우주를 창조하여 그 속에 법칙을 부여한 후 그 법칙에 따라 세계가 운행되도록 할 뿐이고 개입하지는 않는다는 것입니다. 그렇다고 히메네스가 이신론자라는 것은 아닙니다. 기독교는 신이 인간사에 개입하는 섭리적인 역사관을 주장하니까요. 다만, 인간들 사이에 벌어지는 역사적 싸움에 신이 언제 어떻게 개입할지는 아무도 모른다는 것이죠. 메시아의 재림 같은 신의 초월적 의지는 인간의 마음대로 할 수 없을 뿐 아니라 인간의 인식의 한계를 벗어나 있다는 것입니다. 혁명과 역사를 우선 인간 자신의 문제로 생각하고 할 수 있는 모든 일을 수행한 뒤 신의 뜻을 따라야 한다는 논지입니다. 진인사대천명이라 말할 수 있겠지요. 이것은 다분히 불가지론

적인 입장이라 할 수 있겠습니다. 사실, 대부분의 신앙인은 불가지론 자이지요.

비극에 대해 신이 드러내는 이러한 불가사의한 침묵 앞에서 신앙인이 드러내는 감정은 부정적일 수 있습니다. 그리하여 이 같은 무관심에 대해 절망해 허무감이 표출됩니다. 아무리 투쟁하고 기도해도 전혀 앞이 보이지 않을 때는 신과 우주 전체가 야속하다는 느낌이 드는것이죠. 소설《희망》에서 중심인물 마누엘도 초창기에 이런 의식을 드러냅니다. 그는 공산주의자이지만 신심이 두터운 인물입니다. 그는전쟁 문법의 '살아 있는 언어'인 히메네스로부터 기독교적 지휘와 지휘자의 모럴을 전수받지만, 진전되지 않는 혁명의 어려움 앞에서 이처럼 나약한 마음을 드러내기도 하는 것입니다. "저물어가는 저녁은 대지의 그림자와 무관심에 조금씩 둘러싸이고 있는, 인간의 영원한노력에 무한한 허무감을 부여하고 있었다."

하지만 부하들로부터 "사랑받으려 하는 것은 언제나 위험한 것이다"라고 말하는 스승의 가르침에 그는 "유혹하지 않고 사랑받는 것은 인간의 아름다운 운명 가운데 하나"라고 생각하면서 마음을 가다듬습니다. 그리하여 그는 마침내 혁명군이 창설되어 대지와 인간이 합일하는 저 '희망'의 지점을 향해 나아가게 됩니다. 마누엘로 대변되는 공산주의자들은 현실을 냉정하게 바라보면서 묵시록적인 욕망을 환상으로 간주하고 이것을 미래를 향한 투쟁의 원동력으로 승화시키고자합니다.《희망》의 제1편의 제목이 〈서정적 환상〉이라 붙어 있는 것을이 점을 함축하고 있지요. 그들 편에서 싸우는 가르시아는 "우리의 겸손한 직무는 묵시록을 조직하는 것"이고 "묵시록을 군대로 변모시키

는 것"이라고 말합니다.

그러니까 좌파의 혁명 진영 내에 두 개의 노선이 극명하게 갈등하고 있습니다. 한쪽에는 묵시록의 종말론적 입장을 받아들여 절대적 자유와 해방을 즉각적으로 갈구하는 무정부주의자들이 있습니다. 다른 한쪽에는 현재의 사태를 직시하고 훈련된 조직과 규율을 통해 미래의 지평으로 나아가고자 하는 공산주의자들이 있습니다. 사실, 묵시록의 욕망, 그러니까 종말과 죽음의 체험을 통한 부활 혹은 낙원의 욕망을 지닌 무정부주의자들과 이들 편에선 민중이 혁명의 초창기에 강력한 에너지원의 구실을 합니다. 하지만 그들의 꿈은 '서정적 환상'으로 막을 내립니다. 제1편 2부의 제목이 〈묵시록의 실천〉으로 되어 있어 그들이 이 '환상'을 그대로 추구하고 있음을 암시하고 있습니다. 여기서 그들과 공산주의자들의 두 노선이 첨예하게 대립하고 있음을 보여주는 상징적 구도가 그리스도의 수난도와 함께 나타납니다.

성 십자가를 의미하는 산타크루스 미술관이라는 특별한 공간에서 양 노선을 대변하는 마누엘과 엘 네구스를 비롯한 혁명가들이 자리 잡고 토론을 벌입니다. 그런데 무정부주의자 그룹과 공산주의자 그룹은 그리스도의 수난을 재현한 그림, 즉 '보나(Léon Bonnat, 1833~1922) 풍으로 그려진 십자가의 그리스도'를 중심으로 두 개의 직각 테이블에 양분되어 앉아 있습니다. 예수의 가르침을 놓고 둘로 갈라져 논쟁을 벌이고 있는 형국이지요. 이처럼 두 중심적인 파벌은 그리스도의 이상을 실현시키는 데 견해차를 드러내며 갈등을 표출합니다.

참고적으로 말하면 그리스도가 순교한 후 로마 가톨릭교회가 성립되는 과정에서 주요 분파들의 갈등이 있었습니다. 이것은 성서의 〈고

린도전서〉(1, 11-12)에도 함축되어 있지요. 특히 기독교신학의 핵심을 다지면서 로마교회를 세우는 데 중추적 역할을 한 바울로 파와 그리스도 안에서 절대 자유를 추구한 그리스도 파의 대립을 상기할 수 있습니다. 전자가 공산주의자들에 대응한다면 후자는 무정부주의자들에 대응한다 하겠습니다. 소설에서 양대 노선은 각기 미래 지향적 '승리'와 묵시록적인 '순교'로 가닥이 잡혀 있습니다.

마누엘과 엘 네구스는 똑같이 교회의 부패한 사목 권력을 규탄하는 인물들입니다. 그러나 전자가 혁명의 승리를 통해 교회를 정화시키고 원시 기독교정신을 회복하는 방향으로 가고자 한다면, 후자는 그 어떤 조직도 거부하면서 '지금 여기에서' 절대적 형제애를 통해 묵시록적인 욕망을 달성하고자 합니다. 엘 네구스는 "그리스도의 설교하는 몸짓으로 오른 손을 쳐들고"는 "죽음을 두려워하는 자는 마음이 편치 않다"고 말합니다. 그는 예수처럼 죽음으로써 묵시록을 실천하겠다는 의지를 드러내고 있습니다.

이렇게 하여 제1편 제2부에서 〈묵시록의 실천〉을 통해 대부분의 무정부주의자들과 이들에 동조하는 자들은 소설의 무대에서 사라지게 됩니다. 소설가는 이 모든 인간들을 궁극적으로 대변하는 상징적 존재로 에르난데스 대위라는 새로운 인물을 등장시킵니다. 그는 한 친구에게 이런 고백을 합니다. "우리는 자유로부터 즉시 모든 것을 기대하네. 하지만 인간을 1센티미터 전진시키기 위해서 많은 사람들의 죽음이 필요하네. (……) 모든 씨알은 우선 썩지만 싹이 트는 씨알들이 있네……" 그의 묵시록적 욕망은 자유에서 즉각적으로 모든 것을 기대한다는 말에 담겨 있습니다. "진리가 너희를 자유롭게 하리라"(〈요한복

음》8, 32)는 예수의 말씀이 있듯이, 그는 순교의 죽음을 통해 획득되는 절대 자유가 자신이 기대하는 모든 것을 가져다준다고 믿고 있습니다. 그는 인류가 정신적으로 조금이라도 성숙하는 데는 많은 희생이 필요하다고 보고 자신이 그 씨알이 되고자 합니다. 씨알은 썩어 죽음처럼 사라지지만 그로 인해 수많은 생명이 새롭게 태어납니다. 그는 핍박 받는 민중을 위한 밀알이 되고자 하는 것이죠. 예수는 이렇게 말합니다. "밀알 하나가 떨어져 죽지 않으면 한 알 그대로 남고 죽으면 많은 열매를 맺는다."(《요한복음》, 12: 24-25) 에르난데스가 친구와 대화를 하는 동안 옆에서는 농부들의 고통의 피난 행렬이 이어집니다. 이 행렬은 유대의 통치자 헤로데가 내린 아기들의 학살령을 피해 요셉과 마리아가 갓 태어난 예수를 안고 '이집트로의 피난길'에 오르는 것을 헤르난데스에게 상기시킵니다.

이 인물은 휴전 동안 적군 장교의 편지를 아군 진영에 남아 있는 그의 아내에게 전달해줄 정도로 더 없이 인간적인 신비주의자입니다. 그는 결국 적과 싸우다가 체포되어 처형됩니다. 그가 처형되는 장면을 마지막으로, 〈묵시록의 실천〉은 막을 내리고 혁명의 새로운 전환점이 마련됩니다. 이 장면은 그리스도가 십자가에 못 박혀 처형되는 수난을 변모시켜 재현합니다. 그는 "살아 있는 인간들에게만 혐오와 고뇌가 있다"고 생각하면서 종말론적인 피의 살육이 그치지 않을 것이라고 느낍니다. "폐쇄된 공장과 폐허가 된 성(成)의 저 황색 풍경은 묘지의 영원성을 띠고 있구나. 시간이 다할 때까지 이곳에서는 끊임없이 새로 나타나는 세 사람이 서서 피살을 기다릴 것이다." 이러한 내면의식은 그리스도가 강도 두 명과 함께 처형되면서 인류를 위해 대신

속죄했듯이, 묵시록의 최후 종말이 올 때까지 그와 같은 피의 속죄 의식은 한없이 계속될 것이라는 사유를 나타내고 있습니다. 인류가 완전한 구원을 받을 수 있을 만큼 성숙해지기 위해선 최후의 그날까지 그리스도 수난을 재현하는 의식(儀式)을 끊임없이 반복해야 한다는 것입니다. 그리스도의 절대선을 통해 인간의 절대악을 씻어내는 씻김굿의 주기적인 의례절차가 역사를 통해 반복될 것이고, 이러한 전진적 과정을 통해서 인류는 조금씩 전진하리라는 비극적 운명을 내다보는 통찰이라 할까요. 에르난데스는 그렇게 두 명의 다른 포로와 함께 처형됩니다.

> "에르난데스를 포함한 세 명이 뜨거운 강철 냄새와 파헤쳐진 흙냄새 속에서 올라간다."

그리스도가 두 명의 강도들과 함께 처형되기 되기 위해 골고다 언덕을 올라가듯이, 에르난데스는 두 포로와 함께 처형되기 위해 올라갑니다. 소설에서 처형 자체의 묘사는 생략되어 있습니다. 기독교의 섭리적인 역사에서 그리스도의 수난이 중심점에 위치하면서 분수령을 이루듯이, 그의 죽음은 '묵시록의 실천'을 전범적(典範的)으로 보여주면서 혁명의 중앙 지점에서 새로운 전환의 계기가 됩니다. 그와 관련된 부분 그리고 제2편의 시작 부분은 작품의 전체 양에서 정확히 중심에 위치함으로써 소설가의 치밀하고 정교한 창조적 구성 능력에 경탄을 자아내게 만듭니다.

그런데 앙드레 말로는 에르난데스가 포로로서 처형장으로 끌려가

사라질 때까지 사건의 전개와 배경 및 인물의 심리 묘사 전체를 현재 시제로 서술하고 있습니다. 이 사건의 앞뒤는 과거시제로 되어 있는 데 말입니다. 이와 같은 현재 시제의 활용은 이 사건이 지니는 무게를 가늠케 합니다. 이를 이해하기 위해서는 기독교에서 3원적인 시공간의 흐름을 살펴볼 필요가 있습니다. 천지창조에서 추락(원죄) → 그리스도의 강림과 수난(대속과 부활) → 최후의 심판(구원과 영원한 삶)이 그것입니다. 그리스도의 수난이라는 역사적 대사건은 알파에서 오메가로 가는 데 있어서 중심에 위치합니다. 소설가는 그것을 에르난데스의 사건 속에 변모시켜 부활시킴으로써 이 대사건의 영원한 현재성을 부각시키고 있습니다. 현재시제로 표현된 이와 같은 현재성은 메시아의 수난이 부활을 통해 역사 속에 살아 숨 쉬고 있듯이, 에르난데스의 순교가 혁명 속에 부활되어 현재적 의미를 띠고서 생명력을 이어간다는 것을 함축합니다. 그리스도는 묵시록을 꿈꾸는 무정부주의자들의 사표의 역할을 하는데, 그 가운데 에르난데스가 전형적인 인물로 설정된 것입니다.

소설의 제1편 제1부 〈서정적 환상〉과 2부 〈묵시록의 실천〉까지를 정리해볼까요. '서정적 환상' 속에서 '묵시록의 실천'을 갈망하는 무정부주의자들과 자유주의자들 그리고 이들과 정서적으로 공감하는 수많은 민중이 혁명을 주도적으로 이끌고 있습니다. 그들은 묵시록을 선구적으로 실천한 그리스도를 따라 순교의 절대적 선을 구현합니다. 반면에 공산주의자들과 이들의 연합세력은 '묵시록의 실천'을 '환상'으로 거부하고는 그리스도의 또 다른 가르침에 따라 민중을 조직하고 지휘하면서 교회의 재탄생과 혁명의 전진을 이끌고자 합니다. 이 현

실주의적 노선은 '효율'과 '규율'의 문제를 제기하면서 국면 전환을 향해 전진합니다. 그 전환의 계기가 되는 것이 에르난데스의 순교입니다. 그의 죽음과 더불어 묵시록의 욕망은 진정되어 하향 곡선을 그리며 혁명 속에 흡수되게 됩니다. 교회의 재탄생과 혁명군의 조직은 예수의 수난과 같은 중심적 사건을 거침으로써만 새로운 전기를 맞이하고 있는 것입니다. 그래서 〈묵시록의 실천〉의 종결은 로마교회의 성립 과정에서 예수의 수난에 대응하고 있음을 알 수 있습니다.

《희망》의 제2편 〈만사나레스의 강(江)〉의 제1부는 '존재(Etre)와 행위(Faire)'라는 제목이 붙어 있습니다. 영어로 말하면 'Be and Do'가 되겠지요. 이 제목에 대해 잠시 생각해보죠. 그것은 도덕과 정치의 갈등을 함의하는 표현입니다. 도덕주의자들은 그 어떤 상황에서도 도덕적 당위를 지키고자 합니다. 하지만 정치를 하고 혁명을 하는 데 있어서 도덕적인 수단에 호소하는 것만으로는 한계가 너무도 분명한 것이 현실입니다. 잘못이나 배반을 할 경우에 강력한 규율과 몰인정한 극약 처방이 필요할 때가 있습니다. 그래야만 조직이 살아 움직이고 효율성이 극대화되어 혁명과 전투를 승리로 이끌 수가 있으니까요. 정의로운 목표를 달성하기 위한 정의로운 방법은 너무도 제한적이고 협소하다는 데 어려움이 있는 것이죠. 무정부주의자들이나 자유주의자들은 무언가를 행하기에 앞서 우선 도덕적인 존재가 되고자 합니다. 이들은 혁명의 길에 들어섰는데도 도덕적이고 인간적인 존재가 되는 것을 우선시합니다. 이것이 효율적인 행위를 우선시하는 공산주의자들과 다른 점입니다. 가르시아는 에르난데스에게 이러한 차이를 이렇게 말합니다.

"공산주의자들은 무언가를 하고자(faire/do) 합니다. 당신과 무정부주의자들은 이유야 다르지만 무언가 되고자(être/be) 합니다. 이것이 이번 혁명과 같은 모든 혁명의 드라마입니다. 우리가 의지하며 사는 신화들은 모순적이죠. 평화주의와 방어의 필요성, 조직화와 기독교신화, 효율성과 정의 등 따위 말입니다. 우리는 이것들에 질서를 부여해야 하고 우리의 묵시록을 군대로 변모시켜야 합니다. 아니면 죽어야 하죠. 그뿐입니다."

이 텍스트는 '존재와 행위'가 무엇을 의미하는지 잘 보여주고 있습니다. 인용문에서 '조직화와 기독교신화'가 서로 모순적이라는 말은 무엇을 나타낼까요? 조직은 그것을 유지하기 위한 위계질서와 권력화를 필연적으로 낳게 되어 있고 개개인은 구속받기 시작합니다. 하지만 조직 없이는 적과의 싸움에서 승리할 수가 없죠. 기독교신화의 핵심은 개개인의 절대 자유와 해방이고 구원이 아니겠습니까? 이러니 모순이 생길 수밖에 없는 것이죠. 그래서 에르난데스는 '행위'의 효율성보다 '존재'의 윤리성에 자신을 희생시키는 것이죠.

제2편 제1부의 제목 '존재와 행위'는 이제부터 '존재'보다 '행위'가 혁명을 이끌어가는 동력이 되고 있음을 함축하고 있습니다. 물론 아직도 존재를 고집하는 인물들이 나타나기도 합니다. 하지만 행위 쪽으로 무게가 실려 그것을 중시하는 공산주의자인 마누엘이 처음에 등장합니다. 마누엘은 음악을 전공한 인물로 영화촬영소에서 음향 기사였습니다. 혁명전쟁이 발발하자 철도노조 서기의 평범한 조수로 출발한 그는 이제 혁명군의 어엿한 지휘관이 되어 있습니다. 그는 민중을

조직화화여 혁명군을 창설하는 과정과 함께 성장하는 '희망'의 중심에 서 있습니다.

〈존재와 행위〉는 마누엘이, 전의를 상실하고 도망한 민병들과 패잔병들을 재조직해 아군을 부활시키는 시퀀스로 시작됩니다. 에르난데스의 죽음이 그리스도의 수난과 접근되듯이, 이러한 부활은 그리스도의 죽음 직후 그와 성도들의 부활에 대응합니다. 제2편 제1부가 시작되자마자 거센 바람에 나뭇잎들이 회오리를 일으키고, 대포소리가 대지를 진동시키며 종소리가 울려 퍼지는 신비한 분위기 속에서, 톨레도를 도망한 민병들과 패잔병들이 아란후에스 역(驛)을 소요 속으로 몰아넣으면서 역 앞의 마로니에 공원으로 몰려듭니다. 이들은 마누엘의 지휘 아래 혁명의 전의를 되찾으면서 재조직되고 아군은 되살아납니다. 이 장면은 〈마태복음〉(27: 50-53)에 나타나는 성도들의 부활 장면에 대응합니다.

> "예수께서 다시 한 번 큰 소리를 지르시고 숨을 거두셨다. 바로 그때에 성전 휘장이 위에서 아래까지 두 폭으로 찢어지고 땅이 흔들리며 바위가 갈라지고 무덤이 열리면서 잠들었던 많은 옛 성도들이 되살아났다. 그들은 무덤에서 나와 예수께서 부활하신 뒤에 거룩한 도시에 들어가서 많은 사람에게 나타났다."

아군의 부활과 혁명의 전진에서 밑거름이 되는 것은 예수의 순교적 정신을 이어받은 수많은 무정부주의적 신비주의자들의 죽음이고 이들을 대변하는 인물이 에르난데스이지요. 아군을 되살리는 마누엘은

수도원의 "성모상들과 성심상들의 후광에 둘러싸여" 도망병들의 대표단을 맞이하는데, 이 모습은 그가 얼마나 신심이 깊은지를 암시하고 있습니다. 그에게 혁명은 교회를 개혁해 새롭게 부활시키는 성전(聖戰)의 성격을 부여받고 있음을 다음 문장을 통해 알 수 있습니다. "그가 바라던 대로, 수도원의 침실과 둥근 천장의 홀 안에서는 남아 있는 담청 및 황금빛 성인상들이 내려다보이는 가운데(전사(戰士) 성자들의 창들에는 깃발들이 걸려 있었다), 기진맥진한 사람들이 전쟁의 잠을 자고 있었다." 그는 가톨릭 민중을 조직해 기존의 부패한 성직자 집단을 단죄하고 재편하는 '전사 성자'와 같은 위상을 부여받고 있는 것입니다.

소설이 교회의 재탄생과 혁명의 전진을 동전의 양면처럼 한 덩어리로 결합해 펼쳐내고 있다는 사실은 혁명군의 정보 담당 사령관인 가르시아와 게르니코의 대화를 통해서도 드러납니다. 친구지간인 두 인물에 대해서 좀 소개하자면, 내전이 터지기 전에 전자는 인류학자였고 후자는 작가였습니다. 후자는 신앙심이 매우 깊은 작가라고 명시되어 있지만, 전자의 신앙에 대해서는 암시적으로 나타날 뿐입니다. 이 암시를 놓치면 그의 종교적 세계를 알 수 없게 되어 있습니다. 두 인물의 대화에서 게르니코는 이런 말을 합니다. "그리스도의 말씀이 살아 있네. 이 나라에서 무언가가 시작되고 있네. (……) 아마 교회의 재탄생이라 할 무언가가 말이네." 재탄생은 교회가 다시 부활하고 있다는 말입니다. 가르시아는 게르니코를 "자신이 진정으로 좋아하는 유일한 인물"로 생각하면서 그의 말을 묵묵히 경청합니다.

두 인물의 대화에서 매우 중요한 암시가 나타나는데, 가르시아의 역할과 관련된 것입니다. 게르니코는 혁명이 발발하기 대략 한 달 전에

가르시아와 마누엘 등, 친구들과 함께 보낸 밤을 기억해냅니다. 이 때 마누엘은 게르니코를 위해 〈탄툼 에르고*Tantum ergo*(오로지 찬양할지어다)〉라는 미사곡을 불렀습니다. 이 미사곡은 성 토마스 아퀴나스가 13세기에 작곡한 〈팡즈 린구아*Pange Lingua*(나의 입이여 구세주의 영광을 노래하라)〉의 5, 6번째 절을 구성하며 미사에서 성체 강복식 때 찬송됩니다. 그것은 "신부들에 의해 교육받은 모든 사람이 라틴어로 합창하여 끝났다"고 되어 있지요. 이날 밤은 가르시아가 어디론가 "출발하는 전날 밤"으로 되어 있는데, 어디로 떠나는지는 명시되지 않고 독자가 추론하도록 암시되어 있습니다. 이 밤을 추억하는 게르니코의 내면적 의식이나, 그와 가르시아와의 대화가 지닌 종교적 성격도 중요하지만, 후자를 배웅하는 친구들의 태도는 매우 암시적입니다. 그들은 "동이 틀 때 마드리드를 굽어보는 언덕으로 가르시아를 데리고 가 (……) 마누엘이 아스투리아스의 노래를 선창했고 친구들이 따라 불렀습니다." 아스투리아스 지방은 전통적으로 사회주의 노동운동이 강력하게 전개되는 중심지 가운데 하나였지요. 이런 여러 가지를 고려할 때 가르시아의 출발은 혁명과 관련이 있었던 것입니다.

사실, 내전이 발발하기 몇 달 전부터 스페인은 이미 긴장 상태에 있었습니다. 2월 총선에서 공화파와 좌파가 연합해 가까스로 승리해 정권이 바뀌자, 정치적 테러가 증가하고 군부의 음모가 진행되고 있었으며 공화국은 전복될 위기에 처해 있었죠. 《희망》의 첫 페이지에서도 "며칠 전부터 파시스트들의 반란이 임박해 있다"라는 정보가 제공되어 이런 상황을 뒷받침하고 있습니다. 따라서 가르시아는 위험에 처한 공화국으로부터 내전과 혁명이 일어나기 이전에 어떤 부름을 받

았다고 유추됩니다. 그는 한통속이 된 스페인 교회와 기득권에 대항하는 투쟁과 관련된 사명을 부여받은 것이죠. 게르니코가 혁명과 종교를 하나로 묶어 생각하면서 이 밤을 추억하는 것은 이를 뒷받침해줍니다. 또 마누엘이 성가를 부른 것도 이런 맥락에서 이해되어야 하지요. 가르시아의 출발에는 스페인 교회를 혁파해 개혁하는 사명도 담겨 있었던 것입니다.

마누엘이 선창하고 친구들이 합창한 성가는 고딕시대의 인간관과 신학을 확립한 토마스 아퀴나스가 작곡한 것입니다. 앞서 보았듯이, 이 신학은 대속(代贖)의 개념을 심화시켜 인간을 원죄로부터 해방시켰습니다. '고딕적 인간관'에 대한 앙드레 말로의 애착은 남다릅니다. 결국 성가의 함축적 의미는 가르시아가 혁명 속에서 교회를 재탄생시키는 전투적 사명을 부여받았다는 것입니다. 이 재탄생은 12~13세기에 개화한 저 이상적 인간관의 회복을 향한 초석인 원초적 기독교정신으로 회귀하는 데서 시작되는 것이죠.

〈존재와 행위〉에서는 혁명이 분수령, 곧 전환점을 넘어서 혁명군의 창설과 교회의 재탄생이 본격적으로 가동됩니다. 그래서 "근본적인 것의 시대가 다시 시작되고 있다"는 의미심장한 말이 나옵니다. 잃어버린 원초적 종교정신을 되찾아 원점에서 다시 시작하는 것이죠. 이성조차도 "새롭게 토대가 설정되어야 한다"는 외침도 들립니다. 데카르트 이후로 종교를 껍데기만 남기고 서서히 권좌를 차지하게 되는 이성, '신격화'된 그 이성에 대한 비판이 제기되는 것이죠. 데카르트를 비판한 파스칼 식으로 이성의 한계와 위상을 제대로 정립해야 한다는 것입니다. 신비체험을 한 파스칼은 《팡세》에서 "데카르트가 될 수만

있다면 자신의 철학 속에서 신 없이 지내려 했다'고 비판하면서 "그를 용서할 수 없다"고 말했지요. 로마교회의 성립사의 관점에서 보면, 〈존재와 행위〉는 그리스도의 부활에서부터 사도들이 전도를 통해 교회를 세워가는 초기단계에 대응한다 하겠습니다.

제2편 제2부는 〈좌파의 피〉로 되어 있습니다. 제목에 대해 생각해볼까요. 본질적으로 좌파는 기독교와 철저하게 양립합니다. 예수는 모럴리스트, 몽상적 이상주의자, 사회주의의 사자(使者) 혹은 혁명가로 다양하게 규정되어 왔습니다. 여기서 스페인 민중 모두가 가톨릭교노인 점도 빼놓을 수 없습니다. 그래서 민중의 피가 곧 '좌파의 피'가 되는 셈이죠. 이 피는 기독교 정신의 부활을 위한 순교적 피와 하나가 되는 것입니다. 마르크시즘의 메시아니즘적인 성격도 그 뿌리는 기독교에 있다는 점도 잘 알려져 있습니다.

저의 논지에서 볼 때, 〈좌파의 피〉에서 두 가지가 중요하다 하겠습니다. 하나는 강력한 규율을 통해 내부의 결속을 다지는 것이고, 다른 하나는 적군이 가하는 박해에 저항하는 것입니다. 첫 번째는 중심인물 마누엘이, 적군에 속아 배신하거나 전선을 도망친 부하들을 처형시키고 자신의 연대를 사열하는 가운데 '피의 동맹'을 느끼는 데서 잘 드러납니다. 비가 쏟아지는 가운데 진흙탕 속에 무릎을 꿇고 자신의 바짓가랑이에 매달려 살려달라고 애원하는 자원병들의 가련한 모습 앞에서, 마누엘은 승리와 연민 사이에서 찢어지는 아픔을 느끼면서 갈등합니다. 하지만 그는 결국 그들의 비에 젖은 쓰라린 얼굴을 외면하면서 냉정하게 돌아서고 그들은 처형됩니다. 그는 스승 히메네스에게 "제 일생에서 가장 중요 날을 체험했다"고 고백하면서 "저는 매

일같이 조금씩 덜 인간적이 됩니다'라고 말합니다. 그는 스승도 동일한 고뇌와 아픔을 겪었으리라 생각하면서 어떻게 극복했는지 묻습니다. 히메네스는 마누엘이 매일 조금씩 덜 인간적이 되는 형제애는 "그리스도를 통해서만 만날 수 있다"고 말하면서 이렇게 위로합니다. "자네는 행동을 원하면서도 형제애를 전혀 잃고 싶어 하지 않네. 난 인간이 그러기엔 너무 작다고 생각하네. (……) 진정한 싸움은 자기 자신의 일부와 싸워야 할 때 시작되는 것이네." 이처럼 마누엘은 히메네스를 통해서 기독교적으로 조직 윤리와 규율을 확립해가고 있습니다. 이런 전범적인 사례를 통해 독자는 혁명군의 기강이 잡혀가는 정신적 토대를 유추할 수 있는 것이죠.

또 하나 중요한 것은 적군이 마드리드의 민중에 무차별 폭격을 가해 공포를 조장하면서 '불의 시대'를 연출하는 부분입니다. 혁명전쟁을 취재하는 미국인 기자 쉐이드가 묘사하는 비극적 풍경은 민중의 신앙과 하나 되어 나타납니다.

> "배가 터진 이 모든 사람들, 목이 잘린 이 모든 사람들은 헛되이 고통을 받고 있다. 포탄이 떨어질 때마다 마드리드의 민중은 더욱더 그들의 신앙 속으로 빠져들고 있다."

마드리드의 민중은 신앙심으로 더욱 깊이 무장하면서 순교의 피, 곧 '좌파의 피'를 흘리고 있습니다. 쉐이드 기자의 눈에 비친 전화(戰火)에 휩싸인 마드리드 풍경은 먼 시대로 거슬러 올라가 로마시대에 네로 황제가 저지른 대화재와 중첩됩니다.

"이게 ……. 첫날이야'라고 쉐이드는 생각했다. 연달아 쏟아지는 포탄은 이제 보다 왼쪽에 떨어지고 있었다. 그리고 쉐이드가 굽어보고 있지만 잘 보이지 않는 그란 비아가(街)의 깊숙한 안쪽으로부터 거친 신도송(信徒頌) 소리가 올라오기 시작하면서, 끊임없이 길을 내려가고 있는 앰뷸런스들의 종소리를 때때로 덮어 누르고 있었다. 쉐이드는 아주 먼 시간으로부터 오고 불의 세계와 야만스럽게 조화를 이루는 이 신도송 소리에 극도로 주의 깊게 귀를 기울이고 있었다. 규칙적으로 간격을 두고 발음되는 하나의 구절이 끝나면 거리 전체가 답창(答唱) 식으로 둥-통공-통 하는 장례의 북소리를 흉내 내고 있는 것 같았다."

'이게 ……. 첫날이다'라는 기자의 생각은 '화염만이 살아 있는' 마드리드가 '자연의 원소들로 회귀'하는 상황에서 나오고 있습니다. 그가 여기서 어떤 첫날을 생각하고 있는지는 암시되어 있습니다. 그는 그 다음에 들리는 신도송을 '불의 세계'와 연결시키면서 아주 먼 시간 속에서 오는 것처럼 귀를 기울이고 있습니다. 뒤에 나오는 '답창'은 가톨릭에서 미사 때 사용하는 용어로 사제의 선창에 대한 신도의 응창을 말합니다. 화염에 휩싸인 마드리드, 박해받는 가톨릭 민중, 그들의 깊어지는 신앙심, 그들의 신도송과 답창, 그 뿌리를 아주 먼 시대로 이동시키는 상상력 등, 이 모든 것은 쉐이드가 말하는 '첫날'을 네로가 로마를 불바다로 만든 그 첫날로 유추하게 해줍니다. 그의 상상력 속에서 마드리드의 가톨릭 민중과 로마의 초기 가톨릭교도들은 오버랩되고 있습니다. 이와 같은 시대 이동은 민중이 대피해 있는 지하실이 마치 로마시대의 신도들이 박해를 피해 모임을 가졌던 '지하 공동묘지

들'로 변모되는 데서도 확인되지요. 이처럼 기자의 눈에도 혁명은 기독교 정신의 부활과 구원의 문제에 긴밀하게 결합되어 있어 일관된 구도를 이루고 있습니다.

〈좌파의 피〉는 공화국의 혁명군이 조직을 갖추어가면서 안팎으로 겪는 이중적인 시련의 과정을 부각시키고 있습니다. 한편으로, 마누엘이 배신한 부하들을 처형하면서 위기를 겪는 사건은 혁명군 내부의 진통을 상징적으로 드러내줍니다. 다른 한편으로, 화염에 싸여 폭격당하는 마드리드를 탈환하는 데 치러야 할 피의 대가는 바깥으로부터 오는 고난과 시련을 나타냅니다. 그렇게 혁명군은 내외의 도전과 역경을 극복함으로써 윤곽이 잡히는 것이지요. 〈좌파의 피〉가 보여주는 혁명과 교회 재탄생의 단계는 초기의 로마교회가 조직을 확립해가면서 안팎으로 겪는 어려움과 박해에 조응하도록 구도화되어 있습니다.

이제 제3편 〈희망〉으로 넘어가 볼까요. 3편의 제목은 원래 '농부'로 되어 있다가 결정판에서 '희망'으로 바뀌었습니다. 따라서 여기서 말하는 희망은 민중의 기층을 이루는 농부들에 대한 것임을 알 수 있습니다. 여기서 희망의 빛인 농부의 발견에 대한 임무를 부여받은 자는 마니앵이라는 인물입니다. 그는 민간 용병들을 끌어 모아 조직한 비행대의 지휘관이기 때문에 인물 창조에서 소설가와 가장 가까운 존재이지요. 앙드레 말로는 이 내전에 직접 참여하여 좌파 편에서 싸웁니다. 그는 반란군에 맞서 좌파공화국 정부를 돕기 위해 국제 비행대 '에스파냐'(나중에 '앙드레 말로 비행중대'로 다시 명명됩니다)를 조직합니다. 그리하여 그는 65회에 걸쳐 직접 출격, 전투에 참여하여 '행동하는 지성'의

전형을 드러냄으로써 소설가로서의 독특한 예외적 인간상을 각인시키지요. 그는 대령까지 진급했으나 부상으로 퇴역합니다. 제2차 세계대전의 서막인 이 내전의 경험을 바탕으로 장대한 서사적 소설인《희망》을 집필하고 이 작품을 각색한 영화 〈시에라 데 테뤼엘〉(1939)을 직접 제작합니다. 그러나 이 영화는 1945년에야 세상에 빛을 보게 되며 그해 루이 들뤽 상을 받습니다.

마니앵은 한 사람의 농부가 찾아낸 은밀한 적군 비행장을 폭격하기 위해 이 농부를 전투기에 태우고 출격하여 커다란 전공을 세웁니다. 뿐만 아니라 그는 새벽에 출격해야 하는데 새로 건설한 비행장이라 아직 조명시설이 갖추어지지 않았기 때문에 근처 농촌 마을들에서 자동차들과 트럭들을 빌려 헤드라이트로 조명을 하여 전투기들을 이륙시키고자 합니다. 농민위원회는 회의를 거쳐 자동차들과 트럭들을 제공함으로써 작전에 적극적으로 협조합니다. 또 출격한 아군 비행기 한 대가 눈 덮인 산에 추락하여 전사자와 부상자들이 속출하자 농부들이 관과 들것들을 만들어 그들을 교대로 운반하는 등 사고를 수습하는 데 주도적으로 나서고, 지극히 빈곤한 모습의 농촌 여인네들이 보온병에 수프와 차를 끓여와 부상자들에게 대접하는 장면은 마니앵의 마음을 깊이 감동시킵니다. 각자가 조금이라도 쓸모 있는 사람이 되고자 하는 농부들의 몸짓 하나하나에서 그는 그들 속에 감추어진 위대한 인간적 면모를 발견하게 됩니다. 안달루시아의 모레네 산맥 기슭에 있는 작은 도시인 리나레스를 향하여 하산하는 이 장면은 소설에서 명장면 가운데 하나로 꼽히지요.

"협곡이 리나레스와 가까워짐에 따라 길은 보다 넓어지고 있었다. 농부들은 들것들 주위에서 걷고 있었다. 검은 옷을 입고서 머리에는 숄을 쓰고 팔에는 바구니를 든 여자들은 부상자들을 중심으로 오른쪽에서 왼쪽으로 (……) 분주히 움직이고 있었다. 남자들은 들것들을 결코 앞지르지 않고서 뒤에서 따라가고 있었다. 그들은 어깨에 짐을 막 짊어진 모든 사람들처럼 몸을 똑바로 펴고 나란히 나아가고 있었다. 교대를 할 때마다 새로운 운반자들은 자신들의 경직된 걸음걸이를 버리고는 조심스럽고도 애정이 넘치는 동작으로 들것의 막대를 잡은 뒤 일상의 작업에서 외치는 '여차!' 소리를 내며 다시 출발하곤 했는데, 마치 자신들의 동작을 통해 방금 보여주었던 마음을 곧바로 감추고 싶어 하는 것 같았다. 그들은 오솔길에 깔린 돌멩이들에 줄곧 신경을 씀과 동시에 들것들이 흔들리지 않도록 하겠다는 일념만을 간직한 채, 비탈이 나타날 때마다 질서정연하고 느리게 평보로 전진하고 있었다. 그리하여 그토록 긴 길을 따라서 고통과 조화된 이 리듬은 마지막 새들이 하늘에서 울고 있는 저 거대한 협곡을 장례행렬의 장엄한 북소리처럼 채우고 있는 것 같았다. 그러나 지금 산과 조화를 이루는 것은 죽음이 아니었다. 그것은 인간들의 의지였다. (……) 검은 옷을 입은 농부들과 시대를 초월한 숄 아래 머리를 감춘 여자들의 이 모든 행진은 부상자들을 따라간다기보다는 근엄한 승리 속에서 하산하고 있는 것 같았다."

마누엘에게 희망의 등불을 보여준 농부의 이미지는 제2차 세계대전으로 유럽문명이 총체적 위기를 맞이할 때 앙드레 말로가 마지막

소설 《알텐부르크의 호두나무》(1943)를 통해 문화 창조의 새로운 사이클을 가동시키는 신화적 중심점이 됩니다. 문명의 위기가 올 때 기득권과 엘리트층은 위기를 막지 못했기 때문에 희망이 될 수 없습니다. 기층민의 시원에 자리 잡은 농민계층은 세대들의 연속성을 통해 신(新)문화의 상승곡선을 그려내게 되는 영원한 에너지원으로 작용하면서 '기원의 신화'를 구현합니다.

제3편에서는 이와 같은 '희망'과 함께 공화국 혁명군의 창설이 완성되어 위용을 드러내면서 승전보가 이어집니다. 물론 이 군대는 농민들이 주축이 된 민중의 훈련과 조직화로 탄생됩니다. 그런데 가르시아의 입을 통해 아주 중요한 암시가 나타납니다. 그는 농부들에 대한 생각에 사로잡힌 마니앵에게 이런 말을 갑자기 합니다. "그리스도는 콘스탄티누스 대제를 통해서만 승리를 거두었습니다." 기독교가 로마교회의 탄생을 거쳐 공식적으로 국교로 인정된 것은 콘스탄티누스 대제 때입니다. 혁명군이 창설된 것은 교회의 재탄생이 자리를 잡았다는 것을 의미합니다. 하지만 로마교회가 성립된 후에 국가적으로 승인되는 데 상당한 시간이 걸렸듯이, 혁명군과 교회의 재탄생이 적을 무찌르고 국가적으로 승리를 거두는 데는 아직 갈 길이 남았다는 것을 가르시아는 암시하고 있습니다. 민중이 가야할 투쟁의 길이 아직 많이 남아 있다는 것이지요.

예술적 차원에서 보면, 로마교회는 국교로 인정된 후 로마네스크 양식의 내세 지향적 인간관을 거쳐 고딕 양식에 나타나는 '지금 여기에서'의 해방된 인간관으로 이동합니다. 혁명과 교회의 재탄생이 국가적 승리를 넘어서 이와 같은 완전한 인간 해방의 지평을 여는 데는 기

나긴 금욕의 여정을 밟아야 하는 것입니다. 그 여정의 끝에 출현하는 근본적 인간, 다시 말해 원죄로부터 해방되어 '운명의 무한한 가능성'을 추구하는 인간이 미래에 대한 마누엘의 의식을 통해 드러납니다. 그는 베토벤의 음악을 들으면서 명상에 잠깁니다.

> "자신의 주위에서 그는 마치 대포에도 꼼짝하지 않는 낮게 깔린 저 구름 뒤에서 눈먼 운명들이 그를 기다리기라도 하는 것처럼 전조들로 가득한 삶을 느끼고 있었다. (……) 언젠가 평화가 올 것이다. 그리고 마누엘은 그 자신도 알지 못하는 다른 사람이 될 것이다. 산으로 스키를 타러 가기 위해 작은 중고차를 샀던 자에게는 오늘의 투사가 미지의 존재였던 것처럼 말이다. (……) 그의 과거 속으로 바퀴가 구르듯 밀려가며 계속 이어지는 악장들은 예전에 무어족을 막아낸 이 도시, 저 하늘 그리고 저 영원한 들판이 말할 수 있을 것처럼 말하고 있었다. 마누엘은 인간들의 피보다 더 엄숙하고, 대지 위에 그들의 존재보다 더 불안한 것—그들의 운명이 지닌 무한한 가능성—의 목소리를 처음으로 듣고 있었다."

제3편의 마지막이자 소설의 대미를 장식하는 마누엘의 이와 같은 비전은 그가 한 성당에서 히메네스를 위해 연주하는 미사곡 〈키리에 (주여 궁련히 여기소서)〉와 연결되지요. 이 미사곡은 팔레스트리나가 16세기에 작곡한 것입니다. 마누엘은 자신이 연주하는 이 음악을 들으면서 깊은 사유를 펼쳐냅니다.

"텅 빈 중앙 홀 안에서 주름진 고딕식 휘장처럼 팽팽하고 장중한 성가가 울려 퍼지고 있었다. 그것은 전쟁과는 잘 어울리지 않았으나 죽음과는 너무도 잘 조화되고 있었다. 조각난 의자들과 트럭들 그리고 전쟁에도 불구하고 내세의 목소리가 교회를 다시 점령하고 있었다."

〈키리에〉는 Kyrie라는 기도문에 곡을 붙인 것으로 여러 가지가 있습니다. 팔레스트리나가 살았던 16세기는 개신교의 종교개혁이 한창일 때입니다. 이에 맞서 스페인의 왕이자 신성로마제국의 황제인 카를 5세는 교황 바오로 3세에게 세계주교회의를 개최토록 요청하게 되고 이에 따라 3차례에 걸쳐 트렌토 공의회가 열립니다. 이 공의회를 통해서 가톨릭 교리의 근본적인 내용이 재검토되고 성직제도가 대폭적으로 수정됩니다. 동시에 교회음악도 대폭적인 개편이 착수됩니다. 팔레스트리나는 "미사음악을 정화하고 쇄신하는 임무를 부여받은 것"으로 알려지고 있습니다. 따라서 〈키리에〉에는 카를 5세가 추진한 원시 기독교정신의 회복 및 성직 개혁과 동일한 의미 차원에 있는 것이죠. 마누엘은 이런 역사적 관점에서 자신을 '16세기의 스페인 사람'이라고 비유적으로 말하기도 합니다.

인용문에서는 성가 〈키리에〉와 '고딕식 휘장'이 연관되어 나타납니다. 성가는 원시 기독교정신의 복원 쪽에 기울어져 있다 하겠습니다. 따라서 그것은 고딕적 인간관보다는 내세 쪽으로 기울어진 인간관에 접근된다고 할 것입니다. 로마네스크 양식에 나타나는 그런 금욕적 인간관 말입니다. 그렇기 때문에 성가는 현세의 '전쟁'보다는 초월로 가는 '죽음'에 더 훨씬 어울리면서 '내세의 목소리'로 다가옵니다. 이렇

게 볼 때, 그것과 '고딕식 휘장'은 십자가의 두 측면, 즉 속죄와 구원처럼 양면을 이루면서 긴장 상태를 나타내고 있다 하겠습니다. 속죄하는 인간에서 구원된 인간으로의 변모는 미래에 이루어질 몫으로 남아 있는 것이죠. 마누엘이 마지막에 언젠가 올 평화를 내다보면서 무한한 가능성을 꿈꾸듯이 말입니다.

이렇게 제3편 〈희망〉은 농부들에 대한 기대와 구원의 미래를 향한 여정을 담아내고 있습니다. 그것은 혁명군의 창설과 교회의 재탄생이 동전의 양면처럼 하나가 되어 그 진면목을 드러내면서 앞날에 대한 전망을 제시합니다. 로마교회의 성립사의 관점에서 보면, 그것은 로마교회가 콘스탄티누스 황제에 의해 국교로 승인되기 전의 단계와 장차 전개될 미래의 지평에 대응한다 하겠습니다.

지금까지 로마교회의 탄생을 중심으로 한 기독교의 역사와 세계관의 틀을 도입해 앙드레 말로의 《희망》을 읽어보았습니다. 아담과 이브의 원죄에서 출발한 선악의 양극적 패러다임은 그리스도의 수난과 부활을 중심으로 새로운 전기를 맞이하면서 역동적 운동을 통해 인류를 구원의 왕국으로 전진시킵니다. 그 과정을 통해 성립된 로마교회와 기독교의 운명은 인류를 성숙으로 이끄는 고난과 금욕의 세월을 견뎌내고 빛나는 인간 해방을 이루어냅니다. 여기서 역사적 시간은 인간에게 구원을 받을 만한 정신의 성숙을 가져다주기 때문에 창조적 백터로 작용합니다. 《희망》은 이와 같은 기독교 역사의 장대한 전개를 8개월의 혁명 속에 압축하고 변모시켜 재현해내고 있습니다.

하지만 중세와 르네상스를 거쳐 근세에 등장하는 새로운 패러다임은 이성과 비이성이고, 합리성과 비합리성입니다. 이것들의 양극적

구도는 중세까지의 여타 이분법적 사유를 계승하고 서로의 흔적을 보이지 않게 이루면서 역사가 하나의 정점을 향해 힘 있게 전개되게 만듭니다.[4]

4 《희망》에 대한 글은 제가 발표한 두 편의 다음과 같은 논문 내용을 토대로 집필되었음을 밝힙니다.〈앙드레 말로의 《희망》에 나타난 시간관〉,《불어불문학연구》제34집, 한국불어 불문학회, 1997 ;〈앙드레 말로의 《희망》: 기독교와 혁명-소설의 상징시학을 중심으로〉, 《불어불문학연구》제60집, 한국불어불문학회, 2004.

제5장

관계와 관계의 초월: 불교와 노장사상

이데아까지도 순간순간 변화하는
신비로운 마야이다.

스테판 말라르메

인도는 내 젊은 날의 가장 심원한
만남들 가운데 하나이다.

앙드레 말로

1. 크리슈나와 '청춘 예찬'

이번 장에서는 동양의 에로티시즘, 불교 그리고 노장사상에 나타난 관계와 패러다임의 스펙트럼을 고찰하는 기회를 가져보도록 하겠습니다. 유대교와 기독교처럼, 불교와 긴밀하게 결합된 힌두교의 신화에는 매혹적인 '젊음의 신' 크리슈나가 등장합니다. 이 신은 브라마 및 시바와 삼위일체를 이루는 최고신 비슈누의 여덟 번째 화신이라고 간주됩니다.[1] 그는 갠지스 강과 야무나 강이 만나는 지점에 있는 브린다반이라는 숲에서 소치는 처녀인 고피들(gopis) 가운데 가장 아름다운

라다와 에로틱한 사랑을 나눕니다.

> 나는 꽃 침대에 쓰러졌고
>
> 그분은 나의 가슴에 쓰러졌네,
>
> 영원히 머물려는 듯.
>
> 나는 그분을 포옹했네, 연인이 되어!
>
> 나는 그분과 키스했네. 그리고 그분은
>
> 내 입술의 넥타르를 마셨네.
>
> (……)
>
> 우수에 젖은 내 두 눈은 감겼고
>
> 나는 느꼈네,
>
> 그분의 몸이
>
> 나의 애무 아래 전율하는 것을.
>
> 나의 온몸은
>
> 욕망의 땀으로 축축이 젖었네,
>
> 사랑에 도취되어 떨면서!
>
> (……)
>
> 그분이 내 몸 안에서
>
> 은밀한 신비를 찬양하는 동안

---

1   인도 신화에서 일반적으로 브라마는 창조의 신, 비슈누는 유지·보존의 신, 시바는 파괴의
신으로 규정되면서도 삼위일체를 이룹니다. 기독교의 성부와 성자와 성신이라는 삼위일
체와 전혀 다릅니다. 하지만 이 세 신은 역할에 따른 분화이지 동일한 신이기 때문에 종파
에 따라 하나의 신이 다른 신들의 역할까지 하는 경우도 나타납니다. 예컨대 비슈누 신은
유지와 파괴를 동시에 관장하는 신으로 제시됩니다.

나는 뻐꾸기처럼 노래했네.[2]

에로스와 신성의 결합은 인도에서와는 달리 기독교에는 없는 것입니다. 성욕의 추구를 다분히 죄악시한 이 종교에서는 최고신인 하느님이 여신이나 여자와 에로틱한 놀이를 한다는 것은 상상될 수 없었습니다. 그러나 힌두교에서 이 결합은 현세에서 관능적 유희를 통해 초월적인 성스러운 것과의 합일로 가는 길을 열어주는 방편이며, 지상에서 천상으로의 황홀한 축복의 비약을 약속하는 정신적 지평을 함축하고 있습니다. 인도만큼 이런 신화적인 에로틱한 예술을 꽃피운 나라는 없습니다. "우주적인 감정은 선정적인 감정에서 나온다"고 말하는 인도의 오래된 격언은 차안(인간의 세계)으로부터 피안(신의 세계)으로의 이런 연속적인 영적 상승을 나타내고 있습니다.

관능의 파도가 출렁이지 않으면 삶은 역동성을 상실해 멈추게 되어 세상은 불모의 공간으로 변할 것이고 활력을 잃은 적막이 찾아올 것입니다. 인간 세상이 유지되어 돌아가려면 청춘의 육체적 결합을 통한 생산과 풍요가 계속되어야 합니다. 위의 시에서 비슈누 신은 한편으로 생명의 봄과 여름을 통해 생성이 끊임없이 되돌아오게 해주는 항구적 에너지의 궁극적 원천이자 원리입니다. 인간으로 태어난 크리슈나와 라다의 성애 놀이는 비슈누 신과 그의 반려자인 여신 락쉬미가 하나 되어 우주를 풍요롭게 하면서 영속시키는 신성한 역사에 동참하고 있음을 보여주고 있습니다. 따라서 그들은 지상에 내려온 비

2　자야데바, 《기타 고빈다: 목동의 노래》(VI, 3-5), 12세기.

슈누이자 락쉬미이며, 이들의 우주적 활동을 모방하여 재현하고 있는 것입니다.

데이비드 허버트 로렌스가 말년에 내놓은 에로소설의 고전《채털리 부인의 사랑》은 에로틱한 생명력의 충만함을 이런 차원에서 해방시키고자 한 소설이지요. 왕립미술원 리드 경의 딸인 여주인공 콘스탄스는 제1차 세계대전에 참전 중 잠시 휴가를 낸 청년 귀족 채털리 클리퍼드와 결혼합니다. 결혼 후 전선으로 되돌아간 그는 6개월 후 부상을 입고 귀향하지만 결국 하반신 불구가 되고 맙니다. 아직 청춘이 구만리 같지만 청상과부나 다름없는 콘스탄스는 어느 날 자신의 저택에 딸린 숲을 관리하는 익명의 남자이자 사랑의 마술사인 멜러스를 만나게 됩니다. 그녀는 멜러스가 '누구인지 알기 전에' 이미 그의 연인이 됩니다. 그녀에게 당장 중요한 것은 멜러스가 뿜어내는 영원한 남성성인 것입니다. 그들이 장대비가 쏟아지는 숲속에서 펼치는 관능의 제전은 귀족 부인과 숲지기라는 신분상의 전도가 있긴 하지만, 가히 크리슈나와 라다의 사랑을 방불케 한다 할 것입니다. 특히 멜러스가 거처에 돌아와 읽는 책이 인도에 관한 것이라는 점은 로렌스가 인도의 탄트라에 입문해 있음을 암시하는 중요한 시적 장치입니다. 그래서 인도의 성자 라즈니쉬는 그를 이렇게 평하고 있습니다. "금세기에 가장 창조적인 마음을 지닌 자 가운데 하나인 D. H. 로렌스는 알게 모르게 탄트라의 달인이었다. 그는 서양에서 온통 비난만 받아왔다. 그의 책들은 금서가 되었다."(오쇼 라즈니쉬, 《탄트라》) 이 작품이 1928년에 발표되었지만 미국에서는 1959년, 영국에서는 1960년에야 금서에서 해제되어 완본 출간이 허용되었으니 그 충격을 짐작할 만하지요.

신적이고 성스러운 차원에서 성애는 두 측면을 동전의 양면처럼 지니고 있습니다. 인도의 신화적인 탄트라 사상에서는 중국 사상에서와 마찬가지로, 여성성과 남성성을 비롯해 모든 양극적 패러다임을 포괄하는 음과 양은 우주의 근본적 원리인 두 개의 극을 나타냅니다. 그렇기 때문에 중국에서도 《소녀경》과 같은 성에 관한 고전들이 존재하고 있습니다. 그런데 세계의 생성 이전에 이 양극은 완전히 결합되어 운동이 정지된 휴식의 무극(無極) 상태로 규정되어 있습니다. 바로 이 휴식 상태에 있는 신(神)의 마음 혹은 한마음이 우주 창조의 운동을 시작하면서 두 극(남신과 여신)을 가동시키고 이 두 극의 에로틱한 놀이를 통해 현상계가 생성되어 나갑니다. 따라서 탄트라는 신성한 절대를 추구하는 데 있어서 두 방향으로 갈라져 있습니다. 하나는 생성 이전의 무극 상태로 가고자 하는 것이고, 다른 하나는 양극성의 놀이를 통해 현상계의 생성에 동참하고자 하는 것입니다. 바로 동전의 양면과 같은 것이지요. 남녀 일반이 성적 결합을 통해 아이를 낳고 인간 세상을 번성시키고 유지하는 활동은 후자에 속합니다. 비슈누와 락쉬미, 크리슈나와 라다, 콘스탄스와 멜러스가 펼쳐내는 성의 찬가는 이런 방향을 구현하고 있습니다.

둘로 갈라진 남과 여는 욕망의 영속적인 유희를 통해 신의 역사에 참여합니다. 둘은 서로를 규정해주면서 서로의 욕망을 욕망하는 관계 속에 진입합니다. 남성과 여성의 관점에서 보면, 남성은 여성이 있음으로써 자신이 남성이라는 것을 인식할 수 있고, 그 반대로 여성은 남성이 존재함으로써 자신이 여성임을 확인할 수 있습니다. 따라서 두 성은 서로의 존재를 규정해주는 양극성을 형성합니다. 나와 타자와

의 관계에서와 마찬가지로, '나'의 인식에서 서로가 흔적으로서 들어와 있는 셈입니다. 남자만 있다거나 여자만 있다면 서로를 향한 의미와 생성의 놀이 자체가 성립하지 않습니다. 남자는 여자가 욕망하기를 욕망해야 사랑의 놀이가 개시됩니다. 그 반대도 마찬가지고요. 여자가 욕망하지 않는다면 남자의 욕망은 대상을 잃고 방황합니다. 그러니 여자의 욕망을 욕망해야 합니다. 이것을 프랑스의 세계적 정신분석학자 자크 라캉은 "나는 타자의 욕망을 욕망한다"라고 표현하고 있습니다. 타자, 곧 상대방이 욕망을 갖지 않으면 '나'의 욕망 자체가 무용지물이니 그것은 욕망하는 상대방에게 의존하고 있는 것입니다. 사랑에서 상대방은 나를 규정해주고 나의 욕망 자체가 의미를 갖도록 해주는 없어서는 안 되는 존재입니다.

그러나 절대적·신적 원리와 맞닿아 있는 이런 생성의 에로틱한 놀이는 소멸을 동반하며 죽음을 대가로 지불해야 합니다. 생성이 가치로서 끊임없이 이루어지기 위해서는 소멸도 끊임없이 이루어져야 하니까요. 그래서 에로스와 타나토스는 짝을 이룹니다. 삶의 충만함은 죽음의 공허가 있기에 가치가 있으니 둘은 하나를 이루면서 동거합니다. 그렇기 때문에 생성의 신인 비슈누는 시바 신과 하나 되는 파괴의 신이기도 합니다. 그는 생성과 소멸을 동시에 관장하고 구현하는 신이라는 것이죠. 이렇게 볼 때 전능한 절대자로서 그는 창조와 사랑의 신인 기독교의 하느님과 매우 다른 시각에서 설정되어 있습니다. 인도 신화에 따르면, 아주 먼 아득한 옛날에 나라다(Narada)라는 성자가 있었습니다. 그의 수도(修道)와 기도가 통했는지 비슈누 신이 그의 앞에 나타나 소원을 말하면 들어주겠다고 합니다. 그러자 그는 우주의

주께 "당신의 마야(Mâyâ: 환상의 그물로 짜인 현상계)를 이해하게 해주십시오."라고 간청을 합니다. 신은 그에게 소원을 들어줄 테니 그 옆에 있는 연못에 뛰어들라고 명령합니다.

"나라다는 연못으로 뛰어들었다. 그는 한 소녀의 모습으로 다시 나타났다. 그는 바라나시 왕의 딸 수실라(Sushilâ), 즉 정숙한 여자로서 물으로 걸어 나왔다. 그녀가 꽃다운 청춘이 한창 무르익을 때 쯤 그녀의 아버지는 그녀를 이웃 비달바 왕의 아들과 결혼시켰다. 거룩한 선지자이자 고행자였던 자는 처녀의 모습으로 사랑의 기쁨을 만끽하였다. 그리곤 머지않아 비달바의 늙은 왕이 죽자 수실라의 남편이 왕좌를 계승했다. 아리따운 왕비는 많은 아들과 손자들을 두었으며 비할 데 없이 행복했다. 그러나 오랜 시간이 흘러 수실라의 남편과 그녀의 아버지 사이에 반목이 생겼으며 이 일은 무시무시한 전쟁으로 비화되기에 이르렀다. 단 한 번의 전투에서 그녀의 수많은 아들과 손자들, 그녀의 아버지와 남편이 모두 칼의 이슬이 되고 말았다. 대학살의 사실을 알게 된 그녀는 비탄에 잠겨 도성을 떠나 전쟁터로 나갔으며 거기서 장엄한 애도의 식을 올렸다. 그녀는 커다란 장례용 장작더미를 쌓도록 한 후 그 위에 그녀의 친족들·오라비들·아들들·조카들·손자들의 시신을 누이고, 남편과 아버지의 시신을 나란히 누이도록 했다. 그녀는 손수 장작더미에 불을 댕겼고 불꽃이 활활 타오르자 '내 아들아, 내 아들아' 하고 큰소리로 외치며 울다가 불꽃이 요란하게 타오를 때 그만 화염 속으로 몸을 던졌다. 화염이 이내 가라앉아 식고 맑아지자 장작더미는 변하여 연못이 되었다. 수실라는 물 한가운데 있는 자기 자신을 발견했다. 그리고

는 다시 성자 나라다로서의 자기 자신을 발견하였다. 비슈누 신은 성자의 손을 붙들고 그를 연못으로부터 끌어내셨다."3

이 텍스트는 비슈누 신이 창조하는 현상계를 환상의 그물, 곧 마야의 신비로 체험하게 해주고 있습니다. 무량한 우주적 시간의 차원에서 보면, 모든 생명이 무(無)에서 순간적으로 탄생되었다가 해체되어 무(無)로 돌아가는 허깨비 같은 것인데, 인간은 마야의 어둠 속에 갇혀 이를 모르고 있다는 것이지요. 여기서 비슈누 신은 생성보다는 소멸, 창조보다는 파괴, 삶보다는 죽음, 존재보다는 비존재, 선보다는 악, 행복보다는 불행, 기쁨보다는 슬픔에 초점을 맞추고 있습니다. 최고신은 또 다른 고대의 선지자인 말칸데야(Mârkandeya)에게 이렇게 말합니다.

"우주의 현상적 진행 과정 중에 발생하는 신기루의 전개는 나의 창조적 측면의 작품이다. 그러나 동시에 또한 나는 전개되었던 모든 것들을 다시 빨아들이고 유가들(yugas: 우주가 진행되는 단계적 시대들)의 진행과정에 종말을 고하는 파괴력을 지닌 회오리바람이고 소용돌이이다. 나는 존재하는 모든 것을 끝장낸다. 나의 이름은 우주의 죽음이다."4

이처럼 비슈누 신은 자신 안에 이미 이와 같은 양극성을 다 갖고 있으며 이것들이 하나의 동일자 내에 통일을 이루고 있음을 선포하고

---

3 하인리히 침머/조셉 캠벨 엮음, 이숙종 옮김, 《인도의 신화와 예술》, 대원사, 1995.
4 같은 책.

있습니다. 그러니까 그는 인간 세상이 그렇게 두 축으로 구축되어 있음을 계시하고 있습니다.

긍정적인 것들과 부정적인 것들이 최고의 전능한 신 안에서 동전의 양면과 같은 것을 나타내면서 동일성을 이룬다는 것은 의미심장합니다. 확대 해석하면, 존재와 비존재는 같다는 것인데, 이는 이미 불교의 〈반야심경〉이 말하는 '색즉시공(色卽是空)', 다시 말해 현상이 공이고 공이 현상이라는 진리를 함축하고 있습니다. 이를 전제로 크리슈나와 라다의 사랑이 행복하게 드러내는 목가적인 생성의 충만함과, 수실라가 늙어서 남편을 따라 비극적으로 사라지는 소멸의 허무를 함께 고찰해보도록 하죠.

사실, 이 신화적 두 이야기의 관계는 우리가 경험하는 적대적이고 상반되는 것들이 결국 동일체를 이룬다는 진리를 드러내줍니다. 이것은 과학적으로 볼 때, 선(창조)의 유전자와 악(파괴)의 유전자가 한 인간의 뇌 속에 동시에 존재하고 있는 현상에 부합합니다. 크리슈나와 라다의 사랑은 끊임없이 되돌아오는 젊음의 회귀와 생명의 영속성을 의미하지만, 이것들이 의미로서 작용하려면 역시 끊임없이 되돌아오는 늙음의 회귀와 소멸의 영속성이 있어야 합니다. 젊음과 생성을 의미론적으로 받쳐주는 것은 늙음이고 소멸입니다. 크리슈나와 라다의 청춘이 뿜어나는 관능적 결합은 수실라와 그녀의 남편이 함께 늙어 경험하는 비극적인 해체가 있기에 가치 있게 되는 것이지요. 따라서 후자는 늘 전자와 결합 관계 속에 있으며 둘은 둘이면서 하나를 이룹니다. 누군가 청춘의 행복에 대해 이야기하는 순간 그는 노쇠의 불행을 함께 말하고 있는 것입니다. 따라서 터질 것 같은 팽팽한 젊은 육체의

아름다움은 늘어지고 주름진 늙은 몸의 추함에 의지하고 있으며 그 아름다움의 즐거움을 누리려면 반드시 이 추함의 고통을 대가로 지불해야 합니다. 민태원의 〈청춘예찬〉에 잠시 귀를 기울여볼까요.

"청춘! 이는 듣기만 하여도 가슴이 설레는 말이다. 청춘! 너의 두 손을 가슴에 대고, 물방아 같은 심장의 고동을 들어 보라. 청춘의 피는 끓는다. 끓는 피에 뛰노는 심장은 거선(巨船)의 기관같이 힘 있다. 이것이다. 인류의 역사를 꾸며 내려온 동력은 바로 이것이다. 이성은 투명하되 얼음과 같으며, 지혜는 날카로우나 갑 속에 든 칼이다. 청춘의 끓는 피가 아니더면, 인간이 얼마나 쓸쓸하랴? 얼음에 싸인 만물은 죽음이 있을 뿐이다."

"그들에게 생명을 불어넣는 것은 따뜻한 봄바람이다. 풀밭에 속잎 나고 가지에 싹이 트고 꽃 피고 새 우는 봄날의 천지는 얼마나 기쁘며, 얼마나 아름다우냐? 이것을 얼음 속에서 불러내는 것이 따뜻한 봄바람이다. 인생에 따뜻한 봄바람을 불어 보내는 것은 청춘의 끓는 피다. 청춘의 피가 뜨거운지라, 인간의 동산에는 사랑의 풀이 돋고, 이상(理想)의 꽃이 피고, 희망의 놀이 뜨고, 열락(悅樂)의 새가 운다."

청춘이 이런 식으로 예찬되기 위해선 고독하고 '쓸쓸한' 늙음이 있어야 합니다. 그러니 이렇게 되새겨야 합니다. 오, 청춘이여, 그대는 늙음이 있기에 빛나도다. 늙음에 감사하고 빚을 지고 있음을 잊지 말라. 그대는 이미 늙음과 함께 노래되고 있노라. 구름 낀 핏빛 석양이 없고 정오의 태양만 있다면, 누가 저 찬란한 헬리오스를 노래하리오.

맹목적으로 휘몰아치는 정념의 거센 물결은 그 물결이 지나간 후 되돌아오는 지혜의 잔잔한 바다가 있기에 의미를 싣고 오노라.

텍스트에서 우선 청춘의 뜨거운 정열을 의미론적 차원에서 그림자와 흔적으로 받쳐주는 것은 얼음 같은 이성과 칼날 같은 지혜입니다. 이것들이 없으면 '이유 없는 반항'을 일으키는 불같은 정열 자체가 빛이 나지 않습니다. 그것들은 생명과 반대되는 죽음이나 무기력한 노쇠와 연결되어 있지만, 그것들이 존재하지 않는다면 힘차게 타오르는 젊음의 불꽃은 무의미를 낳기 때문에 이 불꽃의 의미작용에서 없어서는 안 되는 반쪽을 형성하면서 이것과 하나를 이루고 있습니다.

다음으로 민태원은 생명의 봄과 젊음을 노래하면서 얼음이라는 단 하나의 단어로 겨울의 죽음 같은 삭막한 풍경을 불균형적으로 암시하고 있습니다. 하지만 이 얼음, 곧 얼어붙은 회색빛 겨울은 따뜻한 푸른 봄을 노래하게 해주는 데 있어서 없어서는 안 되는 관계적 의미 요소입니다. 약동하는 생명의 기운은 이 얼음과 하나 되어 의미작용을 낳고 있는 것이죠. 따라서 저자가 코페르니쿠스적인 인식론적 전환을 통해, 사(死)를 찬미하듯이 이 얼음에도 열광했다면 어떤 글이 나왔을까요?

성형이나 몸매 관리는 젊음을 좀 더 연장시키거나 늙어가는 자신을 보다 활기차게 해준다는 차원에서 긍정적인 측면이 있습니다. 하지만 늙음 자체를 거부하거나 젊은 외모만을 고집하면서 도를 넘어서는 행위는 젊음의 의미와 가치를 파괴시키는 작태라 할 수 있겠지요. 모두가 성형으로 젊음을 유지할 수 있거나, 세포의 노화를 방지하는 과학기술이 개발되어 성형하지 않고도 청춘을 항상 간직할 수 있게 된다

면, 사람들이 젊음의 아름다움이라는 가치를 느끼지 못하게 되리라는 것은 당연하지 않을까요? 어디에나 널려 있고 늘 흔하게 보이는 게 젊음이라면 그것은 열정과 꿈의 대상이 될 수 없으며 결국 무관심의 영역 속에 추락하고 말 것입니다.

따라서 부모가 나이에 따라 늙어가는 것은 자식들의 청춘이 빛을 발하기 위한 조건인 만큼 성형의 지나친 광기를 부리지 말고, 이런 오묘한 인생에 대한 지혜를 발휘해 아이들의 현명하고 너그러운 동반자가 되어야 할 것입니다. 반면에 젊은이들은 자신들을 젊은이답게 해주는 자가 늙은 자들이나 부모라는 진실을 직시하고 항상 이들과 함께 하는 마음의 자세를 갖추어야 할 것입니다.

정념과 욕망이 크고 깊으면 깊을수록 행복과 불행이라는 한 쌍의 패러다임 사이에서 느껴지는 간극은 커질 수밖에 없습니다. 인생에서 강렬한 쾌락과 기쁨을 맛보고자 하는 자는 그만큼 비례하는 고통과 슬픔을 겪거나 목도할 준비를 해야 합니다. 심연의 아픔만이 지고의 즐거움을 선사하게 되어 있습니다. 그렇게 해서 드라마는 긴장이 심화되어 감동 있는 울림을 획득합니다. 이것이 가치를 추구하는 인간의 삶이 드러내는 준엄한 법칙입니다. 물질적 풍요와 부에 따른 만족은 그만큼의 불만족의 그림자를 동반합니다. 오늘날 같이 모든 게 넘쳐나는 시대에 왜 이렇게 불평불만이 많고 고통을 호소하는 사람이 많으며 행복지수는 못사는 나라에 비해 오히려 낮은지 생각해보면 이것을 이해할 수 있습니다.

훌륭한 문학작품 혹은 예술작품이 언급될 때, 흔히 작가의 내적 고뇌나 시련이 함께 이야기되면서 그가 체험한 심층적 괴로움이 부각

되는 경우가 많습니다. 예술가는 마조히즘적으로 강요된, 예술의 양극적 조건과 은연중에 마주하고 있는 셈이지요. 작가는 어두운 악의 심연을 그려내고자 할 때, 두 가지 방법을 사용할 수 있는데,《어린 왕자》의 생텍쥐페리는 자신의 작품을 의미론적으로 받쳐주는 이 심연을 드러내지 않고 그 반대적 측면을 집중적으로 그려내고 있습니다. 반면에《파리대왕》을 쓴 윌리엄 골딩은 그것을 직접적으로 묘사해냅니다. 비행기 추락사고로 무인도에 떨어진 성가대 소년들이 문명의 수레바퀴를 벗어나자마자 드러내는 야만성과 잔인성은 아직까지도 인류와 지구에 짙게 드리워진 핵전쟁의 그림자를 걷어내지 못하게 만들고 있습니다.

선/악의 문제는 이런 극단적인 대재앙까지 성찰해야만 삶이 얼마나 어려운 줄타기인지를 인식할 수 있습니다. 모든 것은 불교의 연기론(緣起論)에서 말하듯이 얽혀 있는 관계망, 곧 인드라 망으로 짜여 있습니다. 대립되고 차이 나는 것들이 서로를 비추는 관계망을 이루는 게 바로 인드라 망입니다. 이를 과학적으로 설명하는 것이 브라질의 밀림에서 나비 한 마리가 퍼덕이는 날갯짓이 지구 저쪽 편에 토네이도를 발생시킬 수도 있다는 '나비효과'이지요. 흔히 언급되듯이 지구상의 한 모퉁이에서 나온 하나의 정보가 인터넷을 통해 전 세계로 확산되는 것도 그런 효과라 하겠지만, 우리 일상에서 일어나는 극히 사소한 행/불행의 갈등이 한 가족의 파멸을 가져오면서 이웃과 사회에 파장을 일으키면서 세계에 영향을 미칠 수도 있는 것입니다.

성공과 실패에 크게 좌우되는 자는 즐거움과 괴로움, 기쁨과 슬픔, 행복과 불행의 차이를 느끼는 강도가 큽니다. 그는 자기가 광적으로

집착하는 대상이 소멸할 때 죽음을 통해 삶을 마감할 확률이 크다 할 것입니다. 예컨대 돈 밖에 모르는 어떤 자가 그것의 쟁취 여부에 따라 크게 양 극단 사이에서 요동치다가 자살하는 경우입니다. 그는 부/가난에 따른 상반된 양극적 측면들을 자신 안에서 무의식적으로 강력하게 작동시키면서 의미와 방향을 추구하고 있기 때문이죠. 그렇기 때문에 그는 실패할 경우 부정적 측면들을 무거운 대가로 감수해야 합니다. 성형을 통해 젊음을 지키려 무분별하게 집착하는 자는 나중에 늙어 추해질 때 그만큼 더 큰 슬픔과 불행을 맛보겠다는 각오를 해야 할 것입니다. 그러나 성공과 실패에 별로 개의치 않는 자는 세상사의 희로애락에 크게 동요되지 않고 그 어떤 것에도 열광하지 않기 때문에 보통 사람의 눈으로 보면 재미없는 무심한 인간으로 비치기 쉽습니다. 그러나 그는 이 같은 양극적 세계에서 살아야 하는 비극적 조건으로부터 다소 해방되어 있다 할 것입니다.

2. 소설《왕도로 가는 길》

탄트라는 시간과 공간 속에서 이런 양극성의 세계를 살 수밖에 없는 '인간의 조건'을 뛰어넘는 길로 에로틱한 놀이를 지시하고 있습니다. 그것은 인도의 모든 성(性)예술을 낳은 중심원입니다. 그것은 힌두교와 불교에 공통적으로 존재하는 종파로서 중세에는 두 종교를 아주 조화롭게 이끌어갔습니다. 그것은 최고의 신적 원리와의 합일을 나타내는 데 있어서 다양한 해법들을 제시합니다. 비슈누 신과 그의 동반

자 락쉬미 여신이 낳은 카마는 사랑의 신이며 그리스 신화에서 에로스에 해당합니다. 이로부터 인도인의 성애 경전인 《카마수트라》가 나왔습니다. 위에서 우리가 본 크리슈나와 라다의 선정적 유희는 생성을 긍정하는 차원에서 신성으로의 상승을 위한 방편을 함축하고 있습니다. 유지의 신 비슈누가 역사 속에서 펼쳐내는 우주적 생성에 동참해야 하기 때문이죠. 하지만 이 유희는 청춘과 생성의 대가로 그 반대를 지불해야 하는 고통과 짝을 이룹니다.

그러나 탄트라는 이와 같이 서로를 자기의 존재 조건으로 삼으면서 상관관계를 이루는 쌍인 생성(삶)과 소멸(죽음)의 양극성을 초월하게 해주는 또 다른 길도 열어놓고 있습니다. 이 길은 "태어나는 것은 반드시 죽는다"는 비극적 운명 자체를 벗어나게 하면서 생성계 너머로 이끕니다. 그것은 양극성이 시작되기 전의 존재 양태인 비(非)존재적 신의 경지, 그러니까 조물주가 우주를 생성시키기 이전의 휴식 상태로 인도합니다. 기독교 성서의 창세기와 관련해 말하자면, 하느님이 천지를 창조하기 이전의 무(無)규정 상태, 모든 것을 가능태로 머금은 채 운동을 정지해 있는 절대자와 합일하는 것이 그 길의 궁극적 지점입니다.

그럼 탄트라의 이런 길과 관련된 앙드레 말로의 《왕도(王都)로 가는 길》(1930)을 살펴볼까요. 이 소설은 의미적 불연속성과 암시라는 상징 시학을 통해 정교하게 코드화된 작품입니다. 저는 이 작품을 기존의 연구와는 전혀 다르게 해석해내 말로 문학의 인식에 새로운 지평을 열었습니다. 그 내용을 담아 내놓은 책이 《말로와 소설의 상징시학— 《왕도》 새로 읽기》(동문선, 2004)입니다. 이 책의 내용은 프랑스국립과

학원(CNRS)에서 지원해 프랑스에서 출간된 《앙드레 말로 사전》(2011)에 압축 요약되어 실려 있습니다.

소설의 제목은 '왕도'로 번역되어야 작품의 심층적 메시지까지 담아낼 수 있습니다. 하지만 번역자는 이 메시지를 꿰뚫지 못했기 때문에 '왕도로 가는 길'로 번역하였습니다. 그래서 저는 제 저서에서 '왕도'로 바로잡았습니다. 그러나 국내 독자가 번역본에 익숙해 있기 때문에 여기서는 번역서의 제목을 그대로 사용하도록 하겠습니다. 또 하나 지적할 것은 제 저서의 제목에 앙드레 말로를 성만 사용해 말로로 표기했는데, 이 표기만 가지고는 독자가 앙드레 말로로 인식하지 못한다는 점입니다. 사르트르가 장 폴 사르트르임을 모두가 아는 것과는 다른 일이 벌어지고 만 것입니다. 그러다보니 저의 책이 앙드레 말로의 소설과 함께 검색되지 않았습니다. 애석한 일이었습니다. 이 책의 내용을 본 강의의 맥락 속에서 압축하여 소개하고자 합니다.

《왕도로 가는 길》에서 소설가는 프랑스 상징주의 시의 최고봉인 말라르메의 시학을 정교하고 치밀하게 응용해 독창적인 상징시학을 소설시학으로 창조해내고 있습니다. 이 상징시학은 소설을 일정한 문화적 코드에 따라 읽을 때에만 모순 없는 전체적 의미망이 드러날 수 있도록 작품을 코드화하고 구조화하는 미학적·수사학적 장치입니다. 물론 이 문화적 코드 자체가 상징시학의 운용을 통해 숨겨져 있기 때문에 그것을 찾는 고도의 독서 놀이가 요구됩니다. 그러니까 상징시학은 소설가가 암묵적 독서 계약에 따라 독자에게 고차원적인 책읽기의 환희를 맛보도록 제시하는 결정적 열쇠이지만, 이 열쇠는 오직 소설 속에 내재되어 있습니다. 앙드레 말로는 이에 대해 전혀 언급한 바

가 없습니다. 이 열쇠를 찾아내 여기저기 흩어져 있는 진주들을 문화적 코드에 따라 꿰어내어 하나의 아름다운 의미적 구조물로 구축해내는 내는 읽기 작업은 전적으로 독자의 몫으로 남겨졌지요. 이는 독자의 자율성과 텍스트의 독립성을 전적으로 존중해주는 저자의 태도를 반영하고 있습니다. 하지만 독자가 이 코드를 찾아내지 못했을 때는 코드화된 핵심적 대목들을 비껴가거나 제대로 읽어내지 못해 뒤틀리고 구멍이 뚫린 모순된 해석을 반드시 낳게 되어 있는 게 이 소설의 어려움입니다. 그렇기 때문에 제가 원전을 문단마다 요약해가면서 작품을 꼼꼼히 읽기 시작했을 때 기존의 수많은 연구는 진정 시원스럽고 설득력 있는 해석을 제시하지 못했던 것입니다.

우리말로 번역된 소설은 작품이 암호문처럼 난해하게 코드화되어 있다는 것을 놓쳤기 때문에 상당히 오역이 많이 나타나지만, 이 점은 충분히 이해되고 받아들여질 수 있습니다. 왜냐하면 프랑스의 앙드레 말로 전문가들조차도 이 코드화를 밝혀내지 못했기 때문입니다. 또 쉽게 풀어놓은 그런 오역 때문에 국내 독자가 일차적으로는 이 소설을 '실존주의적 소설'이나 '부조리 소설'로 무리 없이 읽을 수도 있었던 것입니다.

문학사에서 앙드레 말로의 《정복자》와 《왕도로 가는 길》은 흔히 사르트르나 카뮈—둘 다 무신론자입니다—의 실존주의 문학 혹은 부조리 문학의 선구적 작품들로 언급됩니다. "실존은 본질에 앞선다"는 사르트르의 말은 기존의 모든 사상과 가치를 부정하고 제로에서 시작하는 모든 형이상학적 탐구의 출발점에 위치합니다. 우리가 시·공간 속에 태어나 존재하면서 늙고 병들어 죽으며, 투쟁하고 사랑하며 증오

하면서 겪는 모든 현상을 그 어떤 기성관념도 끌어들이지 않고 있는 그대로 바라볼 때, 그 현상이 바로 실존입니다. 따라서 실존은 어느 사상에나 그 밑바탕에 깔려 있다고 할 수 있겠습니다. 여기서부터 이 실존을 해명하는 본질을 찾아갈 수도 있고 찾아가지 않고 그대로 머물 수도 있습니다. 예컨대 우리가 겪는 불행에 기독교의 원죄설을 끌어들이면 이미 본질로 넘어간 것입니다.

인간 비극에 대한 그 어떠한 이성적 설명이나 본질도 받아들일 수 없을 때 이 비극을 부조리하다고 말합니다. 그러나 믿음을 가지고 있는 자라 할지라도, 그가 인간과 세상의 모든 문제를 교리에 따라 완전히 해명할 수는 없다고 생각할 때 '부조리한 감정'을 느낄 수 있습니다. 그러니까 무신론자만 부조리를 느끼는 게 아니라 유신론자도 얼마든지 그것을 아프게 체험할 수 있는 것이지요. 불가지론자(agnostoque)자로서 앙드레 말로는 자신의 문학 세계에서 그리스 신화와 기독교, 불교와 노장사상으로 대변되는 동·서양의 신화와 종교를 끊임없이 넘나들면서 정신적 빛을 찾는 순례 여행을 지속했던 종교적 인물입니다. 《정복자》와 《왕도로 가는 길》은 바로 이런 탐구적 여정에서 출발점에 위치한 소설들입니다. 그렇기 때문에 이 작품들은 부조리와 실존주의의 색채로 포장되어 있지만, 실존과 부조리를 넘어서는 본질을 추구하는 구도(求道)의 길을 심층에다 내재시켜 놓고 있습니다. 물론 그가 어떤 종교에 귀의한 것은 아니고 죽을 때까지 불가지론자로 남았습니다.

앙드레 말로가 이렇게 실존주의적인 부조리의 색채로 소설을 포장해놓고 이런 차원에서만 읽어도 훌륭한 작품이 되도록 만들었다는 게

그의 작가적 역량을 탁월하게 보여주고 있습니다. 저는 저의 저서에서 연구와 관련된 부분에 나타나는 국내 번역본 오역들을 다 바로잡아 놓았습니다. 그러나 전체적으로 볼 때, 새로운 번역을 내놓아야 할 상황이지요.

그럼 미지의 독자를 위해 상징시학을 좀 더 알기 쉽게 설명해보겠습니다. 그것은 불연속성·환기/암시·상징·유추로 구성되어 있습니다. 우선 불연속성은 두 차원에서 설명될 수 있는데, 하나는 소설의 서사구조 차원입니다. 이것은 오늘날의 독자라면 현대소설에서 많이 접하는 기법이기 때문에 쉽게 이해될 수 있습니다. 예컨대 전체 4부 4장으로 구성된 텍스트가 제1부에서 제2부로, 혹은 제1부 제1장에서 제2장으로 넘어갈 때, 제1부나 제1장의 마지막과 제2부나 제2장의 처음이 의미상으로 연결되지 않고 단절되어 있는 경우가 불연속성을 표출합니다. 이런 경우 작품은 뒤에 가서 충분한 정보를 제공해 독자가 이 끊어진 전후 관계를 수월하게 연결할 수 있게 해주기 때문에 책읽기에 높은 수준의 지적 게임을 요구하지는 않습니다. 댄 브라운의 《다빈치코드》는 탐정소설의 기법을 이런 불연속성과 결합해 이야기를 전개해 나가고 있지만 독자는 끊겨진 부분들을 모두 연결해 문제없이 이해할 수 있습니다.

문제는 이런 거시적 차원의 불연속성이 아닙니다. 그것은 인물들의 대화와 심리 묘사 혹은 배경 묘사와 같은 미시적 차원에서 나타나는 불연속성입니다. 예를 들면 소설의 두 주인공이 불가(佛家)의 선문답처럼 이야기를 주고받을 때 독자가 곧바로 그 내용을 이해할 수 없게 되면 강력한 의미적 단절이 발생해 수수께끼로 남게 됩니다. 이것을

롤랑 바르트는 '해석학적 코드'라 명명했습니다. 이 수수께끼는 자꾸 지연되어 소설이 다 읽혀졌는데도 난해해 풀리지 않는 경우가 있습니다. 이런 경우는 이차적인 심층 읽기를 요구합니다. 《왕도로 가는 길》의 도입부에 나오는 중요한 대화 한 부분을 볼까요. 두 주인공 페르캉과 클로드는 창녀들의 에로틱한 윤무(輪舞)를 바라본 후 에로티시즘을 중심으로 이야기를 나누고 있습니다. 젊은 클로드는 사디즘과 관련해 친구들과 파리에서 겪은 경험담을 꺼냅니다.

"(……) 어느 날 친구들이 나를 파리의 어느 누추한 창녀촌에 데리고 간 거죠. 살롱에는 단 한 명의 여자가 노끈으로 받침대에 묶여 있었죠 (……), 스커트는 홀딱 걷어 올리고……."

"앞을 향해 있던가? 아니면 돌아서 있던가?"

"돌아서 있었죠. 예닐곱의 사내놈들은 (……) 두 눈은 튀어나올 것 같고 두 뺨은 시뻘겋게 된 채, …… 즐기고자 하는 것처럼 보이려고 애썼습니다. 그들은 한 사람씩 여자에게 접근해 엉덩이를 찰싹—그것도 단 한번—때리고는 (……) 돈을 내고 나가버렸지요."

"그게 전부인가?"

"그뿐이었습니다. 이층으로 올라 간 자는 극소수였고 거의 모두 떠났습니다. (……)"

"단순한 친구들이군, 어쨌거나……."

페르캉은 자신의 말을 몸짓으로 뒷받침하려는 듯 오른팔을 내밀었으나, 주춤하면서 자신의 생각과 싸웠다.

"본질적인 것은 상대를 알 필요가 없다는 것이지. 상대의 성이 다르기

만 하면 되는 거야."[5]

"상대가 특별한 삶을 지닌 존재일 필요가 없다는 말입니까?"[6]

"마조히즘에서는 더욱 그렇지. 오직 그들은 자기 자신과 싸우는 거지…… 상상력에다 우리는 우리가 원하는 것이 아니라 할 수 있는 것을 병합하는 거야(……)."

이 대화를 독자가 즉각적으로 이해하기는 불가능합니다. 특히 클로드의 경험담과 상관없이 불연속적으로 튀어나온 페르캉의 말, 곧 "본질적인 것은 상대를 알 필요가 없다"는 언급에서부터 두 사람이 주고받는 대화는 종잡을 수가 없습니다. 보완적인 설명 없이 불연속적으로 잘려지는 이런 식의 담화나 묘사가 소설 속에는 매우 많이 나타납니다. 그것들은 전체적인 문화적 코드 체계가 밝혀질 때에만 해독될수 있는 불연속적 단위들을 구성합니다.

이와 같이 코드화된 불연속적 단위들을 해독할 수 있는 실마리를 제공하는 기법이 환기이자 암시입니다. 환기는 대상—말로의 소설에서 대상은 문화적 코드를 말합니다—을 직접적으로 드러내거나 '명명'하는 대신에 그것을 은밀하게 조금씩 불러일으키는 기법입니다.

---

5 번역본 《왕도로 가는 길》에서 이 문장은 "요는 상대방이 잘 알지 못하는 낯선 여자라는 점에 있소. 그게 어떤 여자든 말이야…… 계집이면 그만이거든." 원전을 보면 "L'essentiel est de ne pas connaître la partenaire. Qu'elle soit l'autre sexe:"로 되어 있습니다. 번역이 이렇게 된 것은 이 갑작스러운 코드화된 문장에 대한 이해가 끝까지 되지 않았기 때문이죠.

6 이 문장도 난해하다보니 "특수한 생활을 가진 여자만 아니라면 말이죠?"로 번역되어 있습니다. 원전을 보면 이렇습니다. "Qu'elle ne soit pas un être qui possède une vie particulière?"

그것은 대상에 대해 반복적으로 주의를 불러일으켜 분위기를 잡아주면서 작품 해석의 아주 '은밀한 노출선'을 제공합니다. 암시는 주지하다시피 말하고자 하는 대상이나 의미를 직접적으로 표현하거나 지시하지 않고 넌지시 일깨우는 시학적 기술입니다. 암시에는 포착이 쉬운 게 있고 아주 어려운 게 있는데, 말로의 경우는 후자에 속합니다. 뿐만 아니라 어떤 대상에 대한 환기는 암시로도 작용할 수 있습니다. 따라서 환기와 암시는 구분하기가 모호하고 중첩될 수 있으며, 대상이 반복적으로 나타날 때 환기에 무게가 실린다고 볼 수 있겠습니다.

상징은 굳이 설명할 필요가 없을 것입니다. 다만 상징과 관련해 주의해야 할 점은 그것이 암시나 환기와 연결되어 있고 여러 의미의 다의성을 띠고 있다는 것입니다. 따라서 그것이 지니는 여러 의미들 가운데 어떤 것이 작품에 가장 부합하는지는 환기/암시의 분석을 통해 드러난 전체적인 문화 코드에 따라 결정됩니다.

끝으로 유추는 소설가가 위와 같은 기법들을 활용해 예기치 않은 관계망을 짜는 시적·문학적 재능이라 하겠습니다. 그것은 보통 사람에게는 전혀 관계가 없는 것처럼 보이는 것들까지 서로 관계가 있도록 만드는 창조적 역량입니다. 말라르메를 인용하면 '유추의 정령'이 뛰어나게 작용하면 할수록 소설은 어려워집니다. 따라서 독자는 작품의 은밀한 관계망을 엮어내는 소설가의 유추 능력을 역(逆)추적하는 추론 작업을 해야 합니다. 이때 다른 기법들이 정교해지면 정교해질수록 유추적 사유는 소설 해석에 결정적 역할을 합니다.

앙드레 말로의《왕도로 가는 길》을 제대로 읽어내는 해석은 고도하게 운용된 상징시학을 발굴하여 정교한 분석을 수행하는 것이 됩니

다. 그 순서를 보면 우선 불연속적 의미의 단위들을 추출해냅니다. 다음으로 유추의 힘을 지속적으로 발휘하는 가운데 환기/암시들의 검토를 통해 해석의 방향을 잡게 해주는 문화적 코드를 도출해냅니다. 세 번째로 이 코드에 따라 상징들을 풀어냅니다. 네 번째로 코드화된 불연속적 단위들을 해독합니다. 마지막으로 거시적 차원에서 작품의 전체적 의미망과 구조를 드러내는 작업을 수행합니다.[7]

제가 이상과 같은 복잡한 연구를 통해 읽어낸 결과 《왕도로 가는 길》은 불교, 보다 정확히 말하면 탄트라 불교의 탐구를 형상화해낸 뛰어난 문학적 건축물입니다. 그것은 그 어떤 소설가도 도달하지 못한 미학적 성취를 이루어내고 있습니다. 그렇기 때문에 이 소설은 세상에 나온 지 70년이 지났지만 전혀 새로운 해석을 기다리고 있었던 것이다. 이 연구의 내용 전체를 담아내고 있는 책이 《말로와 소설의 상징시학-《왕도》 새로 읽기》입니다.

그럼 제가 열어놓은 해석의 지평에서 문제의 대화를 설명해보겠습니다. 작품에서 페르캉은 클로드를 탄트라 불교에 입문시키는 스승의 역할을 하고 있습니다. 그는 소설이 전개되는 밀림 속에 사는 불교도 원주민들의 종교와 성적 신앙에 이미 입문해 있습니다. 그러니까 대화에서 그는 탄트라의 교리인 탄트리즘에 따른 남녀의 결합에서 핵심적인 것을 단번에 지적하고 있는 것입니다. "본질적인 것은 상대를 알 필요가 없다"는 말은 여자에 대한 불가지적(不可知的)이고 익명적인 개념을 나타냅니다. 상대 파트너를 안다는 것은 무엇을 의미할까

---

7 김웅권, 《말로와 소설의 상징시학-《왕도》 새로 읽기》 제2장, 혹은 《앙드레 말로의 문학 세계-동·서 정신의 대화》(동문선, 2005) 제2부 참고.

요? 그것은 상대방의 자아를 안다는 것입니다. 그렇다면 자아란 무엇인가요? 그것은 시간과 공간 속에서 생성되고 끊임없이 변화하는 덧없는 요소들, 예컨대 사회적 신분, 육체적 외양·이름·인격·욕망·개성·지위·성향 같은 것들로 구성되어 있습니다. 그런데 자아는 선/악, 행복/불행, 즐거움/고통 등 모든 비극적 양극성의 진원지입니다. 뿐만 아니라 자아는 타아(타자)와의 관계 속에서만 규정되기 때문에 타아와의 사이에서 이 모든 양극성을 겪어내야 합니다. 탄트라는 이런 상대적·일시적 자아의 존재를 벗어나 무(無)규정적인 절대적 초시간의 세계로 비상하고자 합니다. 그것은 창조의 신인 브라마로서의 비슈누가 자신과 락쉬미로 분화되어 상호작용을 통해 생성계의 창조를 시작하기 이전의 근원적 상태, 다시 말해 미분화된 영원을 목표로 합니다. 이 상태는 기독교의 입장에서 말하면 창세기 이전의 하느님의 상태를 말하고, 중국사상을 빌리면 무극(無極)의 상태를 의미합니다. 탄트라는 순수한 여성성과 남성성으로 표상되는 음과 양이 휴식한 채 결합되어 있는 상태인 우주적 기원점'으로 회귀하고자 합니다. 그러니까 그것은 마이투나(성적 결합)를 통해 해탈을 하자는 것입니다. 그렇기 때문에 남자의 입장에서 보면, 상대 파트너가 누구인지 알 필요가 없고 단지 "상대의 성이 다르기만 하면", 곧 여성이기만 하면 되는 것이지요. 중요한 것은 덧없는 시간적 자아를 벗어난 불멸하는 영원한 여성성뿐이라는 것입니다.

페르캉의 코드화된 언어에 클로드는 "상대가 특별한 삶을 지닌 존재일 필요가 없다는 말입니까?"라고 되묻고 있습니다. 여기서 그가 페르캉의 말을 탄트라의 관점에서 정확히 이해했는지는 화자나 페르캉

이 설명하지 않기 때문에 의심스럽습니다. 소설의 전개를 고려하면, 그가 정확히 이해하지는 못했다고 결론이 내려집니다. 그러나 그가 자기 나름대로 응답하여 표현한 생각은 탄트리즘과 일치합니다. 상대 파트너가 특별히 개성적인 삶을 지닐 필요가 없는 이유는 이런 개성 적 삶 자체가 꿈같은 시간적 자아를 구성하기 때문이고, 되찾아야 할 비인격적인 우주적 영혼에서 보면 아무 의미가 없기 때문입니다. 또 그것 자체가 개성적 삶을 지니지 못한 타자의 삶과 비교되는 관계 속 에서만 의미를 띠며, 이 비교 자체는 갈등과 불행의 씨앗이 됩니다. 물론 성의 결합에서 이런 탈(脫)자아적이고 비인격적이며 익명적인 관계는 여성의 입장에서도 마찬가지입니다.

따라서 남녀의 접근은 카니발의 가면무도회에서처럼 마스크를 쓰고 상대를 모른 채 서로에게 다가가는 것이나 마찬가지입니다. 그들은 불멸하는 여성성과 남성성이 끌어당기는 관계를 제외하면 모든 관계로부터 탈출을 시도합니다. 그들은 성의 신비한 비법을 전해주는 천국의 노래하는 아름다운 무희 압사라의 인도에 따라 번뇌 망상도 없고 삶과 죽음도 정지된 생성계 이전의 영원한 엑스터시로 비상합니다. 압사라는 앙코르와트 사원의 탄트라 예술에 많이 등장하며 유네스코에 세계 유산에 등재된 캄보디아 무희들의 전통춤의 이름이기도 합니다. 탄트라의 테크닉 가운데 하나만 말하면 '절대 사정을 해서는 안 된다(coïtus reservatus)'는 것이니 얼마나 어려운 훈련이 필요하겠습니까! 사정해버리면 생성계를 벗어나지 못합니다. 사정은 원래 생성계의 창조를 위한 것이기 때문이죠. 저항할 수 없게 쓰나미처럼 밀려오는 선정적·말초적 에너지를 정신적 순수 에너지로 전환시켜 음과

양이 결합된 궁극적 무극 상태까지 올라가야 합니다. 밀교 탄트라 불교의 사원들에는 부처 자신이 수많은 여인에 둘러싸여 엑스터시에 잠겨 있는 모습도 나타납니다. 그러니까 탄트라는 성을 통한 해탈을 금욕과 수행을 통한 해탈과 동일한 차원에 위치시키고 있는 셈입니다. 이 해탈은 모든 이원적·상관적 관계, 곧 인드라 망의 마야로부터 해방을 나타냅니다.

그런데 보통사람은 이와 같은 탄트라 에로티시즘이 추구하는 해탈의 궁극적 지점을 어떻게 하면 상상해볼 수 있을까요? 상식적인 남녀의 사랑은 서로의 인격을 전제하는 만남에서 출발합니다. 그러니까 그들은 서로의 자아를 인정할 뿐 아니라, 그것을 구성하는 요소들 가운데 어떤 것들이 서로를 끌어당기기 때문에 사랑을 하게 되고 마침내 성적 결합에 이르게 됩니다. 그렇다면 자아는 성관계에서 끝까지 유지되는 것일까요? 그것은 서로가 오르가슴에 도달하는 순간 해체되고 소멸한다고 보는 게 정확합니다. 그때 내가 누구이고 상대방이 누구라는 것을 의식하는 자는 없을 것입니다. 따라서 남녀의 보통 관계는 인격적 사랑에서 출발해 오르가슴의 비인격적 절정 상태로 마감한다고 할 수 있습니다. 바로 이 탈자아적 황홀경의 상태는 탄트리즘의 테크닉을 통한 구원의 상태, 곧 사정하지 않고 도달하는 남녀의 시원적인 신비한 결합상태를 상상하는 데 도움을 줄 수 있습니다. 이 두 상태가 신적인 차원에서 보면 동전의 양면을 이루지만 말입니다. 자, 그럼 《왕도로 가는 길》에서 흥미 있는 에로틱한 윤무(輪舞)를 잠시 감상해볼까요.

"그(클로드)는 곤충들로 둘러싸인 석유램프의 반점들, 콧날이 반듯한 계집애들을 다시 바라보았다. (······) 장님이 부는 피리에 맞추어 계집들은 둥그렇게 원을 그리며 전진했다. 저마다 앞에 가는 계집의 너무도 탄탄한 엉덩이를 맹렬하게 두들기면서. 그러다가 갑자기 피리의 멜로디와 더불어 그들의 대열이 무너졌다. 저마다 피리의 관능적인 음조에 맞추어 소리를 지르며 멈추었다. 그리고는 머리와 어깨는 꼼짝하지 않고 눈은 지그시 감은 채, 팽팽하게 긴장된 몸으로 자신을 해방시키면서 불룩 솟은 젖가슴과 엉덩이의 단단한 살덩이를 끝없이 부르르 떨었다. 젖가슴에 맺힌 땀방울 때문에 그 떨림은 석유램프의 불빛 아래서 유난히 두드러져보였다."

여기서 관능적 춤을 추는 여자들은 창녀들입니다. 페르캉과 클로드는 앞서 언급된 에로티시즘에 대한 대화를 나누기 전에 이 윤무를 구경합니다. 그러니까 이 춤은 페르캉이 설파하는 성(性)담론과 밀접한 함수관계가 있는 것이죠. 인용된 텍스트에는 여러 상징 장치들이 나타납니다. 우선 이 춤이 전개되는 배경은 밤입니다. 이는 램프가 켜져 있는 것으로도 짐작할 수 있습니다. 그러니까 밤에 이어 곤충·램프·장님이 나타나고, 마지막으로 독자가 윤무에서 유추적으로 도출해야 할 원, 곧 바퀴가 내재되어 있습니다. 밤은 장님과 연결됨을 쉽게 알 수 있습니다. 불교적 관점에서 보면 중생은 눈을 뜨고 있어도 마야의 무명(無明) 속에 갇혀 있기에 장님이나 마찬가지입니다. 그 장님이 어둠 속에서 인간의 비극을 초월하는 음악을 담은 피리를 불고 있습니다. 곤충들과 이것들에 둘러싸여 있는 램프 불빛 역시 밀접한 관련이

있습니다. 램프 불빛 주위를 돌고 있는 이 하루살이들은 불교의 무량한 시간, 곧 무량겁의 관점에서 보면 찰나적인 순간을 사는 인간들을 표상합니다. 그것들은 구원의 불빛인 램프를 향해 돌진하면서 스스로를 산화하고 죽음 너머로 갑니다. 그렇다면 원은 무엇일까요? 그것은 윤회(輪廻)에서 윤이 의미하는 바퀴입니다. 이 원을 도는 것은 끊임없이 돌고 도는 생사(生死)의 늪인 윤회라는 운명을 상징합니다.

그렇다면 왜 무희들은 창녀들로 설정되어 있을까요? 창녀들은 비극의 진원지인 자아를 비운 존재를 나타냅니다. 그러기에 그들은 탈자아적인 익명성을 띱니다. 그들이 자신의 인격적 자아에 집착하고 있으면, 무한히 자신을 주는 여신처럼 모든 남성을 맞이할 수 없습니다. 그들은 영원한 여성성만 간직하고 자아를 비웠기에 모든 것을 채울 수 있는 계곡의 여신인 것이죠. 그들은 이와 같은 상징적 구도 속에서 돌아가는 윤무를 추다가 원 자체를 갑자기 붕괴시킵니다. '대열이 무너졌다'는 표현은 이것을 지시합니다. 붕괴는 무엇을 의미하는 걸까요? 생성계의 윤회로부터 탈출, 운명으로부터 해방입니다. 그리하여 무희들은 도취의 무아지경에 잠깁니다.

소설에서 페르캉은 클로드를 탄트라 불교에 입문시키면서 구원의 단계적 여정을 밟습니다. 이 여정에서 윤무는 지상적 차원에서 탄트리즘을 통해 도달할 수 있는 절대를 암시하는 중요한 장치로 기능합니다. 윤무를 중심으로 배치된 상징적 장치들은 불교적인 인간 조건을 이미 형상화하고 있습니다. 결국 페르캉은 현세에서 일시적 초월을 맛보게 해주는 탄트라의 성적 신비주의를 뒤로 하고 죽음을 넘어서 궁극적 구원으로 향합니다. 그가 죽어가면서 클로드에게 외치는

마지막 코드화된 말을 해독해볼까요.

> "죽음이란 ……없다…… 단지…… 내가…… **죽어가는 내**가 있을 뿐이
> 다…… Il n'y a pas…… de mort…… Il y a seulement…… *moi*……
> *moi*…… *qui vais mourir*……."

　그 동안의 연구가 이 문장에 제대로 의혹의 시선을 던졌더라면, 소
설 전체가 새롭게 읽혀졌을 것입니다. 앙드레 말로는 프랑스어의 강
조 구문, 그리고 일인칭 인칭대명사 '나 Je'의 강세형인 'moi'와 '자아
(le) moi'가 동일하다는 그 일치를 절묘하게 이용해 이 문장을 코드화
해 놓았던 것입니다. 강조 구문에서 je를 강조할 경우 je가 강세형 moi
로 바뀌는 현상 때문에 이 문장은 "Il y a seulement *le moi qui va
mourir*: 단지 **죽어가는 자아**가 있을 뿐이다"라는 숨은 뜻을 완벽하
게 위장할 수 있는 것입니다. 그러나 만약에 후자의 문장이 그대로 쓰
였다면 소설가가 코드화시키고자 한 의미가 그대로 드러나기 때문에
소설의 상징시학은 단번에 무너져버렸을 것이고 작품의 시학적·미
학적 성취는 반감되었을 것입니다. 그러니까 페르캉이 죽어가면서 생
각하는 바는 일시적이고 덧없는 환상의 세계에 속하는 자아만 소멸할
뿐 죽음이란 없다고 외치면서 창조 이전의 영원한 우주적 의식으로
회귀한다는 것입니다.
　이상과 같이 《왕도로 가는 길》의 도입부의 일부분과 마지막에 대한
해석을 제시해보았습니다. 이제 이 소설이 하나의 위대한 동양사상에
대한 탐구를 담아내는 독창적인 문학적 건축물이라는 사실에 대해 잠

시 이야기를 해볼까 합니다. 그것은 탄트라 불교에의 입문 소설이자 불멸을 향한 구도(求道)소설로 앙드레 말로의 뛰어난 상상력이 유감없이 발휘된 명작입니다. 우선 그것의 줄거리를 간단하게 살펴보겠습니다. 그것은 외관상 상당히 단순한 고전적 구성으로 짜여 있습니다. 하지만 이러한 구성 자체가 거대한 상징적 구조물의 형태를 감추고 있습니다. 그리하여 소설의 형태와 내용이 완벽한 일체를 이룸으로써 작품은 놀라운 조화와 통일성을 띠게 됩니다.

소설은 전체 4부로 이루어져 있습니다. 제1부는 늙은 주인공 페르캉과 젊은 주인공 클로드가 북아프리카 북동부의 소말리아 해안에 정박한 배에서 만나 에로티시즘에 대한 이야기를 주고받으며 시작됩니다. 페르캉은 덴마크-독일계의 모험가로서 태국, 캄보디아 그리고 라오스가 접경하고 있는 인도차이나의 밀림 산악지대에서 여러 불교도 원주민 부족들을 정복하여 방대한 '왕국' 같은 세계를 건설한 전설적 인물입니다. 이 산악지대는 험한 정글로 뒤덮여 있어 매우 위험한 지대이지요. 이곳에 사는 원주민 부족들은 제각기 이름이 있지만 통칭 모이족이라 합니다. 지대가 지대인지라 그들은 아직은 태국이나 프랑스 식민지 당국의 지배에서 벗어나 있어 불(不)귀순 종족으로 남아 있습니다.

페르캉은 한때 '지도 위에 흔적을 남기고'자 하는 역사적 꿈에 사로잡혀 이 국경지대에서 장차 벌어질 분쟁에 개입하려는 세속적 욕망을 가지고 있었습니다. 하지만 그는 탄트라 불교도인 원주민들의 신앙에 입문함으로써 이러한 꿈을 접었습니다. 불교의 관점에서 볼 때, 그런 역사적 꿈이란 덧없는 것으로 결코 구원의 빛으로 인도하지 않기 때

문이죠. 그래서 그는 이제 불교적 '평화' 속에서, 신비주의적 에로티시즘인 탄트라를 체험하게 해주는 원주민 '여자들'과 함께 여생을 보내고자 합니다.

하지만 머지않아 도로가 뚫리고 철도가 건설되어 정복 군대가 밀려들 예정으로 되어 있어 페르캉의 '왕국'은 무너질 위기에 처하게 됩니다. 모든 원주민 부족들은 태국 아니면 프랑스 식민지당국에 복속되어야 할 판이죠. 페르캉은 부족들과 맺은 동맹을 통해 이루어진 방대한 자신의 영역 가운데 자신이 거주하는 라오스 쪽 지역만이라도 방어하여 원주민들을 자유롭게 해주고자 합니다. 철도와 더불어 들어오는 허접한 싸구려 물질문명이 이들을 타락시키는 것을 막고자 하는 것이죠. 이를 위해 그는 무기를 구입하고자 유럽에 다녀오는 참이었습니다. 배를 타고 돌아오는 도중에 그는 소말리아 해안에서 클로드를 만나는 것이죠.

한편 프랑스인인 클로드는 20대의 지성적 반항아로서 앙드레 말로 자신의 경험을 토대로 창조된 인물이죠. 그는 태국의 중부를 흐르는 메남 강(차오프라야 강) 하구에서 캄보디아의 앙코르와트 사원까지 이어지는 '왕도로 가는 길' 가운데 밀림에 뒤덮인 지역에서 고고학적 답사를 하면서 크메르문명의 조각 작품들을 발굴해 내다 팔고자 하는 젊은이입니다. 1920년대 당시 이 지역은 아직 개발이 되지 않았던 상황이었습니다. 클로드는 제1차 세계대전으로 인해 위기에 처한 서구 물질문명에 대한 강력한 거부감을 느끼며 동양문명에 대한 열정과 종교적 목마름을 드러내는 존재입니다. 이처럼 그는 아시아의 정신에 대한 관심과 결합된 조각 작품 발굴이라는 목표를 가지고 인도차이나로

가는 도중 배에서 페르캉을 만나는 것이죠. 그럼 왜 그가 소설가의 분신과 같은 인물인지 잠깐 살펴보겠습니다.

대학도 가지 않고 독학하면서 일찌감치 프랑스 문학계에 문을 두드린 앙드레 말로는 경이적인 도전정신으로 무장한 타고난 모험가입니다. 그는 아시아로 떠나기 전에 파리에서 동양어학교에서 산스크리트어를 배우기도 하고 동양예술품 박물관인 기메박물관을 드나들기도 하면서 아시아와의 특별한 관계를 맺습니다. 그렇게 준비한 그는 그의 나이 22세 되던 1923년에 아내 클라라와 죽마고우 한 명과 함께 인도차이나로 고고학적 모험을 떠나 '왕도로 가는 길'에서 조각 작품 몇 점을 뜯어내는 데 성공합니다. 하지만 그는 프놈펜에서 불법 도굴꾼으로 몰려 재판에 회부됩니다. 나중에 집행유예로 풀려나기는 했지만 그는 매우 억울해하지요. 당시에 앙코르와트 주변의 밀림은 위험하고 통제불능 상태였기 때문에 그는 자신의 반출 행위가 불법이 아니라고 생각한 것입니다. 그가 재판에 회부된 것은 식민당국이 그를 다분히 사회주의자로 간주했기 때문인 측면이 있습니다. 어쨌거나 그는 집행유예로 풀려났지만, 그곳에 억류되어 있는 동안 식민지당국의 횡포와 억압받는 식민지 민중의 아픔을 현장에서 목도하게 됩니다. 그리하여 그는 프랑스로 귀국했다가 다시 인도차이나로 떠나 본격적인 반식민지투쟁을 벌이면서 정치활동을 시작합니다.

소설로 되돌아가볼까요. 클로드는 '왕도로 가는 길'에 묻혀 있다고 추정되는 예술작품을 발굴하는 계획에 페르캉이 함께 하기를 제안합니다. 페르캉은 이 지역을 잘 알고 있는 터줏대감이나 마찬가지이니 클로드로서는 든든한 원군을 만난 셈이지요. 늙은 주인공은 밀림에서

행방불명된 자신의 친구 그라보라는 인물을 함께 찾는다는 조건을 덧붙여 제안을 수락합니다. 소설의 제1부는 이처럼 두 인물이 만나 새로운 모험을 함께 하는 조건이 성립되는 단계에 해당합니다. 그들이 인도차이나에 도착하여 정글의 입구에 이를 때까지 제반 준비가 이루어집니다. 그러는 사이 페르캉은 모험가로서의 자신의 정체와 비극적 세계관을 드러내고, 클로드 역시 삶과 죽음에 대한 회색빛 비전과 반(反)운명의 예술관을 피력합니다. 이렇게 하여 두 인물이 장차 사제지간이 될 수 있는 계기가 마련됩니다.

제2부에서는 두 주인공이 밀림을 뚫고 나가 마침내 천국의 압사라를 조각한 예술작품을 발굴합니다. 위에서 보았듯이, 압사라는 신비주의 에로티시즘의 비법을 전수하는 노래하는 무희입니다. 페르캉과 클로드는 그들의 안내를 담당한 스바이라는 자가 달아난 데에 대한 조치를 취한 후 그라보를 찾아 새로운 출발을 하게 됩니다. 제2부에서 밀림은 만물을 해체하고 파괴시키면서 생성과 소멸을 찰나적으로 주재하는 시간의 전능한 힘을 이미지로 보여줍니다. 클로드는 이 가공할 시간의 파괴력 앞에 극도의 충격을 받습니다. 페르캉은 장차 그에게 설파할 '인간의 조건'에 대한 입문의 예비적 단계로 정글의 은유적 세계를 말없이 보여줍니다.

제3부에서 늙은 주인공은 '암' 같은 불가항력적인 절대적 시간과 함께 늙고 병들어 죽어야 하는 인간의 비극적 숙명에 대해 젊은 주인공에게 설파합니다. 불교적 인간의 조건인 생로병사에 대한 본격적인 입문이 이루어지는 것이죠. 그리고 모이족의 일파인 스티앙족의 노예가 되어 눈이 파괴된 채, 윤회를 상징하는 연자마를 돌리고 있는 그라

보가 구출되는 드라마틱한 과정이 전개됩니다. 이 과정에서 페르캉은 부상을 당하고 화농성 관절염란 병에 걸리자, 산 아래의 마을로 내려와 의사들의 진찰을 받지만 결국 죽음을 선고 받습니다. 그는 산꼭대기에 있는 자신의 마을로 다시 올라가기 전에 원주민 창녀와 정사를 벌이면서 탄트라 에로티시즘을 체험하는 시도를 합니다.

제4부는 그라보를 인도받은 뒤, 귀순하지 않은 부족인 스티앙족을 진압하면서 밀려오는 토벌대에 맞서 싸우는 페르캉의 노력을 보여줍니다. 클로드와 함께 주인공은 자신의 지역과 원주민들을 방어하고자 하는 필사적 투쟁을 펼쳐내면서 종말을 맞이합니다. 이 투쟁에서 구원을 향한 그의 치열한 내면적 의식이 다양한 암시적 장치와 상징을 통해 그려집니다. 그는 산의 정상에서 완전한 비움을 통해 자아의 죽음을 넘어 우주적 의식으로 회귀합니다. 그가 산꼭대기에서 구원을 기다리는 모습을 볼까요.

> "이제 더 이상 마을도 없었다. 페르캉이 자신의 구원을 기다리는 첫 봉우리들이 하늘과 맞닿아 있었다."

이상과 같은 내용이 줄거리를 구성합니다. 이러한 단순한 선형적 구도가 어떤 상징적 구조물을 형상화하고 있는지 살펴보도록 하겠습니다. 소설에서 두 주인공은 제1부에서 4부까지 산의 정상을 향해 계속적인 상승운동을 합니다. 제1부는 인간들이 자신의 잣대에 따라 시공간을 재단하면서 세속적 욕망과 꿈을 추구하는 역사와 문명의 현장을 비추어줍니다. 그리하여 세상사의 굵직굵직한 사건들이 반추되고 이

원적 가치체계에 따라 인간들의 양극적인 패러다임의 세계가 펼쳐집니다. 시간의 강을 따라 드러나는 날짜 표시나 장소의 이동이 많이 나타나는 것은 이 때문입니다.

제2부는 밀림에 덮인 산의 하단부에서 시작되며 인간의 세계가 끝나고 자연의 세계가 펼쳐지는 시공간을 열어줍니다. 여기서부터는 시간 표시는 '여러 날 전부터', '밤과 낮, 밤과 낮이 갈마들었다', '마침내 밤이 왔다'와 같이 나타남으로써 경과된 시간의 흐름을 짐작할 수 없게 되어 있고 공간도 밀림이라는 획일적 형태를 드러냅니다. 이곳은 크메르문명의 사라진 유적들이 묻혀 있는 곳으로 우주적 시간의 절대적 파괴력이 현현하는 무대입니다. 밀림은 인간이 이룩한 모든 문화적 활동까지도 무화(無化)시켜버리는 '사막' 같은 허무의 현장입니다.

제3부는 정글의 하단부에서 보다 높은 위치로 상승하는 운동 속에서 전개됩니다. 그라보가 갇혀 있는 스티앙족 마을이 이곳에 위치합니다. 이들 원주민 부족 역시 불교도로서 탄트라 신앙을 숭배합니다. 마을 입구에서부터 나타나는 여러 에로틱한 상징물들과 반라의 관능적 여인들이 이를 뒷받침해줍니다. "시뻘겋게 칠한 성기를 두 손으로 잔뜩 움켜쥔 남녀 한 쌍의 우상'과 같은 상징물들이 마을의 방벽 위에 우뚝 솟아 있습니다. 그것들은 마치 운명을 육화시키는 밀림을 정복하고 것처럼 묘사되고 있어 원주민들의 신앙인 탄트라 불교의 지향점을 암시해줍니다.

제4부는 산의 정상 부근에 위치한 페르캉의 마을을 향한 최후의 수직적 이동 속에 펼쳐집니다. 그의 마을이 가까워지면서 '불교의 하얀 종들'이나, 불교적인 '라오스의 평화' 등이 암시적 장치로 나타납니다.

그리고 마을 사람들이 모두 '라오스 불교도들'이라는 사실이 환기됩니다. 이처럼 그의 불교도 마을은 산꼭대기 부근에 위치하고 있어 그가 가고자 하는 정신적 좌표를 지시해줍니다. 그는 바로 이 산의 정상에서 최후를 맞이하지요.

이처럼 밀림으로 덮인 산의 하단부에서부터 꼭대기까지 전체는 불교적 세계관을 육화시키는 성산(聖山)의 형태를 드러내고 있습니다. 사실 이러한 유추는 제1부에서 페르캉과 클로드의 협상에 이미 암시되어 나타나 있습니다. 늙은 주인공은 그들이 모험을 함께 한다면 "우리는 항상 불교도들 가운데 있을 것이네"라고 말합니다. 그러니까 그는 산의 밀림 지역 전체가 원주민 불교도들이 활동하면서 사는 지역임을 언급함으로써 장차 전개될 모험과 불교와의 관계를 암시해준 것입니다.

소설은 구원을 향한 이와 같은 수직적 상승운동을 통해 운명과 반(反)운명의 대립구도를 펼쳐냅니다. 운명은 밀림이라는 상징적 공간을 통해 육화되어 나타납니다. 무량한 영겁의 불교적 관점에서 볼 때 인간의 생사의 주기는 찰나에 불과합니다. 정글은 이와 같은 생성과 소멸의 찰나적인 순환, 곧 윤회를 '삼라만상'의 '보편적 분해'를 통해 드러냅니다. 그 속에서 순간적인 삶을 살며 들끓고 있는 곤충들은 천태만상의 인간들에 대한 은유입니다. 뿐만 아니라 그 속에는 '사라진 문명', '죽어버린 도시들' '멸망한 왕국', '연대기적 모험들'과 같이 시간 속에 명멸한 인간사의 비극적 이미지들이 묻혀 있습니다. 밀림은 소설의 도입부에서 창녀들이 추는 원무의 둥그런 원, 스티앙족의 노예가 된 그라보가 연자마를 돌리며 도는 원, 페르캉이 그를 구하기 위해

싸울 때 이들 부족이 창을 들고 도는 원운동과 동일한 상징적 의미를 나타냅니다. 그리고 페르캉이 클로드에게 불교적인 인간 조건을 설파하는 배경인 밤은 인간의 무명을 상징합니다. 이 같은 시간적 배경은 시타르타 왕자가 생로병사를 발견한 밤들과 '위대한 출가의 밤'과 관련되어 있지요. 자, 그럼 페르캉이 침묵 속에서 설법의 이미지로 제시하는 밀림이 클로드에게 어떻게 다가오는지 잠깐 볼까요.

> "클로드는 병에 걸린 듯, 이 부글부글 삭는 현상 속에 무너져 내렸다. 그 속에서는 천하(天下) 만상이 부풀어 오르고 늘어졌다가 인간세계 밖으로 썩어 사라져 갔다. 그 현상은 암흑의 힘으로 그를 그 자신과 갈라놓았다. 온통 도처에 들끓는 곤충들. (……) 공처럼 둥근 미세한 검은 것들부터 (……) 개미들과 (……) 거미들에 이르기까지 곤충들은 (……) 인광을 발하는 기하학적 형태들로 혼돈을 이루며 멀리 부동의 영원 속에서 나타나고 있었다. (……) 이제 밀림의 통일적 모습이 위용을 드러내고 있었다. (……) 클로드는 존재들과 형상들을, 움직이는 생명과 스며나오는 생명을 구분하는 것을 단념했다. 어떤 알 수 없는 힘이 종양 같은 균류들을 나무들에 연결시키고 있었고, 태초의 김이 무럭무럭 나는 숲 속에서 온갖 일시적인 생명들을 늪의 거품과도 흡사한 땅 위에 우글거리게 하고 있었다."

이 텍스트에서 '어떤 알 수 없는 힘'은 결정판이 나오기 전의 원고를 보면, '밀림의 시작도 끝도 없는 영원한 힘'이라고 되어 있었습니다. 그것은 시작도 끝도 없이 돈다는 불교의 무시무종(無始無終)이라는 말

을 단번에 상기시키는데, 소설가가 생략했습니다. 클로드가 '병에 걸린 듯' '무너져 내린' 이유가 뭘까요? 그는 영겁의 시간 속에서 '생명들의 늪', 곧 생사의 늪 속에 갇힌 자신의 참모습을 본 것이죠. 공(空)의 세계로부터 나타났다가 공의 세계로 사라지는 섬광 같은 존재. 이처럼 정글의 '현상'은 존재에 대한 불교적 진리를 보여주는 거울과 같은 역할을 합니다. 그것은 중생의 무명(無明)과 연관되어 '암흑의 힘'을 분출합니다. 이 현상은 클로드를 '그 자신과 갈라놓음'으로써 그는 이원화되고 있습니다. 이 현상 속에 무너져 내리는 자아와 이 자아를 벗어나는 초월적인 의식인 '참나'가 분리된 것입니다. 이 참나가 구원받아야 할 대상이 되겠지요.

소설에서 제1부는 인간과 문명세계를 그려내고, 제2부는 밀림을 통해 그들의 예견된 비극적 운명을 비춰주고 있습니다. 인간의 모든 시간적·역사적 몽상의 세계가 결국은 시간의 절대적 파괴력을 통해 공(空)으로 회귀하게 되어 있다는 영원한 법칙이 드러나는 것입니다. 페르캉은 이미 제1부에서 클로드에게 이미 이렇게 말합니다. "진정한 죽음, 그것은 노쇠를 말하는 것이네. (……) 젊을 때는 죽음이 무엇인지 모르는 법이지." 그러니까 그는 제1부에서 젊은 주인공에게 불교적 인간 조건인 생로병사 가운데 늙음에서부터 시작하는 설법의 닻을 올림 셈이다. 하지만 그는 닻만 올려놓고는 제2부에서 밀림의 이미지를 통해 침묵의 가르침을 전수합니다. 그런 뒤 제3부에서부터 그는 비극적 담론을 통해 클로드를 본격적으로 입문시킵니다.

"죽음이란 아무에게도 존재하지 않네. (……) 늙는 것 (……) 노쇠 말이

야. 나를 짓누르는 것, 그것이 (……) 인간의 조건이지. 그건 내가 늙는다는 것이고, 시간이란 끔찍한 것이 암처럼 돌이킬 수 없게 내 안에서 전개되고 있다는 것이지. (……) 이 흰 개미들은 개미집에 종속되어 그 속에서 살고 있네. 나는 굴복하고 싶지 않네."

　이렇게 펼쳐지는 설법은 운명의 절대적 법칙처럼 변함없이 운행하는 "별들이 가득한 무한한 공간 속에 울려" 퍼지면서 계속됩니다. 페르캉은 죽음의 "순간에 자신의 모든 것을 건다," 라고 말하면서 이렇게 덧붙입니다. "아마 나의 죽음을 놓치는 걸 받아들이는 것 자체가 나로 하여금 나의 삶을 선택하도록 했다 할 걸세." 참으로 아리송한 선문답 같은 가르침이 아닐 수 없습니다. 죽음의 순간은 어떤 순간이기에 모든 것을 걸어야 할까요? 불교에서 불자나 수도자에게 해탈은 죽음의 순간에 달려 있습니다. 그 순간에 모든 욕망을 초월해 자아의 완전한 비움의 상태에 도달해야만 니르바나에 이를 수 있습니다. 조금이라도 집착이 남아 있으면 결코 열반에 도달할 수 없습니다. 그렇기 때문에 죽음의 순간에 모든 것을 걸어야 합니다. 그러니까 죽음은 해탈에 이르는 결정적인 순간입니다. 그것을 놓쳐버리면 다시 사바세계로 추락하여 환생하는 것입니다. 페르캉은 전생에서 그것을 놓쳤기 때문에 다시 이승으로 삶으로 되돌아왔다고 말하고 있습니다. 그는 이처럼 늙음과 죽음에 대한 설교를 하고 있습니다.

　하지만 그는 병(病)에 대해서는 이야기하지 않습니다. 늙으면 병들게 되어 있으니 그럴까요? 그렇게 생각할 수도 있을 것입니다. 하지만 소설에서 병은 늙은 주인공이 스티앙족과의 싸움에서 부상당한 후 치

명적인 '화농성 관절염'에 걸려 죽게 됨으로써 자연스럽게 나타납니다. 이처럼 생로병사 가운데 생(生)만 빼놓고 불교의 네 가지 고통인 사고(四苦) 가운데 세 가지가 나타납니다. 사실 인간의 비극은 태어나면서 시작된다 하겠죠. 하이데거는 그래서 "인간은 죽음을 향한 존재이다"라는 말을 했죠. 죽음이 없다면 탄생 자체가 문제될 게 없으니까요. 그래서 《왕도로 가는 길》에서 생(生)은 페르캉이 죽어갈 때 이렇게 고발됩니다. "고통이 여전히 그를 흥분시키고 있다. (……) 하지만 그것이 더 강렬해지면 (……) 시간이 지나가도록 울부짖는 산모처럼 되어버릴 것이다. 그래 세상에는 아직도 인간들이 태어나고 있겠지……." 이렇게 해서 생로병사의 비극에 대한 설법과 입문이 완결됩니다.

그렇다면 운명을 상징하는 밀림을 뚫고 가면서 싸우는 반(反)운명은 어떻게 전개될까요? 그것은 3단계로 3차원적으로 펼쳐집니다. 구원을 향한 상승의 여정에는 단계마다 강도가 높아지는 장애물이 있을 뿐 아니라 실천해야 할 도덕적 의무나 자비 같은 행위가 수반되는 것은 정연한 이치입니다. 제1단계를 볼까요. 페르캉은 우선 제2부에서 압사라라는 조각 작품들 앞에서 순간적으로 세속적인 욕망의 유혹을 느낍니다. 그것들이 큰돈이 되기 때문에 그 돈으로 무기를 구입하고 군대를 일으켜 태국이나 식민지당국과 일전을 벌임으로써 역사에 족적을 남길 수 있다는 역사적 꿈에 사로잡힌 것입니다. 그래서 "그는 ……. 길(la Voie)을 망각하고 있었다"라는 코드화된 표현이 나옵니다. 여기서 대문자로 된 '길'은 바로 그가 가고자 하는 정신적 '왕도'를 암시하는 것이죠. 그가 느끼는 이 유혹이 바로 일차적 장애물입니다. 하지만 그것은 순간적인 심리적 유혹으로서 이내 극복되어 다시 나타나

지 않습니다. 그렇다면 도덕적 의무에 해당하는 것은 무엇일까요? 예술작품을 발굴이 여기에 해당한다 하겠습니다. 압사라라는 불교와 힌두교에 공통되는 탄트라 예술에서 지상에서 구원을 맛보게 해주는 천상의 비법을 전수하는 여인이기 때문에 이 신화적 존재를 새긴 작품의 발굴은 종교적 의무에 해당하는 것이죠. 이렇게 해서 제2부에서 반운명의 1단계가 마감됩니다.

반운명의 두 번째 단계는 제3부에서 산의 정상을 향한 상승운동의 중간에서 펼쳐집니다. 그것은 그라보를 구출하기 위한 스티앙족과의 투쟁이 중심을 이룹니다. 여기서 두 주인공이 만나는 주요 장애물은 이 부족이 설치해 놓은 다양한 병기와 무장한 원주민들입니다. 밀림을 뚫고 위험을 무릅쓰면서 더 높은 곳으로 올라가야 하는 행군도 물론 포함됩니다. 그들은 결국 그라보를 구출함으로써 자비행에 해당하는 도덕적 의무를 실천합니다. 하지만 페르캉이 부상을 입고 치명적 병에 걸림으로써 자신의 여생에 대한 계획을 수정하지 않을 수 없지요. 불교적 '평화' 속에서 '여자들'과 탄트라 에로티시즘을 추구한 후 최후를 맞이하겠다는 계획 말입니다. 그래서 그는 자기 지역에 도달하기 전에 바로 이 단계에서 이 신비주의 에로티시즘을 체험하는 시도를 합니다.

세 번째 단계는 제4부에서 페르캉이 자기 지역의 산꼭대기에 도달해 죽음을 넘어 니르바나의 구원에 이르는 단계입니다. 여기서 장애물은 가장 극복하기 힘든 형태를 드러냅니다. 밀림, 복수하고자 하는 스티앙족 그리고 토벌대를 먼저 들 수 있겠습니다만, 가장 중요한 장애물은 페르캉 자신이 죽음과 벌이는 내적 투쟁입니다. 완벽하게 자

아를 비워내 집착을 없앤 후 죽음의 순간에 영원한 빛으로 들어가야 하기 때문이죠. 그의 도덕적 의무는 이렇게 표현됩니다. "나의 죽음이 적어도 내 부하들을 자유롭게 해주어야 하네." 이렇게 그는 죽는 순간까지 자기 지역의 불교도 원주민들을 방어하고자 합니다. 그는 마침내 산의 정상에서 구원의 우주적 빛 속으로 소멸합니다.

> "페르캉은 눈을 떴다. 하늘이 내리누르는 듯 그에게 침투해 들어왔다. 그것은 기쁨에 넘쳐 있었다. (······) 이제 그가 체험하는 것은 빛이 너무 강렬해 하얗게 된 저 가없는 하늘과 그 비극적 환희뿐이었다. 그는 이 환희 속에 사라지고 있었으며 그의 어렴풋한 심장소리가 차츰 환희를 가득 채워 가고 있었다. (······) '나는 내 죽음의 순간에 나 자신을 모두 걸 것만 같구나.' 삶은 저기 대지마저도 그 속에 사라져 버리는 저 눈부신 빛 속에 있었다. 다른 삶은 망치로 두드리는 듯 쑤시는 그의 혈맥 속에 있었다. 하지만 이 두 개의 삶은 서로 싸우는 것이 아니었다. 이 심장은 고동을 멈추고 그 역시 저 눈부신 빛의 집요한 부름 속으로 사라지고 말테니까."

이 인용문은 페르캉이 투명한 하늘의 눈부신 빛으로 상징된 우주적 의식 속으로, 텅 빈 '존재의 근원' 속으로 진입하는 내면을 잘 보여주고 있습니다. 그는 그 빛 속에 넘치는 환희를 체험하고 있습니다. 그 자신 안의 불멸의 불성(佛性)과 우주적 의식이 하나 되는 최후의 순간이 다가오고 있습니다. 그래서 이 순간을 놓치면 안 되기 때문에 그 '자신의 모든 걸 걸어야' 하는 것이죠. 텍스트에는 두 개의 삶이 대비

되고 있습니다. 첫 번째 삶은 근원적인 우주적 본질, 즉 공(空)으로 회귀하는 삶입니다. 그것은 하얀 광명 속에 자취를 감추는 순수의식을 나타냅니다. 그것이 바로 생사를 초월하는 '참나'입니다. 반면에 강조된 두 번째 삶은 고통 속에 소멸하는 육체, 곧 자아의 존재를 말합니다. 그래서 심장이 멈추어 이 자아는 완전히 사라집니다. 하지만 그것 또한 공의 무한한 빛 속에 무화(無和)되어 자취를 감출 것이기 때문에 결국 첫 번째 삶인 순수의식만이 불멸의 우주적 의식과 합류합니다. 이러한 불교적 구원은 생/사, 선/악, 행/불행, 천국/지옥, 풍요/가난 등의 모든 양극적 패러다임을 초월하는 절대적인 '완전한 평정'을 나타냅니다.

이렇게 소설은 산의 정상을 향해 가는 구원의 여정을 3단계적 상승운동으로 형태화시키고 있습니다. 불교가 제시하는 해탈의 특징은 바로 인간의 자아가 낳은 모든 문화적·가치적 패러다임을 초월하는 것입니다. 왜냐하면 바로 이 패러다임이 고통의 진원지이기 때문이죠. 제가 본 강의에서 여러 번 강조했듯이, 그러한 패러다임을 구성하는 대립 쌍 자체가 사실은 그 자체로는 존재할 수 없는 유령이고 환상인 것이죠. 그래서 원시불교와 신비주의 에로티시즘을 결합한 탄트라 불교를 믿는 모이족 원주민들은, 의미를 낳고 갈등을 낳는 대립쌍인 패러다임의 문명세계로부터 멀어져 자연과 가깝게 살고 있습니다. 인위적 가치체계에 따른 그런 문화적 의미 활동으로부터 상대적으로 벗어나 원시적 생명력의 상태에서 탄트라의 신비주의적 에로티시즘을 지향하고 있지요. 20세기 인도의 성자 오쇼 라즈니쉬는 "우리가 문화적이면 그럴수록, 문명적이면 그럴수록 탄트라적인 변형의 가능성은 희

박하다."[8]고 말합니다.

《왕도로 가는 길》은 국내 독자에게도 널리 알려진 헬레나 노르베리 호지의 명저 《오래된 미래》[9]를 생각나게 합니다. 저자는 이 책에서 히말라야의 평화롭고 조화롭던 자급자족적인 라다크 공동체, 이른바 '작은 티베트'가 어떻게 서양의 싸구려 물질문명의 침투로 황폐화되고 암울하게 변하게 되는지 그 과정을 섬세한 필치로 그려냅니다. 천여 년 동안 라다크인들은 티베트 불교적인 전통을 지키면서 자연의 품속에서 부족한 것 없이 안락하게 살아왔습니다. 하지만 문명의 탈을 쓴 저 탐욕적인 야만의 발톱이 그들의 얼굴에 고통스런 불행한 그림자를 드리우는 데는 불과 한 세대도 안 걸렸습니다. 《왕도로 가는 길》에서 페르캉이 자신의 죽음을 통해 원주민들의 탄트라 불교 공동체를 방어하고자 하는 필사적인 노력은 종교적 정신을 좀먹는 파괴적 자본주의의 이와 같은 어두운 측면에 대한 저항의식을 함의하고 있습니다.

3. 고통과 자비

불교의 〈반야심경〉에는 일체고액(度一切苦厄)이란 말이 있는데, 이 말은 이 종교의 삼법인(三法印) 가운데 하나인 일체개고(一切皆苦)와 같은 말입니다. 글자 그대로 모든 것이 고액이고 고통이라는 것입니다. 저는 제4장에서 도올 김용옥에 대해 언급하면서 이 주제에 대해 잠시 이

8   라즈니쉬, 석지현·홍신자 옮김, 《사라하의 노래》, 일지사, 1981.
9   김종철/김태언 옮김, 《오래된 미래》, 녹색평론사, 2004(1996).

야기한 바 있습니다. 자, 이제 좀 더 심사숙고해봅시다. 사실 불교가 말하는 모든 고통은 사성제(四聖諦: 네 가지 성스러운 진리), 즉 고집멸도(苦集滅道)에서 고성제(苦聖諦)에 속하는 생로병사(生老病死)라는 네 가지 고통(四苦)에서 출발합니다. 부처 신화에 따르면, 싯다르타 왕자가 시종을 대동하고 무명을 상징하는 밤에 세 번 나가서 발견한 것이 늙음·병듦·죽음입니다. 마야의 베일에 가려 있는 이 고통들로부터 벗어나는 깨달음을 얻기 위해 그가 부와 권력과 명예의 왕궁을 떠나는 밤이 '위대한 출가의 밤'입니다. 그러니까 처음에는 탄생 자체는 빠져 있다가 그것이 세 가지 고통의 기원이기 때문에 모두 합해서 사고(四苦)로 된 것입니다. 모든 고통은 인간이 짊어져야 할 숙명인 이 생로병사라는 사고가 진행되는 가운데 발생할 뿐 아니라 이것들보다 더 큰 고통은 존재하지 않기 때문에 그것들이 모든 고통을 대변하는 것입니다.

그런데 사실, 이 사고 가운데 늙음과 병듦은 둘 다 육체의 노쇠 현상에 다름 아닙니다. 따라서 이 사고는 생노사라고 줄여서 삼고로 말할 수 있습니다. 하지만 여기서 노쇠 혹은 늙음의 반대말인 젊을 소(少)를 대칭적으로 다시 집어넣으면 생소노사(生少老死)라는 표현이 성립합니다. 결국 모든 게 고통이라는 차원에서 보면, 출발점인 탄생이 고통이니 청춘도 고통일 것입니다. 따라서 젊음을 나타내는 소를 집어넣는다고 해서 이상할 게 없을 것입니다. 또 그래야 탄생과 죽음, 젊음과 노쇠가 대칭적 관계를 이루어 모든 게 고통이라는 진리가 확고하게 들어온다 할 것입니다.

물론 탄생에는 임산부가 겪는 산고(産苦)의 고통과 태어나는 아이가 엄마의 뱃속에서 떨어져 나오는 불안의 고통이 있으니 탄생이 고통이

라 할 수 있지만, 죽음이 없다면 탄생 자체는 고발의 대상이 될 수 없을 것이고 오히려 축복일 수도 있을 것입니다. 그렇기 때문에 아이가 태어나면 아버지와 산모는 온갖 축하를 받는 것이겠죠. 그러니까 그것이 고통으로 설정되는 것은 오로지 죽음과의 관계 때문입니다. 태어나지 않으면 죽음의 공포를 겪지 않으니 태어남 자체가 문제인 것입니다. 삶은 시작부터 죽음의 그림자를 안고 살아야 하기 때문에 이미 죽음을 향해 가고 있습니다. 또 죽음이 없으면 삶 자체가 의미가 없으니 삶의 의미 속에 죽음이라는 비극이 항상 들어와 있습니다. 결국 삶의 시작인 탄생은 결코 죽음으로부터 벗어날 수 없으니 고통인 것이죠.

그렇다면 청춘도 마찬가지 아니겠습니까? 긍정적 차원에서 저는 앞서 〈청춘예찬〉을 다루면서 청춘을 청춘답게 해주는 게 늙음이라고 말한 바 있습니다. 이때 청춘은 비극적 의미를 띠지 않았습니다. 그러나 불교적 관점에서 보면, 청춘도 고통입니다. 왜냐하면 청춘에는 늙음이 의미의 흔적이자 그림자로 항상 동반하기 때문입니다. 청춘 혼자만으로는 아무 가치도 없고 늙음이라는 비극이 안으로 들어와야 청춘이 의미를 띠게 될 뿐 아니라 결국은 노쇠로부터 결코 벗어날 수 없으니 청춘 자체가 비극이고 고통인 것이죠.

불교의 연기설은 이런 식의 관계론을 얼마든지 수용합니다. 모든 것은 관계에서 시작되기 때문입니다. 그런데 이런 고통에 대한 인식은 인간만이 하고 있습니다. 동물들은 본능적 고통이 있지만 인식이 없기 때문에 병과 죽음에 대한 공포가 없습니다. 앞의 제3장에서 보았듯이, 불교에선 오온(五蘊) 가운데 식(識)의 도래를 통한 인간의 탄생이

고통의 시작인 셈입니다. 동물로부터 인간으로의 도약이 식의 발생 때문이라는 것은 그리스신화에서 프로메테우스가 인간한테 '의식의 도래'를 상징한다는 것과 이상하게 일치합니다. 그러니까 맹자나 루소의 경우에서처럼 자연 상태에서는 인간이 선하고 행복했다는 발상은 불교에는 아예 없는 것입니다.

인간이 의식을 가지고 세계를 생/사, 선/악, 행/불행, 기쁨/슬픔 등 이원적으로 판단함으로써 고통이 시작된다는 것은 자연과 하나 되어 사는 동물과 달리 인간이 문화를 누린다는 사실에 완벽하게 부합합니다. 어떤 의미에선 의식의 도래는 인간에게 축복이자 저주인 셈이죠. 동물 상태에서 벗어남으로써 자기 존재에 대한 자각을 하고 세계에 대한 문제를 제기할 줄 알게 되었으니 축복임에 분명하지만, 죽어야 할 운명을 포함해 인간 조건의 비극을 알게 되었으니 저주인 것입니다. 이런 입장에서 보면 의식의 도래는 기독교의 아담 신화에서 지식의 나무인 선악과를 따먹은 것에 해당합니다. 이로 인해 '눈이 밝아져' 아담과 이브는 고통이 시작되었으니 말입니다.

그러나 이와 같은 의식의 도래가 있었기에 인간은 자신의 운명과 싸우는 문화 활동을 전개해올 수 있었습니다. 탄생과 죽음의 양극성에 대한 비극적 의식이 있었기에 죽음에 대항하는 무수한 위대한 문화와 예술이 탄생될 수 있었던 것이죠. 저 이집트의 피라미드로부터 중국의 진시황제의 무덤에 이르기까지 인간은 죽음을 극복하기 위해 얼마나 많은 희생을 치르고 노력을 기울였던가요. 인도의 아그라 시(市) 야무나 강가에 자리 잡은 저 아름다운 순백의 영모 타지마할마저도 탄생과 죽음의 비화가 얽혀 있습니다. 무굴제국의 황제 샤 자한

(Shâh Jahân)은 수많은 선정적 여인들과 쾌락을 나누었지만 무언가 항상 결핍감을 느꼈는데, 마침내 얻은 부인 뭄타즈마할에게서 완벽한 여성을 만나 진정한 이상적 사랑을 나눌 수 있었습니다. 그러나 그녀는 열네 번째 아이를 낳다가 목숨을 잃었습니다. 황제는 그녀를 잃은 슬픔을 달래기 위해 이 '찬란한 무덤'을 건축하게 했으니 인간이 의식하는 생사(生死)의 양극성은 이런 문화적 출구로서 인간에게 보답하고 있지 않을까요. 뿐만 아니라 의식이 있기에 무명으로부터 벗어나고자 하면서 불교의 해탈 자체를 추구할 수 있으니 의식이 주는 양면성을 받아들여야 하지 않을까 합니다. 그렇다고 생사의 고통 자체가 사라지는 것은 아닙니다.

마르셀 프루스트의 《잃어버린 시간을 찾아서》에서 베르뒤랭 부인은 크루아상 빵을 먹는 즐거움을 맛보고 있을 때, 독일의 잠수함에 의해 영국의 여객선 뤼지타니아호가 침몰되었다는 소식을 듣습니다. 때는 제1차 세계대전이 한창인 1915년입니다.

"베르뒤랭 부인은 자기 편두통의 원인이 밀크 커피에 적셔 먹는 크루아상이 더 이상 없기 때문이라며 괴로워하고 있었다. 그러던 중에 그녀는 마침내 코타르 씨로부터 우리가 이야기한 바 있는 모 레스토랑에서 이 빵을 먹을 수 있는 명령서를 얻어냈다. 이런 일은 거의 장군의 임명만큼이나 공권력으로부터 얻어내기 힘든 것이었다. 그녀는 신문들이 뤼지타니아호의 난파를 이야기하는 아침에 첫 크루아상을 다시 먹었다. 그녀는 크루아상을 밀크 커피에 적시면서, 얇게 썬 빵을 다른 손으로 옮기지 않고도 신문이 활짝 펴진 채로 있을 수 있도록 손가락으

로 신문을 통겼다. 그러면서 그녀는 이렇게 말했다. '참으로 끔찍하군. 아무리 끔찍한 비극도 이보다는 덜하겠어.' 그러나 물에 빠진 그 모든 사람들의 죽음은 그녀에게 털끝만큼의 변화도 가져다주지 못했다. 왜 냐하면 한 입 가득 베어 문 채 그런 슬픈 생각을 하는 것과는 달리, 아마 크루아상 맛 때문일 테지만 그녀의 얼굴에 떠오른 표정, 편두통을 몰아내는 매우 멋있는 그 표정은 차라리 달콤한 만족의 모습이었기 때문이다."

베르뒤랭 부인은 신문을 통해 침몰의 비극을 접하고 있지만, 오늘날 우리는 온 가족이 모여 즐겁게 저녁 식사를 하는 도중 텔레비전 화면을 통해 세계의 수많은 참사들을 생생하게 목도합니다. 사람들은 어디선가 끊임없이 터지는 불행한 사건들에 너무도 익숙해져 그것들은 오히려 식욕을 돋우는 이야깃거리가 되는 판국이 되어 가고 있습니다. 그러면서 '나'한테는 그런 운명적 사고가 일어나지 않기를 바랄 뿐입니다. 이처럼 우리가 잠시 순간적으로 누리는 안락한 만족 저편 어디선가는 쉴 새 없이 타자의 아픔이 고통을 호소하고 있습니다. 그러니 우리는 한시도 고뇌를 떠나서 살 수 있는 게 아니라 하겠죠. 내가 웃고 있는 순간에도 수많은 사람들의 울음소리가 에너지와 정보를 실은 채 대기를 타고 전달되고 있습니다. 다만 내가 그것을 수신하지 않고 있을 뿐입니다.

태어나서 죽을 때까지 이렇게 기쁠 때조차도 고통과 함께 해야 하니 모든 것이 고통이라는 일체개고는 맞는 말이라고 할 수 있습니다. 인간이 식(識)을 가지고 도래한 순간부터 이처럼 대립되는 것들의 상

관적 관계를 벗어날 수 없으니, 이 관계에서 어느 쪽 역할을 수행하든 모두가 자비의 대상이 될 수밖에 없습니다. 왜냐하면 한쪽이 없으면 다른 한쪽이 의미를 상실하기 때문이다. 악을 행하는 자는 선을 행하는 자를 위해 필요하니 그가 그런 역할을 맡았다는 것 자체가 한없는 자비를 불러일으키는 것이죠. 그렇기 때문에 그 역시 구원을 받아야 할 대상입니다. 뿐만 아니라 자아는 의식주에서부터 자신의 존재의식까지 타자 없이는 불가능하기 때문에 타자에게 모든 것을 빚지고 있는 셈이죠. 그래서 불교의 자비는 기독교의 사랑보다 훨씬 더 크고 깊습니다. 만물이 다 구원의 대상이 됩니다.

여기까지가 불교가 선/악과 같은 이원적·상관적 세계를 인정하면서 이런 세계에서 사는 중생에 대해 도덕적 자비를 설파하는 영역이라 하겠습니다. 이 영역에서는 선업을 쌓고 악업을 물리치며 악한 자에게도 자비를 베풀라는 윤리가 작동합니다. 그러니까 선과 악이 맞물려 있기 때문에 색(色)이 곧 공(空)이듯이, 선은 곧 악이라 극단적 사유까지 밀고 나가 선도 없고 악도 없다거나, 혹은 모든 게 마음의 일시적·상대적 작용이니 선/악 자체가 공이고 환상이라는 주장이 아직은 끼어들지 못하는 거죠. 이 주장을 부연 설명하면, 선은 악이 없으면 존재 근거를 상실하니 항상 붙어 있기에 선은 곧 악이라는 말이 성립하며, 그렇게 되면 선은 선이 아니고 악은 악이 아니니 선도 없고 악도 없는 셈입니다. 또 선/악의 개념 자체가 그 자체로 존재하는 것이 아니라 시대와 장소에 따라 인간의 문화와 가치체계마다 달라지면서 마음 상태에 따라 결정되는 일시적이고 덧없는 것이기 때문에 공이고 환상인 것입니다. 예컨대 지나가는 낯선 아름다운 여자에게 어떤 사

내가 섹스적 욕망을 품었다면 기독교에선 그것 자체가 악에 속합니다. 그러나 그것은 다른 문화에선 악도 아니고 선도 아닌 자연스러운 욕망에 지나지 않는 것으로 간주될 수 있습니다. 그것은 그 자체로는 탈(脫)가지적이고 '스스로 그러한' 자연(自然)에 지나지 않습니다. 또 중세의 마녀사냥이나 종교재판에서처럼 선을 명분으로 얼마나 많은 악행이 저질러졌습니까. 이때는 선이 곧 악인 셈입니다. 그러니 선/악 자체가 모호하고 환상인 것이죠. 또 뒤에 가서 검토되겠지만 모든 것은 공(空)에서 시작되었으니 인간의 상대적인 가치 판단 자체가 환상이고 공인 것입니다.

사유의 단계가 이쯤 되면 선행이나 자비를 베풀 필요도 없으니, 도덕적 혼란과 무정부적 상태가 초래되며 인간의 가치체계 자체가 붕괴된다 하겠죠. 그래서 설령 그런 주장이 진리라 해도 중생들이 살아가는 세계에서는 지극히 위험합니다. 선도 악도, 행복도 불행도 모두 환상이라고 말하는 것은 초(超)도덕적 경지를 나타냅니다. 자칫 잘못하면 악을 저질러도 악을 저지른 게 아니라는 궤변 아닌 궤변이 나올 수 있습니다. 그래서 이 위험한 진리는 엄청난 도덕적 해이를 불러올 수 있기에 웬만한 중생은 접해서는 안 되는 영역에 속합니다. 또 바로 여기에 선/악의 강력한 대립적·패러다임적 구도를 설정해 신자로 하여금 강력한 내면적 긴장을 하도록 유도하는 기독교와는 달리 불교가 초래할 수 있는 도덕적 불감증의 문제가 있을 수 있습니다. 선무당이 사람 잡는다고 하듯이, 아무나 불경 공부 좀 해가지고 선도 악도 모두 공이고 환상이라고 생각하면서 날뛰면 어떻게 되겠습니까. 뿐만 아니라 윤회론 역시 현재의 권력과 기득권을 정당화시켜주는 위험한 측면

을 지니고 있습니다. 지배계층은 전생에 선업을 많이 쌓아서 귀족으로 태어나 복을 누리고 있으며, 가난하고 신분이 천한 자들은 전생에 악업을 많이 지어서 그러니 그저 받아들이고 살아야 한다는 논리를 제공할 수 있습니다. 불교는 평등사상과 무한한 자비를 강조하지만, 이처럼 선/악을 넘어선 경지를 열어놓고, 윤회설을 통해 신분을 정당화시킬 수 있는 가능성을 제공해줍니다. 그리하여 그것은 자신들을 합리화시키는 담론을 항상 찾고 있는 권력층으로 하여금 자신들의 항구적 지배를 고착화시키게 만들 수도 있습니다. 이런 이유들 때문에 불자(佛子)가 많은 국가들이 기독교 국가들보다 도덕적 긴장이 약하다는 추론이 나올 수 있는 것이죠.

중생은 서로의 흔적을 이루는 악이 선과의 상관관계 속에서 악으로 규정되는 세계에 살고, 또 그렇게 살아야 하는 사람들입니다. 다만 악이 없으면 선의 존재 근거가 상실되는 비극적 조건을 감안해 악을 단죄하되 자비를 베풀어야 하는 것입니다. 불자는 이 같은 생성계를 초월해서 돌아오지 않는 해탈을 이룰 때까지 환생을 반복하면서 윤리적 삶을 지속해야 합니다.

그렇다면 이와 같은 자비의 대상인 중생들은 이런 상관관계를 인식하고 있다 할지라도, 이것이 안고 있는 비극을 벗어나지 못함으로써 아직 무명의 마야 속을 헤매고 있다 할 것입니다. 마야와 집착에서 벗어난 자는 자비의 대상이 될 수 없습니다. 그럼 마야에서 벗어난다는 것은 무엇일까요?

4. 고전물리학과 양자역학: 보이는 것과 보이지 않는 것

위에서 언급된 고통의 세계, 자비가 실천되는 도덕적 세계는 원죄 이후에 악과 불행에 빠진 인간이 가야 할 길을 제시한 기독교 세계와 유사합니다. 이 두 세계는 물리학적으로 말하면 고전물리학에 부합한다 할 것입니다. 왜냐하면 그것들은 선/악의 관계에 따라 인간이 지켜야 할 규범 논리를 벗어나지 않는 가시적인 현실의 차원 안에 머물기 때문입니다. 그것들은 뉴턴의 고전물리학이 우리가 살고 있는 3차원의 세계에 잘 들어맞듯이 우리가 일반적으로 눈으로 보고 느끼며, 생각하고 의식하는 삶을 일정하게 설명해주고 정당화해줍니다. 불교에서 말하는 인간의 탄생과 식(識)의 도래, 곧 의식의 세계에서부터 시작되는 고통, 그리고 기독교에서 말하는 '눈이 밝아짐', 즉 아담과 이브가 선악과(지식의 나무)를 딴 결과인 운명의 자각과 추락은 인간으로 하여금 자비와 사랑의 동일한 도덕적 행로를 밟도록 요구합니다. 물론 자비의 대상과 사랑의 대상에서 정도의 차이는 있지만 말입니다.

그러나 불교의 큰 특징은 이와 같은 고전물리학적인 차원을 뛰어넘어 양자역학적인 차원을 열어놓고 있다는 데 있습니다. 그렇기 때문에 이미 오래 전부터 불교가 양자역학과 관련되어 이야기되는 경우가 많아지고 있습니다. 이 차원에 들어가야만 선도 없고 악도 없으며 모든 게 환상이고 공(空)이라는 사유가 자유의 날개를 답니다. 그 차원은 우리가 일상적으로 체험하는 영역을 훌쩍 넘어섭니다. 이제 그 속으로 들어가 볼까요.

앞에서 오온(五蘊)이 언급되었지요. 〈반야심경〉의 원래 제목은 '반야

바라밀다심경(般若波羅蜜多心經)'입니다. 여기서 '반야바라밀다'는 산스크리트어의 '프라즈나 파라미타(prajnâ-paramitâ)'를 음역(音譯)한 것입니다. 반야, 즉 프라즈나는 '열반에 이르는 지혜'이고 바라밀다, 즉 파라미타는 '최고의 덕'을 의미합니다. 이 경전에서 관자재보살은 반야바라밀다를 깊이 수행하여 '오온이 모두 공(五蘊皆空)'이라는 깨달음을 얻은 것으로 되어 있습니다. 오온의 시작에 색(色)이 자리 잡고 있습니다. 색, 곧 물질(물질의 특성)이 공이니 물질에서 시작된 모든 것은 당연히 공일 수밖에 없다는 것이죠. 따라서 물질이 공인 것을 밝혀내면 불교의 진리는 맞는 것입니다.

　물질계가 공이라는 말은 부처님이 살아계셨을 당시에는 아마 웬만큼 불법에 입문한 사람도 납득이 가지 않았을 것입니다. 저 하늘에 매일같이 떠올라 우리에게 빛을 선사하고 생명 현상을 낳게 하는 태양이 결국 공이라 한다면 누가 믿겠습니까? 이런 말을 보통 사람에게 했더라면 미친 놈 취급 받았을 것입니다. 그러니 얼마나 많은 방편적 설법이 필요했겠습니까. 불교의 진리는 수많은 경전을 통해 전해지고 있지만, 기독교와 달리 이렇게 경전이 많은 것은 불교가 어려운 엘리트 종교이기 때문에 똑같은 진리가 경우와 상황에 따라 수없이 새롭게 설해졌기 때문일 것입니다. '경해어림(經海語林)'을 이루는 8만 권의 대장경이라니 입이 벌어지지 않습니까. 그렇지만 그 반대로 260자로 불교의 핵심 내용을 압축한 가장 짧은 〈반야심경〉도 있습니다.

　사실 이제는 거의 상식이 되다시피 했지만, 양자역학에 따르면 물질의 근본을 이루는 원자 이하의 미립자들은 홀로 있을 때에는 자신의 존재를 드러내지 않는 비존재와 같은 상태에 있다가 다른 미립자와의

관계를 통해서만 존재를 가시화시켜 물질로 변모됩니다. 그러니까 그것들은 단독으로 있을 때는 물질의 규정 자체 곧, '일정한 시점에서 위치와 운동량(질량×속도)'을 벗어나 있어 물질로 잡히지 않고 유령 같은 불확정적 상태에 있기 때문에 그것들의 존재 자체가 어디에 있는지 알 수가 없는 것입니다. 그것들의 위치를 알려고 하면 운동량을 알수 없고 운동량을 알려고 하면 위치를 알 수가 없기에 그것들은 예측 불가능한 불확정성을 나타냅니다. 이것을 하이젠베르크의 '불확정성 원리'라 합니다. 또 그것들은 이번의 위치가 다음의 위치를 결정하는 시간적 순서에 따른 인과율을 따르지 않기 때문에 기계적인 인과론을 부정하고 있습니다. 그것들은 입자이지만 파동 상태에서 어디에나 확률적·가상적으로 존재하기 때문에 잡히지 않는 비존재와 같으며, 다른 것과 관계를 맺거나 관찰이 이루어질 때에만 확률이 붕괴괴어 입자로서 존재를 드러냅니다. 이것을 '확률파동의 붕괴'라 합니다. 입자이면서 파동은 존재이자 비존재[10]를 나타낸다 할 것입니다. 그런데 미립자에서 위치와 속도가 동시에 측정될 수 없기 때문에 배타적이듯이, 입자와 파동은, 다시 말해 존재와 비존재는 하나가 결정되면 다른하나는 배제됩니다. 그런데 이처럼 이 둘은 배타적인 것이지만 분리될 수 없는 한 쌍을 이룹니다.(브라이언 그린, 박병철 역, 《우주의 구조》) 그것들은 흔적의 관계를 이루는 공동 운명체입니다.

　닐스 보어는 '상보성의 원리'를 통해 이 문제를 풀어내면서 이렇게 공식화했습니다. "서로 배타적인 것은 서로 보완적인 것입니다." 그런

---

[10]　혹시나 오해를 할까 봐 말하는 것인데, 여기서 비존재는 비존재 같은 상태를 지칭하며 존재하지 않음을 의미하는 것은 아닙니다.

데 그는 양자역학에 기여한 공로로 덴마크 정부의 귀족 작위를 부여받을 때 태극 마크를 달고 나갔습니다. 그가 만든 원자의 모델이 음양의 태극에서 발상을 얻었기 때문입니다. 음과 양 그리고 둘을 포함한 중성의 원을 담아내는 태극에서부터 그는 음전기를 띠는 전자, 양전기를 띠는 양성자, 중성인 중성자로 이루어진 원자의 구조에 대한 영감을 얻었던 것입니다.(이성환·김기현,《주역의 과학과 도》)

끝으로 하나의 원자가 붕괴될 때 튀어나온 두 개의 광자는 아무리 시간과 공간상으로 멀리 떨어져 있어도 수십억 광년의 시·공을 초월해 빛보다 빠르게 즉각적으로 연결됩니다. 하나의 광자가 반응하면 다른 하나도 똑같이 반응함으로써 완벽하게 정보적으로 결합되어 있습니다. 이것을 '양자적 얽힘'이라 합니다. 그러니까 물질을 벗어난 어떤 무형의 정보적 결합체는 시공을 초월해 연결되어 상호 작용할 수 있다는 것입니다. 이것이 얽힘 관계에 있는 소립자들의 초공간적·초시간적 세계입니다. 인간의 영혼도 그럴 수 있지 않을까요? 요즈음은 영혼의 세계는 시공을 초월한 순수 정보의 세계라고 말해지는 경우가 많아지고 있습니다. 이미 심리학자 융은 이렇게 말했다. "나는 (……) 영혼은 시공간의 법칙에 지배되지 않는다고 믿는다." 동양사상에 깊은 조예가 있었던 헤르만 헤세의 《데미안》을 보면, 데미안의 어머니로서 이상적 여인상인 에바 부인은 싱클레어와 시공을 넘어선 정보적 결합체가 되어 싱클레어가 자신을 부르고 있음을 이런 시공간의 법칙을 넘어서 즉시 알아차립니다.

여기는 물리학을 길게 논할 자리가 아니기 때문에 나는 미립자들에 대한 설명을 지극히 간단하게 설명했습니다. 관심이 있는 독자는 이

분야에 관한 책들을 참고하기 바랍니다. 어쨌든 이상과 같은 양자역학의 성과를 볼 때, 물질 곧 색(色)이 근본적으로는 공(空)이며 비존재라는 불교의 인식론적 주장은 과학적 타당성을 얻은 셈입니다. 특히 '상보성의 원리'는 존재와 비존재, 곧 색과 공이 상보적이라는 점을 드러내 색에서 공으로, 또 공에서 색으로 상관적 작용이 이루어지는 생성과 소멸의 불교적 진리에 부합한다 할 것입니다.

무엇보다도 미립자가 비존재의 상태에 있다가 다른 미립자와의 접촉이나 관측에 의해서만 존재로서 물질이 된다는 것은 존재는 관계 속에서만 성립된다는 불교의 연기론을 뒷받침해줍니다. 미립자는 다른 미립자와의 관계를 통해서만 비존재로부터 벗어나 존재로 나타나며, 이를 통해 물질의 연쇄적 고리를 형성해 원자로부터 분자로 이어지면서 물에서부터 생명이 탄생하기 시작하고 마침내 인간이 도래합니다. 그러니까 모든 존재의 나타남의 시작에 관계가 자리 잡고 있는 것입니다. 관계를 떠나서는 아무것도 존재하지 않는다.

이런 양자물리학적 미시 세계의 관계론은 고전물리학적 거시 세계 속의 '나'에게 적용되면 자아는 존재하지 않는다는 명제와 만납니다. '내'가 '나'를 둘러싸고 있는 사물들이나 사람들과 완전히 단절되어 홀로 있을 때에는 '나'의 존재 규정 자체가 증발해버립니다. '내'가 혼자서 생각하는 순간에도 '나'를 규정해주는 것은 생각의 대상인 타자(여기서 타자는 사물과 타인을 다 지칭하는 말임)와 '내'가 맺고 있는 관계입니다. '나'는 '너'의 흔적이고 타자의 흔적일 뿐입니다. 데카르트가 말한 "나는 생각합니다. 그러므로 나는 존재한다"는 명제는 유령화 된 허깨비 같은 것입니다. 그래서 그것은 현대에 와서 많은 비판을 받았던 것입

니다. 그것은 "나는 생각하는 대상이 있다. 그러므로 나는 존재한다"로 바뀌어야 합니다. '내'가 생각하는 순간 이미 '나'는 타자와의 관계 속에 진입해 '내'가 규정되고 있는 것입니다. '내'가 무엇과 관계를 맺느냐에 따라 끊임없이 '나'의 자아는 바뀌어 갑니다. '나'는 동물과의 관계에서 보면 인간이며, 기르는 개와의 관계에서 보면 주인이고, 아내와 관계에서 보면, 남편이며, 자식과의 관계에서 보면 아버지이고, 직장 상사와의 관계에서 보면 하급 직원이며, 하급자와의 관계서 보면 상사이고, 물건을 살 때는 단순히 손님이며, 아이들 학교 선생님과의 관계에서는 학부형입니다. 이런 관계에 따라 자아는 생성되었다 소멸하면서 명멸합니다. 변함없는 실체로서 고정된 '나'와 자아는 결코 존재하지 않고, 관계를 떠나는 순간 '나'는 규정되지 않는 비존재로 환원됩니다. 자아는 끊임없는 관계의 인연 속에서 부유하는 유령인 것입니다. 불교의 제법무아(諸法無我: 사물의 고정된 실체나 자아는 존재하지 않음)와 제행무상(諸行無常: 모든 것이 끊임없이 변화하면서 생멸함)은 이처럼 그 어떤 것도 불변하는 자성(自性: 고유한 속성)이 없다는 것을 나타내는 표현들입니다. 플라톤의 이데아 자체가 환상인 것입니다. 말(馬)이라는 이데아는 말과 다른 것과의 관계 속에서 규정될 뿐 말 홀로서는 결코 존재를 드러낼 수 없습니다. 사랑이라는 이데아도 증오나 질투나 무관심 같은 이데아와의 관계 속에서만 존재할 수 있습니다. 그래서 불교에 관심이 있었던 상징주의 시인 말라르메는 "이데아마저도 순간순간 변화하는 신비로운 마야(환상)이다"라고 말했던 것입니다.

그러나 역설적으로 관계의 대상을 무한히 바꾸는 연기적 관계에 들어가면 자아 자체는 소멸하는 대신 해체 확장되어 우주와 하나가 될

수 있습니다. 모래 한 알에서부터 모든 미물을 거쳐 저 하늘의 무수한 별들에 이르기까지 서로 엮이지 않은 것은 하나도 없으며, 그리하여 생성계의 모든 존재가 '상입상즉(相入相卽: 상호 개입하여 융합하고 상호 연계되어 동체가 됨)'하고 사사무애(事事無礙: 물결과 파도처럼 하나이기 때문에 서로 걸릴 것이 없음)하면서 하나가 되는 장엄한 화엄의 세계가 이루어집니다. 긍정적 차원에서 이런 연기적·의타기적 관계를 고려하면, 서로 아무 관련이 없는 것처럼 보이는 전혀 엉뚱한 것들을 엮어내는 난해한 시를 창조하는 데 도움을 받을 수도 있을 것입니다. 고도한 시적 재능은 바로 관계를 전혀 새롭게 짜내는 은유적 능력에 있기 때문입니다.

세계 부정에서 세계 긍정으로의 이 같은 전환은 대부분의 종교가 밟아가는 순서라고 보입니다. 외경으로 간주되는 〈도마복음〉에서 예수가 설파하는 복음과는 달리, 초기 기독교 세력 역시 현세 부정에 초점을 맞추었습니다. 그러다가 고딕시대와 함께 고딕적 인간의 출현, 신학적으로는 토마스 아퀴나스의 신학의 출현과 함께 사유의 중심축이 내세에서 현세로 이동이 이루어지기 시작합니다. 불교 역시 초기에는 생성계 초월의 해탈에 무게를 두었다가 점차 생성계 내에서 모두가 하나 되는 조화로운 삶으로 무게 중심을 이동시킵니다. 이것은 선불교의 유명한 변증법과 같은 이치입니다. 즉 "1) 산은 산이요 물은 물입니다. 2) 산은 더 이상 산이 아니요 물은 더 이상 물이 아니다. 3) 다시 산은 산이요 물은 물입니다." 1)은 우리가 피상적으로 보는 외관상의 세계입니다. 2)는 사물의 이치를 궁리하고 분석하여 해석해냈을 때 드러난 실체입니다. 3)은 지혜를 얻은 자가 이런 실체를 알고 난 다음에 다시 편안하게 바라보는 세계를 나타낸다. 그래서 1)과 3)은 표

현은 똑같지만 전혀 다른 차원입니다. 이 변증법을 끌어들인 롤랑 바르트는 역사적으로 볼 때, 서양의 지성적 세계가 두 번째 단계에 있다고 간주하면서 이렇게 말합니다. "마르크스의 분석(이데올로기적 카메라를 통해 보는 전복된 세상 이미지를 생각해보라), 프로이트의 분석 등을 보면 (……) 우리는 더 이상 산은 산이 아닌 세계 속에 있습니다. 물론 이것은 선(禪)의 가르침으로부터 비롯된 게 아니라 (18세기 이후부터) 과학의 세속적 길을 통해 온 것입니다."(롤랑 바르트, 《중립》) 그러나 근본적으로 불교의 해탈은 생성계의 초월에 있습니다.

다시 환상으로 되돌아가볼까요. 모든 게 환상이라는 관점에서 볼 때, 환생을 통해 윤회하는 자아 역시 고정된 실체는 없습니다. 전생의 '나'는 현생의 '나'와 다른 것입니다. 물론 전생의 '나'가 다른 존재들과 인연이 되어 현생의 '나'가 되었고 그 속에 전생의 '나'가 포함되어 있겠지만, 이미 이 '나'는 이런 인연을 통해 변해버린 '나'이며 지금도 쉼 없이 무상하게 변하고 있습니다. 윤회로부터 해탈을 추구하는 불교와 달리 생성을 적극 긍정한 니체가 말한 '영원회귀'에서도 이런 유동성은 마찬가지로 나타납니다. 이 개념은 변하지 않는 동일한 것이 영원히 되돌아온다는 게 아니라 생성이 차이가 결합된 반복을 통해 끊임없이 되돌아온다는 의미이기 때문입니다.

그렇다면 그 미립자들의 최초 관계, 혹은 인연을 맺어주는 원리는 어디서부터 오는 것일까요? 이 질문에 대해 불교는 해답을 제시할까요? 이 원리를 설명하는 데 무명(無名)이란 낱말이 자리 잡고 있습니다. 미립자들은 기계론적 인과율을 따르지 않는 상태, 다시 말해 혼돈되고 예측 불가능한 불확정적인 그런 비존재 상태에서 우연, 곧 알 수

없는 맹목적 인연에 따라 결합하여 물질로 존재를 드러낸다니, 아인 슈타인이 "신은 주사위 놀이를 하지 않는다"고 말한 반감적인 표현이 이해될 듯싶기도 합니다. 인과율에 따른 결정론적 세계관을 거부하는 것은 결국 궁극적으로 아직 모르겠다는 의미입니다. 이것을 표현한 게 불교의 무명(無名)입니다. 사실 그와 같은 기계론적 세계관을 폐기 시키는 연기론적 세계관에 도달한 것만으로도 어떤 의미에선 무명에 서 벗어났다 할 것입니다. 그렇기 때문에 12연기설의 처음에 무명이 등장합니다. 생성계 내의 모든 존재는 공(空)의 상태에 있는 미립자들 로부터 인연에 따라 태어난 것이니 그 상태를 이해하면 모든 고통(일체 개고)을 벗어날 수 있다는 것입니다. 내 존재가 애당초 공이었는데 고 통 자체가 있을 수 없다는 것이죠.

그러나 그렇다고 해서 무명 자체를 벗어난 것인가? 무명과 하나가 된 보이지 않는 공(空)에서부터 이런 연기적 현상이 발생하는 궁극적 원인에 대한 해명이 되었다 할까요? 뿐만 아니라 미립자들을 탄생시 킨 우주 대폭발은 왜 일어났는가에 대한 설명은 어떻게 할 것인가? 사 실 불교는 근본적으로 침묵의 종교입니다. 이런 궁극적 최초의 원인 에 대해선 함구하기 때문입니다. 비트겐슈타인이 "말할 수 없는 것에 대해서는 침묵을 지켜야 한다"고 했듯이, 언어와 이성의 세계를 넘어 선 경지에 대해 불교는 불가지론 쪽에 무게를 둡니다. 그러니까 12연 기설의 출발점에 위치한 무명은 무명을 깨쳐준 게 아니라 할 것입니 다. '독화살의 비유'는 불교의 이런 불가지적 입장을 나타내주고 있습 니다. 불설전유경(佛說箭喩經)에서 부처님은 마라구마라는 제자가 세 상의 시작·영원·종말, 영혼과 내세 등의 문제에 대해 속 시원한 대답

을 요구하자 독화살을 맞은 사람을 비유로 끌어들여 설명합니다.

"어떤 사람이 독화살을 맞았다고 하자. 이제 그 사람의 목숨은 경각에
달려 있습니다. 그런데 친구들이 그를 불쌍히 여겨 독화살을 뽑아줄 사
람을 찾고 있는데, 그는 이렇게 말했다. '이 독화살을 쏜 사람이 누구인
지, 이 독화살의 독은 무슨 종류인지, 또 독화살의 재료가 무엇인지를
알기 전에는 독화살을 뽑을 수 없소.' 그러는 사이에 독화살을 맞은 사
람은 죽고 말 것입니다. 네가 말한 질문에 어떤 대답을 한다 해도 현실
의 생로병사를 막을 수 없는 법입니다."

지금 당장 생로병사의 고통에서 해방되는 게 급선무인데 쓸데없는
생각에 매달려 시간을 놓침으로써 고해의 바다에서 헤어 나오지 못하
는 것은 지혜롭지 못하다는 것입니다. 그러니까 부처님은 색즉시공에
대한 깨달음을 통해 고통으로부터 해방되는 길을 안내하고 있긴 하지
만 기독교의 창세기 신화에서와 같은 하느님에 의한 우주 창조나 인
도 신화에서 브라흐마 신에 의한 우주 창조 같은 것은 언급하지 않고
비껴간 셈입니다.

그렇다면 해탈은 어디까지 가야 이루어지는가? 위에서 언급된 미립
자들의 세계로 가는 게 해탈은 아닐 것입니다. 이미 그것들은 물질로
서 인연에 의해 이미 우주를 창조해나가고 있기 때문입니다. 그보다
해탈은 원칙적으로 보면 대폭발 이전의 상태, 우주 전체가 가능태로
담긴 채 하나로 응축되어 정지된 상태를 지향한다 할 것입니다. 하지
만 이미 대폭발이 이루어져 우주가 팽창하고 있는 상황에서 그런 상

태로 회귀할 수 있을까요? 2500년 전에 생성계를 떠난 부처님은 어디로 간 것일까요?

5. 블랙홀

대폭발 이전은 물리학에서는 특이점(우주 알), 극동에서는 양극을 통합한 무극이나 태극, 기독교에서는 창세기 이전의 하느님, 힌두교에서는 비슈누가 브라흐만으로서 상징적인 물의 바다 위에서 쉬고 있는 상태, 불교에서는 진여(眞如)나 통일된 '우주의식'으로 불립니다. 해탈은 무명이라는 인연의 불가지적(不可知的) 바람이 불어 생성된 존재들의 흐름에서 거꾸로 단계를 밟아 인연을 하나하나 지워버림으로써 이런 원상태로 복귀하는 것입니다. 연기설의 처음에 자리 잡는 게 무명입니다. 이 무명의 실체가 밝혀지지 않았기 때문에 불교는 불가지적 종교라 할 수 있을 것입니다. 어쨌거나 이 무명을 넘어서는 진여로 가는 게 해탈이지만 이것은 비유적으로 말해 블랙홀 속으로의 해탈이라 할 수 있지 않을까요? 왜냐하면 대폭발이 이미 이루어진 상태에서 그 폭발 이전 상태와 같은 곳은 블랙홀밖에 없을 것이기 때문입니다. 블랙홀은 천체들을 빨아들였다가 어느 단계에서 다시 빅뱅으로 폭발한다는 설이 유력합니다. 아직까지 가장 신뢰 있는 우주 팽창설에 따르면 우주는 팽창이 끝나면 수축 소멸하면서 모두가 블랙홀로 변하여 원래의 무(無: 우주 알)로 되돌아갈 것입니다. 그러니까 현재 있는 블랙홀은 반복되는 우주의 생성과 소멸의 과정을 축소판으로 보여준다 할

것입니다. 그렇다면 해탈하여 적멸하는 부처는 모든 인연을 소멸함으로써 시공간이 존재하지 않는 블랙홀과 같은 세계로 들어간 것이 아닐까요? 그리하여 다시는 생성계로 돌아오지 않는 것입니다. 물론 블랙홀 속에 들어간 것들 가운데 인연에 따라 빅뱅을 통해 다시 빠져나오는 것들이 있을 수 있겠으나, 열반적정에 든 부처는 순환적인 윤회의 세계에 나오지 않고 영원히 쉬고 있다 할 것입니다. 생성계에 그만 동참하겠다는 부처의 이런 휴식을 기독교의 하느님은 받아들이지 않을까요? 하느님은 대폭발 이전에도 존재했고 대폭발을 통한 창조 이후에도 존재했을 테니, 기독교도가 선/악의 이분법을 유지하면서 생성계 내의 천국에서 추구하는 구원을 받아들이듯이 말입니다.

그런데 양자역학에서 미립자들이 결정론적 인과율을 따르지 않는 무언가를 지니고 있듯이, 이 무명 속에는 연기적 인연에서, 곧 엮임 관계에서 벗어날 수 있는 신비로운 자유가 담겨져 있습니다. 이 자유가 왜 있는지 불교는 설명하지 않습니다. 그러나 그것을 통해 업(業)을 만들지 않고 모든 인연에서 벗어나고자 하는 마음이 해탈심(解脫心)입니다. 이 마음을 따라 이기적인 자아의 모든 집착 에너지를 자비의 힘으로 전환시키려고 노력하면서, 인연 따라 생긴 만물에 대한 자비로운 이타적 행동을 할 때 해탈의 길을 갈 수 있습니다. 그러나 궁극적으로는 그 길을 가는 자는 자비와 선행을 베풀면서도 자신의 행동이 자비행이고 선행이라는 의식마저도 버려야 합니다. 왜냐하면 그것들은 무자비 및 악행과의 상관적 관계 속에서 의미를 지니고 있으며, 해탈은 이런 연기적 관계로부터 탈출이기 때문입니다. 불행한 자를 연민의 정으로 대하면서도 연민을 초월해 있어야 한다니 얼마나 어려운 일이

겠습니까. 그러나 완벽한 초월은 불가능해 보입니다. 이미 초월해 있으면 타자의 고통을 함께 나누는 연민 자체가 공허할 수도 있기 때문입니다. 자비행의 최고 단계는 아마 초월과의 경계 지점에 위치하지 않을까 생각됩니다. 이 경지가 대승불교의 보살이라 할 것입니다.

불교는 '나'와 타자의 관계론을 가장 훌륭하게 전개시킨 종교라고 생각됩니다. 그것도 미시적인 양자역학적 세계까지 꿰뚫어냄으로써 기독교나 유교가 통찰하지 못했거나 은폐했던 이면까지 모두 드러내면서 말입니다. 그러나 앞서 저는 이런 이면이 위험성을 내포하고 있음을 지적했습니다. 언뜻 보기에는 선도 없고 악도 없다는 불교의 이 위험한 탈(脫)도덕적 진리는 무량한 자비를 통한 해탈의 길과 모순되는 것 같습니다. 삶/죽음도, 선/악도, 행복/불행도 없는데 선에 속하는 자비가 어찌 필요하겠습니까. 그러나 중생은 이런 양극성의 세계가 사실은 공(空)이기 때문에 고통스러워할 필요가 없는데도, 이 점을 깨닫지 못하거나 삶 속에서 구현하지 못한 채 사바세계에서 고통스러워합니다. 보살은 이들을 끌어올리기 위한 방편적인 입장에서 자비를 실현하는 것입니다.

생성계를 초월해 영원한 휴식으로 가지 않은 채, 행복에 대한 대가를 불행으로 치르면서 이 세계에 머물고자 하는 사람들한테 불교는 특히 '나'와 '타자'의 문제를 연기론에서 극명하게 밝혀냄으로써 배타적·행동과 사유를 경계하고 있습니다. 도덕이 작동해야 하는 이 양극적 세계에서는 악과 불행이 어디선가 끊임없이 나타나고, 또 그것들이 역할을 수행하지 않으면 안 되게 되어 있습니다. 문화의 차원에서 보면, 이것이 악한 자와 불행한 자가 존재하는 이유인 것입니다. 그러

니 악한 자마저 영벌을 받아야 할 대상이 아니라 자비와 구원의 대상인 것입니다. 따라서 불교만큼 타자를 배려하는 종교는 없는 것 같습니다. 원칙적으로 보면, 나와 반대되는 생각을 가진 사람이라도 다 수용하게 되어 있는 게 불교입니다. 그래서 이 종교는 방어적인 차원이 아니고는 전쟁을 할 수 없습니다. 또 그래서 독일 철학자 야스퍼스는 "세계적인 종교 중 종교를 명분으로 내세워 전쟁을 일으키지 않았던 종교는 불교뿐이다"라고 말했던 것입니다. 모든 인간은 타자를 통해 존재를 드러냅니다. '네'가 있기에 '나'의 존재가 있는 것입니다. 그러므로 '나'는 '너'에게 존재의 빚이 있고 '나'는 '너'의 흔적이라는 발상은 우리가 늘 간직하고 살 만한 금언이 될 수 있는 것입니다.

6. 노자와 장자

불교와 접근되는 노장사상을 간단히 언급하고 이 장(章)을 마치겠습니다. 이 사상에서 '나'와 타자와의 관계론은 거의 유사하게 도출될 수 있습니다. 장자가 《장자》의 〈제물론〉에서 존재론을 다루면서 말하는 것을 볼까요.

> "사물은 모두 '저것' 아닌 것이 없고 모두 '이것' 아닌 것이 없다. (……) 그러기에 이르길 '저것'은 '이것'에서 나오고, '이것'은 '저것' 때문에 생긴다고 하였다. 이것이 바로 '이것'과 '저것'이 서로를 생겨나게 한다는 '방생(方生)'입니다. 삶이 있기에 죽음이 있고, 죽음이 있기에 삶이 있습

니다. (……) '이것'은 동시에 '저것'이고 '저것'은 동시에 '이것'입니다."**11**

여기서 사물은 인간을 포함해 만물을 가리킨다. 따라서 '이것'에다 '나'를 집어넣고 '저것'에다 '타자'를 집어넣으면 '나'는 타자이고 타자는 '나'라는 말이 됩니다. 그러니까 이 주장은 타자가 없으면 '나' 홀로는 존재를 상실한다는 불교나 양자역학의 논리와 똑같습니다. 그러기에 '나'와 타자는 상생적(相生的)으로 서로를 낳는 상관적 관계에 있는 것입니다. 이것을 장자는 '방생'이라고 합니다. 장자는 삶과 죽음도 마찬가지라는 말합니다. 죽음이 없으면 삶 자체는 존재를 상실하여 인식될 수 없는 것입니다. 이런 장자의 사유는 이미 노자의 《도덕경》에 나와 있습니다. 제2장을 보지요.

> "천하의 모든 사람들이 미(美)를 아름답다고 인식하기 때문에 추악(醜惡)의 관념이 나타난다. 또 선(善)을 착하다고 인식하기 때문에 불선(不善)의 관념이 나타난다. 그런고로 유(有)와 무(無)는 상대적으로 나타나고, 어려움과 쉬움도 상대적으로 이루어지고, 길고 짧은 것도 상대적으로 형성되며, 높고 낮음 상대적으로 대비된다."**12**

아름다움은 추함의 관념을 낳고 추함이 있기에 아름다움이 있는 것입니다. 선/악(불선)도 마찬가지입니다. 또 '높고 낮음'으로 표현된 고귀함과 저열함도 한쪽이 있음으로써 다른 한쪽이 존재로 성립되니 서

---

11   오강남 풀이, 《장자》, 현암사, 1999.
12   장기근·이석호 옮김, 《노자·장자》.

로 상대적·상관적 관계가 있습니다. 한편 유(有)와 무(無)는 불교적으로 말하면 색(色)과 공(空)이라 할 수 있습니다. 유무(有無)는 서로를 낳는 '방생' 관계에 있으니 유가 곧 무이고 무가 곧 유인 것입니다. 생성의 존재계, 곧 유의 세계에 존재하는 것은 모두 소멸의 숙명을 통해 무로 복귀하고 무에서 유가 나옵니다. 그러면서 무와 유는 서로의 인식근거가 됩니다. 이처럼 양면성의 '이중 긍정'이 노장사상의 근본에 자리 잡고 있습니다. 이런 인식론적 원리를 이해했기에 동양 사상에 깊은 관심을 가졌던 앙드레 말로는 중국의 광동 혁명을 소재로 한《정복자》에서 주인공 가린으로 하여금 이렇게 외치게 하고 있습니다. "세계의 허무(虛無)에 대한 확신, 강박관념이 없이는 힘도 없고 진정한 삶조차도 없다." 그러니까 허무, 곧 무(無)가 있기에 유(有)에 속하는 우리의 삶이 진정한 의미를 띠고 삶을 역동적으로 영위할 수 있는 힘도 생긴다는 것입니다. 그래서 '그(가린)를 근본적으로 열광시키는 이 본질적인 허무'는 삶을 이중적으로 바라보게 만듭니다. 그의 삶(유)은 역설적으로 죽음(무)에 의해 강렬하게 지탱되고 있습니다. 그는 이런 이중성을 "삶이란 아무 가치가 없지만 삶만큼 가치가 있는 것은 아무것도 없다"는 표현으로 나타내고 있습니다.

이런 연장선에서 당연히 노장사상은 탈(脫)자아의 허심(虛心)을 강조하고 있습니다. 자아 자체가 타아가 없으면 성립될 수 없는 '유령'이니 나만의 개인적 삶이나, 나의 본질에 의거한 '자가성(自家性: 자기 정체성)'의 세계는 거부될 수밖에 없습니다. 프랑스 철학자 데리다의 표현을 빌리면 자아와 타아는 서로에게 '흔적'으로 들어가 있기 때문에 '흔적의 피륙(직물)'을 이룹니다.(데리다,《그라마톨로지에 대하여》) 주체와 객체

의 구분이 소멸되는 '오상아(吾喪我 : 나는 나를 잃어버림, 나의 비움)'의 경지에서 노닐고자 하는 게 노장적인 이상(理想)입니다. 장자의 '나비의 꿈' 이야기는 너무도 유명하죠.

> "어느 날 장주(莊周)가 나비가 된 꿈을 꾸었다. 훨훨 날아다니는 나비가 되어 유유자적 재미있게 지내면서도 자신이 장주임을 알지 못했다. 문득 깨어보니 다시 장주가 되었다. 장주가 나비가 되는 꿈을 꾸었는지 나비가 장주가 되는 꿈을 꾸었는지 알 수가 없다. 장주와 나비 사이에 무슨 구별이 있기는 있을 것입니다. 이런 것을 일러 '사물의 변화((物化)라 합니다."[13]

장주는 장자의 본명입니다. 장자가 말하는 '너'와 '내'가 구분이 없는 경지, '내'가 '너'인지 '네'가 '나'인지 경계가 사라진 차원, 대립과 갈등을 넘어선 우주적 세계에 들어가 있다는 게 이 호접몽(胡蝶夢)입니다. 그러나 그는 마지막에 '나'(장주)와 '너'(나비)의 구별이 있다면서 이것을 '물화'라고 말하고 있습니다. '나'는 '너(타자)'이고 '너'는 '나'이다라는 명제가 성립하려면 '나'와 '너'의 다름이 있어야 가능합니다. 그러니까 하나만 있으면 하나 자체가 존재를 상실하는데, 둘이 있으면 차이를 드러내며 이 차이를 통해 둘 모두의 존재가 성립되는 것입니다. 이 관계를 철학자 김형효의 표현으로 풀이하면 '도(道)의 포일적(抱一的) 불일이불이(不一異不二)라 할 것입니다.[14] 그는 《도덕경》 제10장에서 '음

---

13 오강남 풀이, 《장자》, 〈제물론〉.
14 김형효, 《사유하는 도덕경》, 소나무, 2004.

과 양의 두 신기(神氣)를 상징하는' '혼백(魂魄)'의 관계를 이 표현으로 정리하지만, 이것은 상관관계에 있는 모든 패러다임적 대립항에 적용될 수 있습니다. 무슨 말이냐 하면, 도(道)는 둘을 하나도 아니고 둘도 아니게 하면서 둘을 통합하여 하나로 품고 있다는 의미입니다. 이런 관계 속에서 사물들이 변화한다는 것이 '물화'입니다. 유와 무, 음과 양, '너'와 '나'가 상호 작용하고 침투하면서 끊임없이 변화하는 세계 속에서 '나'를 비운 채, 꿈꾸는 만물과 하나 되는 꿈을 꾸는 것, 이것이 호접몽이 지시하는 길입니다.

그러나 이런 문제를 제기해볼 수 있습니다. 즉 장자의 꿈꾸는 궁극적 놀이가 이런 행복을 추구하는 데 있다면, 그 행복은 세상의 불행을 전제로 해서 상관적으로 느껴질 수밖에 없다는 것입니다. 다시 말하면 춘추전국시대라는 난세의 불행이 그로 하여금 〈소요유〉에서 자연과 함께 초현실적인 꿈을 펼치게 하고 있으니, 그의 행복한 유희를 의미론적으로 받쳐주는 것은 험한 세상의 어두운 측면인 셈입니다. 그러니까 그는 인간 세계의 선/악, 행/불행의 상관적 패러다임을 벗어난 게 아니라고 할 수 있습니다. 이 패러다임을 전제로 해서 또 다른 초월적 경지, 곧 '지인(至人)'의 지평을 열어놓고 있을 뿐입니다. "지인은 물아(物我)의 구별이 없고, 신인(神人)은 공(功)을 의식하지 않으며, 성인은 명예를 무시합니다." 이런 초인적인 초탈은 범인들의 한 서린 삶과의 관계 속에서만 의미를 띨 수 있으니 이미 난세의 그림자가 그것을 따라다니고 있다고 유추할 수 있습니다. 장자 자신이 다른 열등한 삶들과의 비교를 통해 그것을 부각시키고 있습니다. 따라서 그것은 완전한 초월이 될 수 없으며, 그것이 인간의 고통스러운 현실을 전적으

로 벗어났다고는 말할 수 없을 것입니다.

하지만 노장사상은 불교와 달리 생성계를 벗어나 해탈하자는 게 아닙니다. 그것은 현세 긍정적인 놀이의 사상입니다. 불교와는 달리, 그것은 해탈(니르바나)을 통한 현상의 초월로 나아가고 있지 않을 뿐 아니라 냉정한 철학입니다. 노자는 이렇게 말하고 있습니다. "천지가 불인(不仁)하므로 만물을 추구(芻狗)로 삼았다. 성인도 불인하므로 백성을 추구로 삼았다."(《도덕경》, 제5장) 여기서 추구는 제사를 지낼 때 쓰려고 짚으로 만든 개로서 제사 후에는 버려진다는 의미이며, 필요에 따라 사용되었다가 용도 폐기되는 물건을 비유적으로 나타냅니다. 이렇게 노자는 몰인정합니다. 따라서 도가(道家)는 유가(儒家)의 인(仁)이나 불가(佛家)의 일면적 자비—불교에는 탈(脫)도덕적인 경지가 있음을 상기합시다—혹은 기독교의 사랑을 넘어서 있으며, 인위적이고 당위적인 모든 도덕을 거부하는 초(超)도덕적·반(反)휴머니즘적인 입장을 취합니다. 그것은 선/악, 행복/불행 등의 상관적 세계가 도(道)에 따라 펼쳐지는 대로 자연스럽게 놓아두라고 권합니다. 그러면 세상은 양극성을 대변하는 음/양의 상호작용에 따라 저절로 굴러가게 되어 있다는 것입니다. 물론 노장사상은 이런 도의 원리가 어디서 비롯되었는지는 '그 까닭을 모르겠다'는 불가지적 입장을 취합니다.(〈제물론〉)

그렇기 때문에 인간은 저마다 각자 타고난 숙명적 조건에 따라 자연적으로 행동하면 되는 것입니다. 각자는 행동하지 않으면 안 되는 필연적·운명적 상태에서만 행동해야 하는 운명론자가 되도록 해야 합니다. 따라서 저마다 타고난 재능에 따라 생긴 대로 살아가도록 놓아두라는 말입니다. 유교처럼 인위적으로 만들어진 당위적 도덕이나

가치로써 인간을 통제해서는 결코 안 되는 것이죠. 약육강식이 되어도 그것은 일시적 현상에 지나지 않으며 새로운 변화가 온다는 것입니다. 자연적으로 선한 성향을 타고 났으면 자신의 숙명에 따라 선을 행하면 되는 것이고, 자연적으로 악한 성향을 타고 났으면 역시 자신의 숙명에 따라 악을 행하면 되며, 선과 악이 상호 작용하면서 세상을 굴러 가게 만들면 됩니다. 여기서 선과 악은 그 자체로 존재하지 않고 상대적이고 상관적인 것이기 때문에 문제될 것도 없습니다. 그렇게 되면 만물의 조화가 저절로 이루어지니, 이것이 바로 무위자연(無爲自然)입니다.

노장사상은 언뜻 보기에는 불행에 처한 타자를 배려할 수 있는 사상인 것 같지만 실상은 별로 그렇지 않은 불인(不仁)의 사상입니다. '나'와 타자가 맺는 뗄 수 없는 존재론적·인식론적 관계를 고려하면, '나'는 항상 타자에 대해 배려해야 하며 타자의 불행에 무관심해서는 안 될 것 같습니다. 하지만 그 관계는 인위적·도덕적으로 '나'를 타자에게 강제하지 말라는 한계를 벗어나지 못하는 것 같습니다. 행/불행 자체가 도(道)에 따라 상호적으로 움직이니 동요할 필요가 없는 것입니다. 그래서 장자는 자기 아내가 죽었는데도 노래를 불렀던 것입니다. 그러니 괜히 일부러 나서서 선행을 베풀면 그로 인해 명성을 얻어 위험한 상황에 처하고 화를 당할 수 있으니 남을 위한답시고 선의지에 따라 자신을 내세우는 일도 해서는 안 되는 것입니다. 가만 놓아두면 만물병작(萬物竝作: 만물은 상호작용하여 함께 만들어 감)에 따라 자연적으로 사태가 해결된다는 것입니다.

결국 도가는 '나'는 어떤 존재인지(존재론), 그리고 '나'는 무엇을 알 수

있는가(인식론)에 대한 통찰을 주지만, 필연적 갈등을 낳을 수밖에 없는 사회생활에서 지성과 적극적 의지에 따른 행동 자체를 규탄하는 입장입니다. 그것은 난세철학을 내세우며 관계의 현실에 대한 날카로운 혜안을 제시하지만 자유에 따른 선택마저도 운명에 맡겨야 할 판국이니, 선(善)의지를 동원해 적극적으로 세상을 바꾸겠다는 발상 자체마저 가져서는 안 되게 되어 있습니다. 누군가 이 사상에 따라 대(大)자유인이 되고자 할 때, 그런 자유 자체를 숙명적으로 타고나거나 그것을 지향하는 천품을 타고 나지 않으면 안 되는 것이죠. 전혀 어울리지 않는 것 같은 자유와 숙명이 결합되어 있습니다. 그러니 노자나 장자처럼 타고난 대(大)자유를 누릴 수 있는 자가 얼마나 될까요? 혹자가 정치를 바꾸는 투쟁을 한다 해도, 그 어떤 도덕적 의지도 개입시켜서는 안 됩니다. 그는 싸우지 않으면 안 되는 자신의 어쩔 수 없는 자연적인 '리듬'을 따르기만 하면 됩니다. 다만 세계가 그렇게 자연적으로 흘러가게 되어 있기에 그는 자신의 내적 숙명에 따라 그 변화의 거대한 물결에 동참할 뿐이어야 합니다. 따라서 고통 받는 불쌍한 민중을 위한다는 명분 같은 것은 내세울 필요가 없습니다. 그러니 '나'는 '너(타자)'에게 존재의 빚이 있으니 너의 불행에 일정 부분 책임이 있다는 사유는 끼어들 수 없는 것 같습니다. '자연'은 '스스로 그러할 뿐'이기 때문에 각자는 자신의 숙명에 대해 스스로 책임지는 것이라 하겠죠.

마치며

2000년대가 시작된 지도 벌써 15년 이상이 지났습니다. 그런데 새로운 천년의 힘찬 깃발을 날리며 출범한 인류의 미래호(號)는 첫해부터 전조가 좋지 않았던 것 같습니다. 왜냐하면 여러분도 기억하겠지만, 2001년에 9.11테러가 터져 저 희망찬 장밋빛 항해의 출발 시점부터 먹구름이 드리워졌기 때문이죠. 그래서 그런지 우리의 경우, 최고권력자의 탄핵이 인용된 초유의 역사가 펼쳐졌습니다. 세계적으로도 보면, 월가의 부패에 따른 금융위기가 세계경제를 위기로 몰아넣은 바 있습니다. 그 뒤 미국이 다시 일어서는가 싶더니 트럼프가 당선되어 다시 세계를 불안에 떨게 하고 있습니다. 어쩌면 그가 이 초강대국의 대통령이 된 것은 이 자본주의 제국이 정오의 정점에서 석양을 향한 운동을 시작하고 있다는 상징적 의미로 읽힐 수도 있습니다. 잃어버린 영광을 되찾고 있는 중인 황허의 제국 중국과는 반대로 말입니다. 어쨌거나 프랑스의 사회학자 장 보드리야르는 9.11테러라는 그 역사적 사건에 대해 이렇게 말했습니다.

"세계무역센터의 테러 사건은 상징적 도전으로서, 그 자체가 부도덕한 세계화에 대응하는 것이다. 이제 부도덕한 차원에서 생각해 보자. (……) 도덕에 맞설 뿐 아니라 그 어떠한 형태의 해석도 불가능하게 하는 사건이 일어난 이 시점에서 우리는 악을 이해하려고 해야 한다. 근본적인 문제는 계몽주의 철학과 서양 철학이 선과 악의 관계를 완전히 왜곡한 데 있다. 우리는 모든 영역(과학·기술·민주주의·인간권리)에서 선의 발전, 즉 선의 잠재적 확장이 악을 몰아낼 것이라고 순진하게 생각했다. 어느 누구도 선과 악이 동시에 잠재적으로, 그리고 동일한 움직임에 따라 확장되리라 생각지 못했던 것 같다. 선과 악 가운데 한쪽의 승리가 다른 한쪽의 소멸을 초래하지 못한다. (……) 선은 악을 제거하지 못하고, 악도 선을 제거하지 못한다. 선악은 한쪽이 다른 한쪽으로 환원될 수 없으며 그들의 관계는 뒤얽혀 있다. 결국 선은 자신이 선이기를 포기하는 경우에만 악을 무너뜨릴 수 있다. 왜냐하면 선이 세계적인 힘을 독점할 경우 그에 비례하여 폭력을 야기하기 때문이다."[1]

18세기의 프랑스 계몽철학자 볼테르는 "행복은 내가 있는 곳에 있다"고 외쳤습니다. 이 표현은 행복의 축이 내세 중심에서 현세 중심으로 이동하는 당시의 시대적 흐름을 상징적으로 나타냈습니다. 이 시구(詩句)는 이 세상에서 불행과 악을 몰아낼 수 있다는 환상을 담아내고 있죠. 다시 말해, 그것은 기독교가 설정한 사후의 천국을 거부하고, 이 지상에서, 지금 여기에서, 모든 어둠을 제거하고 빛의 시대를 열 수

1   배영달 옮김,《테러리즘의 정신》, 동문선, 2003.

있다는 꿈을 피력하고 있습니다. 하지만 장 보드리야르는 그런 '순진한' 꿈이 잘못 되었고 환상일 뿐임을 지적하고 있습니다. 세계의 모든 악이 뽑혀져 선으로 변화된다든가, 그 반대로 모든 선이 악으로 바뀌든가 하여 선한 세상 아니면 악한 세상 둘 중 하나만 남는 사태는 결코 일어나지 않는다는 것이죠. 선이 선을 유지하기 위해서는 그 대립 항으로서의 악이 있어야 합니다. 그렇지 않으면 선 자체가 소멸할 위험에 처하게 된다는 사유가 묻어납니다.

모두가 알다시피, 미국이라는 초강대국은 공산주의가 무너지고 냉전시대가 막을 내린 후 모든 나라에 그들의 자본주의 이데올로기를 '선'으로 강제하고자 했습니다. 그들은 자신들의 가치만이 '선'을 구현한다고 주장하고, '선'의 영역을 독점하고자 하면서 팍스아메리카나를 구축해왔습니다. 냉전시대에는 미·소 두 강국에 의한 '공포의 균형'이 이를테면 선악의 균형을 이루어 미국 자체가 건강하게 발전할 수 있었다고 할 수 있죠. 이때 물론 미국은 자신들이 선이었고 소련을 '악의 축'을 담당했다는 논리죠. 하지만 이런 균형이 깨져버린 새로운 시대 상황에서 미국식 '선'에 대한 균형추 역할을 누가 할 것인가라는 문제가 제기된 거죠. 어떤 세력이 되었든 해야 할 이 역할을 미국은 스스로 불러오지 않을 수 없었다고 보드리야르는 말합니다. 이것은 세상 이치가 강제하는 숙명이라고 보는 것이죠. 미국이라는 선의 세계를 유지하게 해준 외부의 악이 사라졌으니, 자체 안에서 허점을 드러내 악을 야기하지 않을 수 없다는 것입니다.

미국의 세계화 전략과 이에 따른 단일화 시스템은 스스로의 '덫'을 만들어 내고 내부 '바이러스'를 만들어내게 됩니다. 지구가 세계화되

고 시스템이 단일화되고 통일되면 될수록 취약성은 그만큼 상대적으로 커집니다(해커 하나가 전(全)세계 인터넷 망을 어떻게 마비시킬 수 있는지 되돌아보면 됩니다). 9.11테러를 감행한 이슬람의 테러분자들은 세계화에 대한 저항 세력을 대변하면서 이런 취약한 균열에 불을 댕겼을 뿐이라는 것입니다. 미국의 취약한 시스템 자체가 그들과 공모 협력했다는 것이죠. 그러니까 9.11테러 사건은 균형을 상실한 미국식의 일방적 '선'의 질주가 그것 자체의 균형을 이루기 위해 불러온 악이라는 것이라는 해석입니다. 그래서 "세계 자체가 세계화에 저항한다"는 명제가 성립되었습니다.

미국과 소련이 과거에 이룬 선악의 균형을 생각하지 않아도 됩니다. 소련을 중심으로 한 동구권 나라들에서 사회주의 실험의 실패는 바로 인간성 자체가 악과 이기심을 제거할 수 없도록 설계되어 있음을 이미 적나라하게 보여준 역사적 교훈입니다. 유토피아를 지향한 사회주의의 꿈은 얼마나 좋습니까. 하지만 사회주의 낙원이라는 이상적 선(善)을 실현한다는 구실 아래 수많은 인간들을 희생시킨 악행이 얼마나 저질러졌습니까. 선이 선이기를 포기하고 악을 없애려는 악마적 광기가 발동한 것이죠. 결국은 공산권 국가들의 권력층은 자체 내에 비리와 악의 온상을 키워 스스로 몰락하고 말았죠. 이런 몰락 이후에 그 이상적 선을 미국이 팍스아메리카나를 내세우면서 독차지하고자 한 것입니다. 그 결과는 이제 전 세계가 미국과 운명공동체가 되었고, 미국의 중심 권력층에서 악이 저질러져 인류 전체가 거대한 피해를 입게 되고 말았던 것이죠. 미국은 이미 그런 씨앗을 잉태하고 있었던 셈입니다.

강력한 경고적인 성격을 띤 9.11테러와 같은 '상징적 사건'과 전조적 '붕괴'에도 불구하고 미국은 자기 식의 '선'을 계속적으로 세계에 강제해 나갔던 것입니다. 그 결과가 금융위기로 인한 세계 경제의 추락 현상이라 할 수 있습니다. 미국이라는 선이 그 자체를 유지하기 위해 악을 내부에서 만들어낸 것이 월가의 부패죠. 이것을 보드리야르의 용어를 빌려 말하면 '내파(implosion: 내부 폭발)'라 할 수 있습니다. 선의 작동 원리는 악의 작동 원리와 짝을 이루며 동전의 양면을 이룹니다. 미국인들은 아마 기독교의 영향일 테지만 자신들과 다른 가치를 지닌 사람들을 '악의 축'으로 몰아세워 이들을 제거하려 하였습니다. 그러나 그들은 이들이 있음으로써 자신들의 이른바 '선의 세계'가 차이를 통해 존재할 수 있음을 망각했다 할 수 있습니다. 이들을 제거하려고 몰아세우니까 결국은 미국 자체의 내부가 이완되어 선의 존재를 위한 악이 생성될 수밖에 없는 상황이 도래했고, 그리하여 도덕적 타락과 악이 둥지를 틀고 들어온 셈이죠. 기독교가 지배했던 중세에 선의 대명사인 성직자들이 타락해 스스로 악을 불러올 수밖에 없었던 상황을 생각하게 하는 현상이 아닐 수 없습니다.

현실적인 힘의 게임 차원에서 볼 때, 미국인들이 강자의 이데올로기를 구현하고 있다면, 그들이 '악의 축'으로 간주한 나라들이나 상이한 문화를 고집하는 국가들의 국민은 약자의 이데올로기를 구현하고 있다 할 수 있습니다. 그들의 강자 이데올로기가 빛을 발할 수 있는 것은 후자의 이데올로기가 '흔적'으로 작동하고 있기 때문임을 각성해 그들은 이들 국민을 너그럽게 포용하는 자세가 필요합니다. 모든 것을 자기들 방식대로 바꾸는 획일화는 결국 질식을 야기해 그것을 깨부수

는 균열이 자체 내에서 일어나게 되어 있습니다. 이렇게 볼 때, 일본을 밀어내고 아시아의 맹주 자리를 되찾아 세계사의 지평에 강력하게 떠오르는 중국은 미국에게는 균형추로서의 새로운 역할을 해주는 고마운 존재라고 해야 할 것입니다.

자유의 천국이 오면, 사실 자유라는 의미 자체가 사라질 수 있는 위험한 지경에 이르는 역설을 생각해야 합니다. 그러다 보면 자유를 부르짖게 만드는 구속이 은밀하게 작동하기 시작합니다. 자유를 지킨다는 명분 속에서 개인은 온갖 정보시스템의 작동 속에서 자신도 모르게 감시·구속당하고 있음을 생각해봅시다. 또 자유주의적 세계 경제 자체가 역설적으로 거대한 통제망의 가동을 통해 실현되고 있음도 상기해야 합니다. 욕망의 해방은 결국 문화의 위기를 불러와 억압을 다시 낳듯이, 극단적 자유는 자유 자체를 의미 있게 만드는 구속을 불러오게 되어 있습니다. 범죄가 하나도 없는 무균사회는 이 무균사회를 유지하고 통제하기 위한 악을 발생시키게 되어 결국은 균열이 생기게 되어 있습니다. 이것이 세상의 이치라고 봅니다.

어떻게 더불어 살 것인가? 모두가 무한 경쟁에서 승리하는 자가 될 수 없음은 너무도 자명합니다. 패자들과 낙오자들도 최소한 인간답게 살 수 있는 사회는 불가능한 것일까요? 그 어느 나라보다 흑백논리가 지배하는 우리나라가 한 단계 업그레이드되어 선진국이 되려면 어떻게 해야 할까요? 여유와 힘과 권력을 지닌 자들이 앞만 보고 가지 말고, 자신들을 존재케 해준 게 누구인지, 존재의 '빛'과 그 '흔적'에 대해 좀 더 성찰하면 어떤 길이 열리지 않을까 싶기도 합니다. 저들의 얼어붙은 마음을 녹여내 생성의 봄을 함께 기뻐할 수 있도록 생각하는 기

회를 가져 봅시다.

강의를 시작하면서 이 강의가 음악에서 리토르넬로나 혹은 라벨(M. Ravel)의 작품 〈볼레로〉처럼, 주제가 '차이화된 반복'을 통해 의미 있게 전달되는 형태가 되길 바랐지만 의도대로 되었는지 모르겠습니다. 감사합니다.